交通运输职业教育高职汽车运用与维修技术专业教材

Qiche Dianqi Shebei Gouzao yu Jianxiu
汽车电气设备构造与检修

全国交通运输职业教育教学指导委员会　组织编写
　　　　　　　　　　　　　　李建明　主　编
　　袁　牧　姜松舟　蒋述军　副主编
　　　　　　　　　　　　　　刘新宇　主　审

人民交通出版社股份有限公司
China Communications Press Co.,Ltd.

内 容 提 要

本书为交通运输职业教育高职汽车运用与维修技术专业教材。全书分为九个单元，主要内容包括：汽车电气设备总体认知、汽车电源系统构造与检修、汽车起动系统构造与检修、汽车点火系统构造与检修、汽车照明和信号系统构造与检修、汽车仪表和报警系统构造与检修、汽车辅助电器构造与检修、汽车空调系统构造与检修、汽车电路分析。

本书可作为高等职业院校汽车运用与维修技术专业、汽车检测与维修技术专业的教学用书，也可作为汽车检测与维修技术人员的培训教材。

图书在版编目（CIP）数据

汽车电气设备构造与检修/全国交通运输职业教育教学指导委员会组织编写；李建明主编.—北京：人民交通出版社股份有限公司，2020.1
ISBN 978-7-114-16077-6

Ⅰ.①汽… Ⅱ.①全…②李… Ⅲ.①汽车—电气设备—构造—高等职业教育—教材②汽车—电气设备—车辆修理—高等职业教育—教材 Ⅳ.①U463.603②U472.41

中国版本图书馆 CIP 数据核字（2019）第 277413 号

书　名：	汽车电气设备构造与检修
著 作 者：	李建明
责任编辑：	张一梅
责任校对：	孙国靖　魏佳宁
责任印制：	刘高彤
出版发行：	人民交通出版社股份有限公司
地　　址：	(100011)北京市朝阳区安定门外外馆斜街 3 号
网　　址：	http://www.ccpcl.com.cn
销售电话：	(010)59757973
总 经 销：	人民交通出版社股份有限公司发行部
经　　销：	各地新华书店
印　　刷：	北京虎彩文化传播有限公司
开　　本：	787×1092　1/16
印　　张：	17.25
字　　数：	405 千
版　　次：	2020 年 1 月　第 1 版
印　　次：	2024 年 7 月　第 2 次印刷
书　　号：	ISBN 978-7-114-16077-6
定　　价：	43.00 元

（有印刷、装订质量问题的图书，由本公司负责调换）

前　言

为贯彻落实《国务院关于印发〈国家教育事业发展"十三五"规划〉的通知》(国发〔2017〕4号)精神,深化教育教学改革,提高汽车技术人才培养质量,满足创新型、应用型人才培养目标的需要,全国交通运输职业教育教学指导委员会组织来自全国交通职业院校的专业教师,按照教育部发布的《高等职业学校汽车运用与维修技术专业教学标准》的要求,紧密结合高职高专人才培养需求,编写了交通运输职业教育高职汽车运用与维修技术专业教材。

在本系列教材编写启动之初,全国交通运输职业教育教学指导委员会组织召开了交通运输职业教育高职汽车运用与维修技术专业教材编写大纲审定会,邀请行业内知名专家对该专业的课程体系和教材编写大纲进行了审定。教材初稿完成后,每种教材由一名资深专业教师进行主审,编写团队根据主审意见修改后定稿,实现了对书稿编写全过程的严格把关。

本系列教材在编写过程中,认真总结了全国交通职业院校的专业建设经验,注意吸收发达国家先进的职业教育理念和方法,形成了以下特色:

1. 与专业教学标准紧密衔接,立足先进的职业教育理念,注重理论与实践相结合,突出实践应用能力的培养,体现"工学结合"的人才培养理念,注重学生技能的提升。

2. 打破了传统教材的章节体例,采用模块式或单元+任务式编写体例,内容全面、条理清晰、通俗易懂,充分体现理实一体化教学理念。为了突出实用性和针对性,培养学生的实践技能,每个模块后附有技能实训;为了学习方便,每个模块后附有模块小结、思考与练习(每个单元后附有思考与练习)。

3. 在确定教材编写大纲时,充分考虑了课时对教学内容的限制,对教学内容进行优化整合,避免教学冗余。

4. 所有教材配有电子课件,大部分教材的知识点,以二维码链接动画或视频资源,做到教学内容专业化,教材形式立体化,教学形式信息化。

《汽车电气设备构造与检修》是本系列教材之一。全书由湖北交通职业技术学院李建明担任主编,湖北交通职业技术学院袁牧、姜松舟、蒋述军担任副主编,天津交通职业学院刘新宇担任主审。参加本教材编写工作的有:湖北交通职业技术学院李建明(编写单元四、单元六),湖北交通职业技术学院张玲(编写单元一),湖北交通职业技术学院袁牧(编写单元二、单元三),湖北交通职业技术学院姜松舟(编写单元七),江西交通职业技术学院张光磊(编写单元八),湖北交通职业技术学院蒋述军(编写单元五),湖北交通职业技术学院刘备(编写单元九)。

由于编者水平和经验有限,书中难免存在不足或疏漏之处,恳请广大读者提出宝贵意见,以便进一步修改和完善。

全国交通运输职业教育教学指导委员会
2019 年 2 月

目　　录

单元一　汽车电气设备总体认知 ·· 1
　学习任务1　汽车电气设备认知 ·· 1
　学习任务2　汽车电气设备常见维修工具使用 ································ 15
　思考与练习 ·· 20

单元二　汽车电源系统构造与检修 ··· 22
　学习任务1　蓄电池构造与检修 ··· 22
　学习任务2　交流发电机构造与维护 ··· 44
　学习任务3　电源系统检修 ·· 58
　思考与练习 ·· 67

单元三　汽车起动系统构造与检修 ··· 68
　学习任务1　起动系统构造与维护 ·· 68
　学习任务2　起动系统检修 ·· 78
　思考与练习 ·· 88

单元四　汽车点火系统构造与检修 ··· 89
　学习任务1　点火系统结构与维护 ·· 89
　学习任务2　点火系统检修 ·· 98
　思考与练习 ·· 105

单元五　汽车照明和信号系统构造与检修 ··································· 106
　学习任务1　照明和信号系统构造与维护 ·································· 106
　学习任务2　照明系统检修 ·· 114
　学习任务3　信号系统检修 ·· 125
　思考与练习 ·· 135

单元六　汽车仪表和报警系统构造与检修 ··································· 137
　学习任务1　仪表系统构造与检修 ·· 137
　学习任务2　报警系统构造与检修 ·· 144
　思考与练习 ·· 153

单元七　汽车辅助电器构造与检修 ·· 155
　学习任务1　风窗清洁装置构造与检修 ···································· 155
　学习任务2　中央门锁控制系统构造与检修 ······························· 164

  学习任务3 电动后视镜构造与检修 ………………………………………………… 170
  学习任务4 电动座椅构造与检修 …………………………………………………… 176
  学习任务5 电动车窗构造与检修 …………………………………………………… 181
  思考与练习 …………………………………………………………………………… 187

单元八 汽车空调系统构造与检修 ……………………………………………………… 189
  学习任务1 空调系统构造与维护 …………………………………………………… 189
  学习任务2 手动空调系统检修 ……………………………………………………… 205
  学习任务3 自动空调系统检修 ……………………………………………………… 216
  思考与练习 …………………………………………………………………………… 233

单元九 汽车电路分析 ………………………………………………………………………… 235
  学习任务1 汽车电路分析 …………………………………………………………… 235
  思考与练习 …………………………………………………………………………… 267

参考文献 …………………………………………………………………………………………… 269

单元一 汽车电气设备总体认知

学习任务1 汽车电气设备认知

学习目标

☞ 知识目标
1. 了解汽车电气设备的发展方向;
2. 了解汽车电气设备的类型和特点;
3. 了解汽车电气设备的特点;
4. 了解汽车电气应用的基础元器件。

☞ 技能目标
1. 能在实车上识别主要电气部件;
2. 能叙述汽车电气主要部件的功用;
3. 能识别汽车电气常见的基础元器件。

建议课时

4课时。

一、理论知识准备

汽车电气设备是汽车的重要组成部分之一,其性能好坏直接影响汽车的动力性、经济性、可靠性、安全性、舒适性以及排放等性能。汽车电气是现代汽车发展水平的一个重要标志,其科技含量已成为衡量现代汽车档次的重要指标之一。随着科技的发展,集成电路和微型电子计算机在汽车上的广泛应用,电器的数量在增加、功率在增大,产品的质量、性能在提高,结构更趋于完善。

自汽车问世一百多年来,汽车发展给整个世界和人类的生活带来巨大的变化,汽车技术也取得了令人瞩目的进步,汽车电气设备的结构与性能也在不断进步,特别是电子技术在汽车上的广泛应用,在解决汽车节能降耗、行车安全、减少排放污染方面起着越来越重要的作用。

1.汽车电气设备的组成和特点
1)汽车电气设备的组成和特点
现代汽车的电气设备种类和数量都很多,但总体来说,大致可以分为以下三个部分。
(1)电源。
汽车电源包括蓄电池、整体式交流发电机(含调节器)。发动机不工作时由蓄电池向用电设备供电,发动机起动后,转由发电机供电。在发电机向用电设备供电的同时,也给蓄电池充电。
(2)用电设备。
汽车上主要的电气设备如图1-1所示。

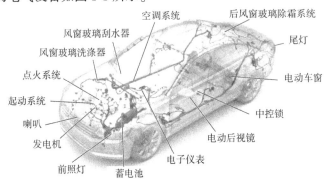

图1-1 汽车上主要的电气设备

①起动系统。
起动系统包括起动机、起动继电器等,主要作用是起动发动机。
②点火系统。
点火系统包括点火开关、点火线圈、分电器(有的车型已取消分电器)、电控单元(ECU)、信号发生器、点火控制器、火花塞、高压导线等。该系统用于汽油发动机上,其任务是产生高压电火花,点燃汽油发动机汽缸内的可燃混合气。
③照明系统。
照明系统包括前照灯、雾灯、牌照灯、顶灯、阅读灯、仪表板照明灯、行李舱灯、门灯、发动机舱照明灯等,主要作用是提供车内外照明,保证车辆在视野条件不佳时的行车安全。
④仪表系统。
仪表系统包括各种电器仪表(电流表、电压表、机油压力表、冷却液温度表、燃油表、车速及里程表、发动机转速表等),主要作用监测或显示汽车各部分的状态。
⑤信号系统。
信号系统包括音响信号和灯光信号装置,制动信号灯、转向信号灯、倒车信号灯以及各种报警指示灯等,主要作用是保证车辆运行时的人车安全。
⑥空调系统。
空调系统包括暖风、制冷与除湿装置等,主要作用是给驾乘人员提供舒适的温度和湿度。
⑦其他辅助用电设备。
其他辅助用电设备包括电动玻璃升降器、中央控制门锁、电动后视镜、风窗玻璃刮水器

和洗涤器、电喇叭、点烟器及电动天窗、电动座椅等。主要作用是给驾驶员提供舒适的乘坐环境。

(3)全车电路及配电装置。

全车电路及配电装置包括中央接线盒、熔断装置、继电器、线束及插接件、电路开关等，使全车电路构成一个统一的整体。

2)汽车电气设备的特点

(1)低压。

汽油车多采用12V电源电压，而大型柴油车多采用24V电源电压。

(2)直流。

蓄电池作为汽车上的电源之一，使用的是直流电，当蓄电池放完电后必须使用直流电源对其进行充电，所以汽车上的发电机也必须输出直流电，汽车电气设备也均使用直流电。

(3)单线制。

单线制就是从电源到用电设备使用一根导线连接，用电设备的另一根导线则用汽车车体或发动机机体的金属部分代替。单线制可节省导线，使线路简化、清晰，便于安装与检修。

(4)负极搭铁。

将蓄电池的负极接到汽车车体，称为负极搭铁。目前各国生产的汽车基本上都采用负极搭铁。

2. 汽车电气基础元件

1)开关

汽车电路中的开关有信号开关和负载开关两种。开关的主要作用是接通或切断电路连接，以实现汽车电路控制。

(1)电源开关。

有的车辆上装有电源总开关，用于切断蓄电池与外电路的连接，以防止车辆停驶过程中蓄电池经外电路漏电。电源开关主要有闸刀式和电磁式两种。闸刀式电源开关直接由手动切断或接通，电磁式电源开关则由电磁吸力控制触点的吸合或断开。

(2)点火开关。

点火开关是一个多挡开关，需用相应的钥匙才能对其进行操纵。点火开关通常用于控制点火电路、仪表电路、发电机励磁电路、起动电路及一些辅助电器电路等，图1-2所示为普通点火开关。点火开关常见挡位结构图表示法、表格表示法、图形符号表示法如图1-3所示。

图1-2 普通点火开关

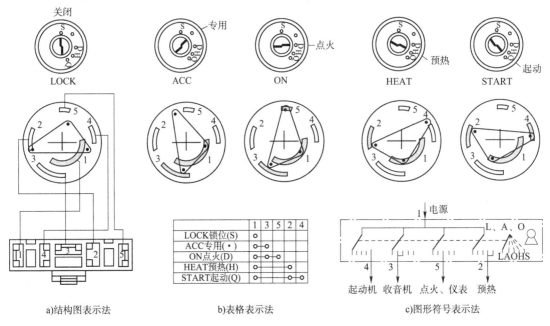

图1-3 点火开关示意图

目前,大部分汽车点火开关的钥匙采用了电子钥匙,其具有防盗功能。图1-4所示为电子钥匙防盗系统。其原理是:点火钥匙上装有一个晶片。每把钥匙所用的晶片有一特定的阻值,其范围在380~12300Ω。点火钥匙除了像普通钥匙那样必须与锁体匹配之外,其晶片电阻值还要与起动机电路相匹配。

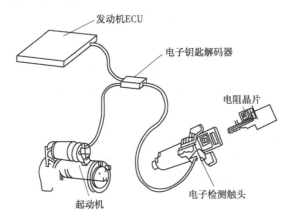

图1-4 电子钥匙防盗系统

当点火钥匙插入锁体时,电阻晶片与电阻检测触头接触。当锁体转到ST挡(START)时,钥匙晶片的电阻值输送到电子钥匙解码器。若钥匙晶片的电阻值与电子钥匙解码器中存储的电阻值一致,则起动机工作,同时,起动信号送给发动机ECU,发动机ECU控制燃油喷射系统及点火系统,完成发动机的起动过程。若钥匙晶片的电阻值与电子钥匙解码器中存储的电阻值不一致,电子钥匙解码器便禁止起动机工作。尽管锁体已经转到了起动位置,发动机仍然不能起动。

智能钥匙系统也称无钥匙进入系统,不同厂家的称呼略有不同。智能钥匙系统大多包括无钥匙进入车内和无钥匙起动功能,部分车型只具有无钥匙进入功能,不能无钥匙起动。目前,宝马、本田、大众、丰田等众多车型采用智能钥匙及无钥匙一键起动。

智能钥匙系统采用先进的 RFID(无线射频识别)技术,通过车主随身携带的智能钥匙里的芯片感应自动开关门锁。无钥匙进入系统具有良好的防盗功能,每个智能钥匙都有唯一的 ID 码与车辆 ID 码对应。即使简单复制了钥匙,没有 ID 码也不能起动车辆。

采用智能钥匙的车型,驾驶员只需按下起动按钮就可以起动发动机,部分车型则需将智能钥匙插入起动按钮下方的一个插槽中来起动车辆(如迈腾 B7 车型),如图 1-5 所示。

a)起动按钮　　　　　　　　b)智能钥匙

图 1-5　智能钥匙点火开关

图 1-6 所示为迈腾 B8 车型能无钥匙进入系统,无钥匙系统的功能如下:

①当携带智能钥匙走到距驾驶侧车门把手 1.5m 以内时,车体外部的信号发射器即可识别到智能钥匙,这时只需轻轻拉动门把手,4 个车门便会全部解锁,解除防盗系统。

②在关闭所有车门并离开车辆后,门锁会自动上锁进入防盗状态。

③当携带智能钥匙靠近行李舱中央位置 1.5m 以内时,置于尾部的信号发射器也可识别到钥匙内置的 ID 码,按下行李舱盖上的开启按键,行李舱即可解锁并开启。

④当驾驶员携带智能钥匙进入车内后,只需按下起动装置按键 E378,即可完成车辆点火和发动机起动。

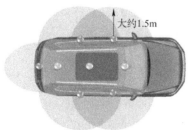 

起动装置按键E378

图 1-6　迈腾无钥匙进入系统

(3)灯光开关。

灯光开关按操纵的形式分主要有推拉式、旋转式、按压式三种。图 1-7 所示为迈腾 B8 车型灯光开关。

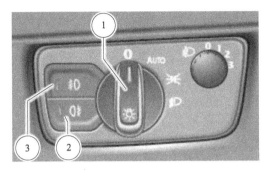

图1-7 迈腾B8车型灯光开关
1-灯光开关(关闭、自动、示廓灯、近光灯);2-前雾灯开关;3-后雾灯开关

(4)组合开关。

组合开关由两种及两种以上的开关如转向灯开关、警报灯开关、灯光开关、前照灯变光开关、刮水器开关、洗涤器开关等集装在一起,可使操纵更加方便。

2)配电盒

配电盒是多功能电子化控制器件,它将车上的熔断器、断路器、继电器集中布置。使用配电盒,能实现集中供电、减少接线回路、简化线束、减少插接件、节省空间、减小整车质量等。图1-8所示为大众配电盒布置图。

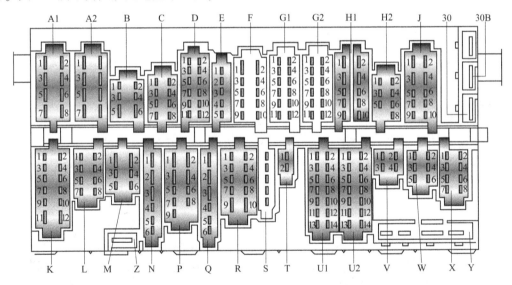

图1-8 大众配电盒布置图

A1-8孔插头(黄色),前照灯线束;A2-8孔插头(黄色),前照灯线束;B-6孔插头(绿色),用于前照灯清洗系统;C-8孔插头(黄色),用于任选线束;D-12孔插头(绿色),用于附加设备;E-5孔插头(绿色),仪表线束;F-9孔插头(白色),发动机舱右侧线束;G1-12孔插头(白色),发动机舱右侧线束;G2-12孔插头(白色),发动机舱右侧线束;H1-10孔插头(红色),转向柱开关线束;H2-8孔插头(红色),转向柱开关线束;J-10孔插头(红色),转向柱开关线束;K-12孔插头(黑色),尾部线束;L-7孔插头(黑色),尾部线束;M-6孔插头(黑色),尾部线束;N-6孔插头(绿色),空调线束;P-9孔插头(蓝色),后风窗及前雾灯开关线束;Q-6孔插头(蓝色),仪表线束;R-10孔插头(蓝色),灯光开关线束;S-5孔插头(白色),发动机舱右侧线束;T-2孔插头(绿色);U1-14孔插头(蓝色),仪表板线束;U2-14孔插头(蓝色),仪表板线束;V-4孔插头(绿色),多功能指示器线束;W-6孔插头(绿色),ABS线束;X-8孔插头(绿色),警告指示灯(拖挂设备、ABS系统)线束;Y-单孔插头,接线柱;Z-单孔插头,接线柱;30-孔插头,接线柱30;30B-单孔插头

3）熔断装置

汽车电路中都设有熔断装置,当线路因负荷超载、短路故障而电流过大时,熔断装置自动断开电源电路,以防止线路或用电设备烧坏,常见规格的熔断丝实物如图1-9所示。迈腾B8车型驾驶室内熔断器安装位置如图1-10所示。

图1-9　熔断丝

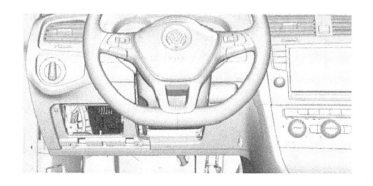

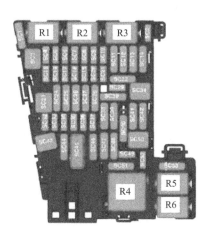

图1-10　迈腾B8车型驾驶室内熔断器安装位置示意图

4）继电器

继电器的基本组成件是电磁线圈和带复位弹簧的触点,其工作方式利用通电线圈产生的电磁力来改变触点的原始状态。车用继电器主要起保护开关和自动控制作用,类型有常开式和常闭式等。汽车上常用的继电器形状及电路示意如图1-11所示。

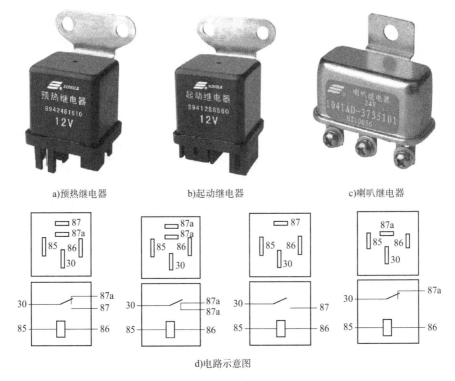

图 1-11　汽车上常用的继电器形状及电路示意图

5）导线

车辆电气设备的连接导线,是电气线路的基础元件,均采用多股铜线。

(1) 导线的截面面积。

导线的截面面积根据所接用电设备的电流值确定。各种低压导线标称截面面积代表不同的允许截流值。

(2) 导线的颜色。

为了便于识别和维修,电线束中的导线都采用了不同颜色。电线的各种颜色均用字母表示,主流车系使用的导线颜色代号见表1-1。

导 线 颜 色 代 号　　　　　　表1-1

颜色	英文	中国	美国	日本	本田汽车、现代汽车	奥迪汽车、大众汽车	雪铁龙汽车
黑	Black	B	BLK	B	BLK	sw	MR
白	White	W	WHT	W	WHT	ws	BA
红	Red	R	RED	R	RED	ro	RG
绿	Green	G	GRN	G	GRN	gu	VE
深绿	Dark Green		DK GRN				
浅绿	Light Green		LT GRN	Lg	LT GRN		
黄	Yellow	Y	YEL	Y	YEL	ge	JN
蓝	Blue	BL	BLU	L	BLU	hl	BE

续上表

颜色	英文	中国	美国	日本	本田汽车、现代汽车	奥迪汽车、大众汽车	雪铁龙汽车
浅蓝	Light Blue		LT BLU	Sb	LT BLU		
深蓝	Dark Blue		DK BLU				
粉红	Pink	P	PNK	P	PNK		
紫	Violet	V	PPL	PU	PUR	li	Vl
橙	Orange	O	ORN	Or	ORN	Or	
灰	Grey	Gr	GRY	Gr	GRY	gr	GR
棕	Brown	Br	BRN	Br	BRN	br	
棕褐	Tan		TAN				
无色	Glear		CLR				
褐							RS
橘黄							OR
栗							MR

6）线束

为了使全车线路规整、安装方便及保护导线的绝缘，汽车上的全车线路除高压线、蓄电池和收放机天线的电缆外，一般都将同区域不同规格的导线用棉纱或薄聚氯乙烯带缠绕包扎成束，称为线束，如图1-12所示。

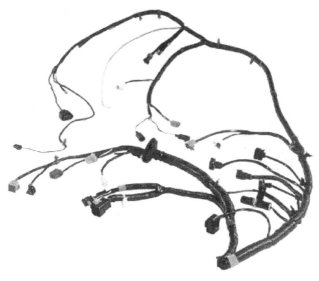

图1-12　汽车线束

汽车线束是汽车电路的网络主体，没有线束也就不存在汽车电路（图1-13）。目前，不管是高级豪华汽车还是经济型普通汽车，线束装配的形式基本上是一样的，一般由导线、端子（或称孔）、插接器插头或插座、护套等组成。一般汽车的线束分为发动机线束、仪表板线束、车身线束等。

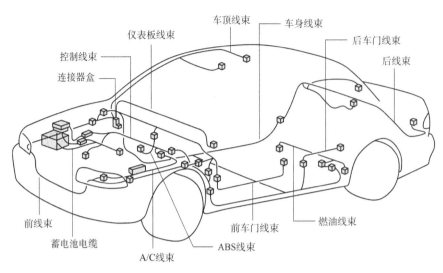

图 1-13　常见汽车线束示意图

随着汽车功能的增加,电子控制技术的普遍应用,电气元件越来越多,电线也会越来越多,线束也就变得越粗越重。因此先进的汽车就引入了 CAN 总线配置,采用多路传输系统。与传统线束比较,多路传输装置大大减少了导线及接插件数目,使布线更为简易。

7)插接器

插接器和电线焊片接头是线路与各电气设备之间、线路与线路之间的连接部件(图 1-14)。插接器是一种连接分线束与分线束之间、线束与用电设备之间、线束与开关之间的电气装置,又称为连接器。因为插接器连接可靠、检修方便,所以在汽车上得到广泛采用。插接器不能松动、腐蚀,为保证插接器的可靠连接,其上都有锁紧装置,而且为了避免安装中出现差错,插接器还制成不同的规格、形状。常见插接器端子定义见图 1-15。

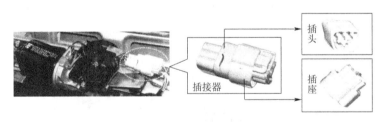

图 1-14　常见插接器的结构

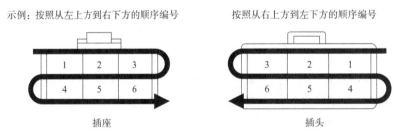

图 1-15　常见插接器端子定义

插接器端子上设有倒刺片,装入护套内以防脱出。拔开插接器时,不能直接拉拔导线,应当先将插接器的锁止扣解除,再向两边用力拉动壳体将插头与插座拔开,如图1-16所示。有些插接器采用钢丝扣进行锁止,压下钢丝扣后才能将插接器的插头与插座拔开。

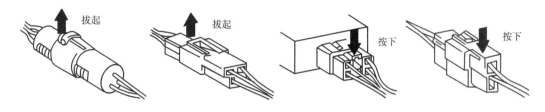

图1-16 常见插接器拆卸示意图

为了保证插接器能可靠连接,有的插接器上设有双重锁定机构,如图1-17所示,其作用是:锁定插接器插头与插座,防止插接器脱开。双重锁定机构在插接器插头上设有主锁和两个凸台,在插座上设有锁柄能够转动的副锁。当主锁未锁定时,插头上的两个凸台就会阻止副锁锁定,如图1-17a)所示;当主锁完全锁定时,副锁锁柄方能转动并锁定,如图1-17b)所示;当主锁与副锁双重锁定后,插头与插座可靠连接,如图1-17c)所示,从而防止插接器脱开。

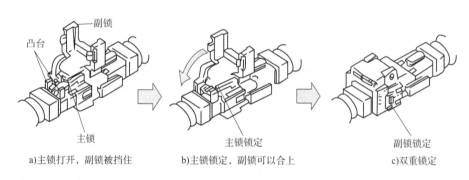

a)主锁打开,副锁被挡住　　b)主锁锁定,副锁可以合上　　c)双重锁定

图1-17 常见插接器上的锁定机构

当插接器出现端子接触不良或导线断路故障时,先将插接器插头与插座拔开,然后用小螺钉旋具或专用工具从插接器中取出导线与端子,进行修理或更换后再装复使用。

二、任务实施——迈腾B8车型汽车电气设备结构认知

1.准备工作
(1)将实训车辆停放在检测区域。
(2)检查实训室通风系统设备工作是否正常。
(3)准备车辆挡块、翼子板布、三件套等。

2.技术要求与注意事项
实训过程应注意对车辆保护,实训完成后应对场地进行清洁。

3.操作步骤
(1)在实训车辆上找出电源系统主要部件位置,并记录在表1-2中。

电源系统记录表　　　　　　　　　　　　　　　　　　　表1-2

序　号	名　　称	位　　置	作　　用
1	蓄电池		
2	发电机		
3	蓄电池监控单元		

(2)在实训车辆上找出起动系统主要部件位置,并记录在表1-3中。

起动系统记录表　　　　　　　　　　　　　　　　　　　表1-3

序　号	名　　称	位　　置	作　　用
1	起动机		
2	J906		
3	J907		
4	点火开关 E378		

(3)在实训车辆上找出配电系统主要部件位置,并记录在表1-4中。

配电系统记录表　　　　　　　　　　　　　　　　　　　表1-4

序　号	名　　称	位　　置	主 要 元 件
1	熔断丝架 A		
2	熔断丝架 B		
3	熔断丝架 C		
4	熔断丝架 H		

(4)在实训车辆上找出点火系统主要部件位置,并记录在表1-5中。

点火系统记录表　　　　　　　　　　　　　　　　　　　表1-5

序　号	名　　称	位　　置	作　　用
1	曲轴位置传感器		
2	凸轮轴位置传感器		
3	爆震传感器		
4	点火线圈		
5	火花塞		
6	发动机控制单元 J623		

(5)在实训车辆上找出照明和信号系统主要部件位置,并记录在表1-6中。

照明和信号系统记录表　　　　　　　　　　　　　　　　表1-6

序　号	名　　称	位　　置	作　　用
1	灯光开关		
2	变光开关		

续上表

序　号	名　　称	位　　置	作　　用
3	危险警报灯开关		
4	前照灯		
5	尾灯		
6	室内阅读灯		
7	氛围灯		

（6）在实训车辆上找出空调系统主要部件位置，并记录在表1-7中。

空调系统记录表　　　　　　　　　　　　　　　　表1-7

序　号	名　　称	位　　置	作　　用
1	空调操作面板		
2	冷凝器		
3	压缩机		
4	高压维修接头		
5	低压维修接头		

（7）在实训车辆上找出主要辅助电器位置，并记录在表1-8中。

辅助电器记录表　　　　　　　　　　　　　　　　表1-8

序　号	名　　称	位　　置	作　　用
1	刮水器控制开关		
2	刮水片		
3	电动座椅控制开关		
4	座椅加热按钮		
5	车窗升降器开关		
6	天窗控制开关		
7	电动后视镜控制开关		
8	中控锁控制开关		

三、评价与反馈

1．自我评价

（1）完成本学习任务后，回答以下问题：

①汽车电气设备主要由哪些系统组成？

②汽车电气设备的特点有哪些？

(2)迈腾 B8 车型配电系统主要由哪些部件组成？

_____。

(3)实训过程完成情况如何？

_____。

(4)你认为自己的知识和技能还有哪些欠缺？

_____。

签名：_____　　___年___月___日

2．小组评价（表1-9）

小组评价表　　　　　　　　　　　　　　　　　　　表1-9

序　号	评 价 内 容	优	良	中	差
1	任务中5S管理执行情况				
2	合理规范地使用仪器和设备				
3	按照安全和规范的流程操作				
4	遵守学习、实训场地的规章制度				
5	团结协作情况				

参与评价的同学签名：_____　　___年___月___日

3．教师评价

_____

_____。

教师签名：_____　　___年___月___日

四、技能考核标准（表1-10）

技能考核标准表　　　　　　　　　　　　　　　　表1-10

项　目	操作内容	规 定 分	评分标准	得　分
汽车电气设备结构认知	车辆保护	10分	正确铺设翼子板布和前格栅布	
	汽车电源系统结构认知	10分	找到系统各部件	
	汽车起动系统结构认知	10分	找到系统各部件	
	汽车点火系统结构认知	10分	找到系统各部件	
	汽车配电系统结构认知	10分	找到系统各部件	
	汽车照明系统结构认知	10分	找到系统各部件	
	汽车信号系统结构认知	10分	找到系统各部件	
	汽车仪表系统结构认知	10分	找到系统各部件	
	汽车辅助电器系统结构认知	10分	找到系统各部件	
	汽车空调系统结构认知	10分	找到系统各部件	
	总分	100分		

学习任务2　汽车电气设备常见维修工具使用

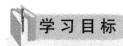

知识目标

1. 了解汽车电气设备维修作业常见的工具种类；
2. 掌握汽车电气设备维修作业常见的工具使用方法；
3. 了解汽车电气设备常见诊断方法。

技能目标

1. 能正确使用汽车电气设备维修工具；
2. 能正确运用汽车电气设备常见诊断方法。

2课时。

一、理论知识准备

1.汽车电气设备常见维修工具

在汽车电气设备维修作业中，经常使用的工具有试灯、跨接线、万用表、汽车故障诊断仪、示波器。

1）试灯

汽车电路的检测试灯有无源试灯和有源试灯两种。

（1）无源试灯。

无源试灯就是在一段导线中连接一个灯泡，如图1-18所示。当试灯一端搭铁另一端接触到带电的导体时，灯泡就会点亮，如图1-19所示。它不能像电压表一样显示被检电路点的电压，只能显示是否有电压。

（2）有源试灯。

有源试灯同无源示灯类似，只是自带一个电池电源，连接到一条导线的两端上时，试灯内灯泡点亮。可用于测试线路的通、断，如图1-20所示。不能用有源示灯测试带电电路，否则会损坏试灯。

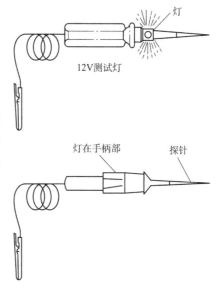

图1-18　无源试灯

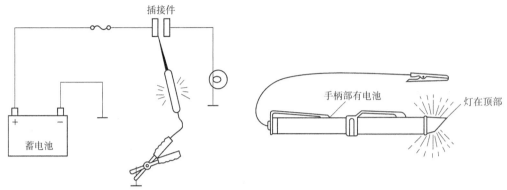

图1-19　无源试灯测试方法　　　　　图1-20　有源试灯

2）万用表

万用表有指针式和数字式两种，数字式万用表具有测试精确的电子电路，准确度远远超过指针式万用表，普遍用于汽车电气诊断与检测。

不同的汽车万用表功能及结构不尽相同，但基本都是由数字及模拟量显示屏、功能按钮、测试项目选择开关、温度测量插孔、公用插孔（用于测量电压、电阻、频率、闭合角、频宽比和转速等）、搭铁插孔、电流测量插孔、测试探针（或大电流钳）等全部或部分构成。普通汽车万用表如图1-21所示。

3）汽车故障诊断仪（图1-22）

故障诊断仪通过数据通信线获得控制电脑的实时数据参数，包括故障信息、实时运行参数、控制电脑与诊断仪之间的相互控制指令。故障诊断仪有通用诊断仪和专用诊断仪两种。

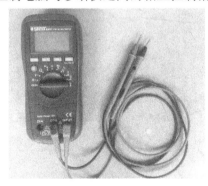　　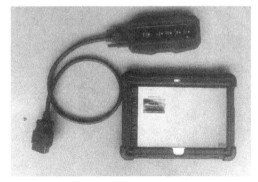

图1-21　世达数字万用表　　　　　图1-22　汽车故障诊断仪

（1）通用诊断仪。

通用诊断仪的主要功能有：控制电脑版本的识别、故障代码的读取和清除、动态数据参数显示、执行器的功能测试与调整、某些特殊参数的设定、维修资料及故障诊断提示、路试记录等。

（2）专用诊断仪。

专用诊断仪除具有通用诊断仪的功能之外，还能完成某些特殊功能，诊断的内容更深、更完善。

4）汽车示波器

常见的汽车专用示波器按功能一般可分为专用型示波器和综合型示波器两种。

图1-23所示为双通道数字示波器。

(1)专用型示波器。

这类示波器专用性比较强,可以精确地显示各种变化的波形,如点火初级次级波形、各种传感器的输入输出电压波形、脉冲宽度和占空比等,缺点是功能比较单一。

(2)综合型示波器。

除了具有专用型示波器的一般功能外,通常还具有读取与消除故障代码功能和动态数据分析功能等,部分诊断仪还具有发动机动力性能测试功能等。

图1-23 双通道数字示波器

2.汽车电气系统故障常用诊断方法

汽车电路发生的故障主要有:断路、短路、电气设备的损坏等。

1)直观诊断法

汽车电器发生故障时,有时会出现冒烟、火花、异响、焦臭、发热等异常现象。这些现象可通过人的眼、耳、鼻、身感觉到,从而可以直接判断出故障所在部位。

2)断路法

汽车电气设备发生搭铁(短路)故障时,可用断路法判断。将怀疑有搭铁故障的电路段断路后,根据电器中搭铁故障是否还存在,判断电路搭铁的部位和原因。

3)短路法

汽车电路中出现断路故障,还可以用短路法判断。将怀疑有断路故障的电路短接,观察仪表变化或电器工作状况,从而判断出该电路中是否存在断路故障。

4)试灯法

试灯法就是用试灯对电路进行检查,检查电路中有无断路故障。

5)仪表法

观察汽车仪表板上的电流表、冷却液温度表、燃油表、机油压力表等的指示情况,判断电路中有无故障。

6)高压试火法

对高压电路进行搭铁试火,观察电火花状况,判断点火系统的工作情况。具体方法是:拆下点火线圈和火花塞,将火花塞压在发动机汽缸盖上,然后接通起动开关,转动发动机,看火花塞跳火情况。如果火花强烈,呈天蓝色,且跳火声较大,则表明点火系统工作基本正常;反之,则说明点火系统工作不正常。

7)专用检测仪器法

汽车电气设备维修作业中,通过使用蓄电池分析仪、故障诊断仪和示波器等专用监测仪器,对汽车电气设备进行检测,可为快速排查故障提供帮助。

二、任务实施——汽车电气设备维修工具使用

1.准备工作

(1)将实训车辆停放在检测区域。

(2)检查实训室通风系统设备工作是否正常。
(3)准备万用表、试灯、诊断仪、示波器、车辆挡块、翼子板布、三件套等教学用具。

2.技术要求与注意事项
(1)使用数字万用表前应先校准,应在电阻挡进行校准。
(2)连接诊断仪,应先关闭点火开关,连接完毕后,打开点火开关,再打开诊断仪。
(3)拆卸诊断仪前应关闭点火开关。

3.操作步骤
(1)万用表的使用。
①认知万用表,说明万用表每一个挡位、按键、接口的作用。
②将万用表调至电阻挡,连接红、黑表笔,进行万用表校准,观察万用表读数并记录_____。
③将使用万用表调至直流电压挡,测试蓄电池电压,红色表笔接蓄电池正极,黑色表笔接蓄电池负极,记录蓄电池电压值_____。

(2)试灯的使用(无源)。
检查试灯外观,将试灯(无源)两端连接蓄电池正负极,观察试灯(是/否)_____点亮,反接蓄电池正负极,观察试灯(是/否)_____点亮。

(3)诊断仪的使用。
①关闭点火开关,连接诊断仪。
②打开点火开关,打开诊断仪。
③进入诊断系统,读取当前故障代码,并记录在表1-11中。

故障代码记录表　　　　　　　　　　　　　　　　表1-11

故障代码	故障说明	故障代码	故障说明

④清除故障代码,再次读取,查看系统内是否存在故障。
⑤使用诊断仪,进入仪表系统,读取数据流,并记录在表1-12中。

数　据　流　记　录　表　　　　　　　　　　　　表1-12

数据名称	数据值	数据说明

(4)示波器的使用。

①认知示波器,说明示波器按键和接口的作用。

②连接示波器,使用示波器测试实训车辆故障诊断接口 U31 中 T16h/14 和 T16h/6 对搭铁电压波形,将波形绘制在下面图框内。

③调整波形参数(幅值和周期),观察波形变化情况。

三、评价与反馈

1. 自我评价

(1)完成本学习任务后,回答以下问题:

①汽车电气设备维修作业中常用的设备有哪些?

_____

②汽车电气系统故障常用诊断方法有哪些?

_____

(2)故障诊断仪在汽车电气维修中可以进行哪些项目的操作?

_____

(3)实训过程完成情况如何?

_____

(4)你认为自己的知识和技能还有哪些欠缺?

_____

签名:_____   ___年___月___日

2. 小组评价(表1-13)

小组评价表　　　　　　　　　　　　表1-13

序 号	评价内容	优	良	中	差
1	任务中5S管理执行情况				
2	合理、规范地使用仪器和设备				
3	按照安全和规范的流程操作				
4	遵守学习、实训场地的规章制度				
5	团结协作情况				

参与评价的同学签名:_____   ___年___月___日

3.教师评价

_____

_____。

教师签名：_____   ___年___月___日

四、技能考核标准（表1-14）

技能考核标准表　　　　　　　　　　　　　　　表1-14

项　目	操作内容	规　定　分	评分标准	得　分
汽车电气设备维修工具的使用	车辆防护	5分	能较好对车辆进行防护	
	万用表的使用	20分	正确使用万用表	
	试灯的使用	15分	正确使用试灯	
	故障诊断仪(解码器)的使用	30分	正确使用故障诊断仪	
	示波器的使用	30分	正确使用示波器	
总分		100分		

思考与练习

（一）填空题

1．汽车电源系统包括_____、_____、电压调节装置等。

2．小型乘用车的电气设备额定电压为_____。

3．跨接线短路法可用于检查_____。

4．用数字式万用表测电压值时，黑表笔插入_____。

5．汽车在正常运行时，向用电器供电的是_____。

6．电动后视镜属于汽车电气的_____系统。

7．汽车用电源为_____电源，其电压一般为_____V或者_____V。

8．起动系统用来起动发动机，主要包括_____。

（二）判断题

1．指针式万用表一般用于检测普通车用电器及其线路，对于电子控制系统的元件及其线路的检测需使用高阻抗的万用表。　　　　　　　　　　　　　　　　　　（　）

2．用数字万用表进行直流电压测量时应将红色表笔插头插入COM孔，黑色表笔插头插入VΩ孔。　　　　　　　　　　　　　　　　　　　　　　　　　　　　　（　）

3．用数字万用表检测在线电阻时，应关闭被测电路的电源，并使被测电路中的电容放完电，才能进行测量。　　　　　　　　　　　　　　　　　　　　　　　　　（　）

4．数字万用表电容量程各挡可以测量电压。　　　　　　　　　　　　　　（　）

5．用数字万用表进行二极管测试，二极管反接时，显示超量程。　　　　　（　）

6．汽车多功能电表可以测量汽车上一些特有的参数，如转速、闭合角、百分比、频率、压力、时间和温度等。　　　　　　　　　　　　　　　　　　　　　　　　（　）

7. 开路是指电路中存在连续性遭到破坏的故障。　　　　　　（　）
8. 短路是指电路中存在电流绕过部分负载的故障。　　　　　（　）
9. 小型乘用车的电气设备额定电压为24V。　　　　　　　　（　）
10. 电动后视镜属于汽车电气的辅助电器。　　　　　　　　（　）

(三) 简答题

1. 汽车电气设备的主要特点是什么？
2. 汽车电气系统主要元件有哪些？
3. 现代汽车电气设备可分为哪些系统？
4. 汽车电气设备有哪四个共同的特点？

单元二　汽车电源系统构造与检修

学习任务1　蓄电池构造与检修

知识目标
1. 了解蓄电池的常见安装方式和位置；
2. 掌握蓄电池的功用和基本结构；
3. 了解蓄电池的工作原理；
4. 了解蓄电池的特性参数和标识；
5. 掌握蓄电池的性能检测方法。

技能目标
1. 能对蓄电池技术状况进行检查和维护；
2. 能使用蓄电池充电设备对蓄电池进行充电作业；
3. 能按照规范要求进行蓄电池更换作业。

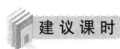

6课时。

一、理论知识准备

汽车电源系统主要作用是为车上装备的各个电气系统提供电能，一般由蓄电池、交流发电机、电压调节器及充电状态指示装置等组成，如图2-1所示。

蓄电池、发电机与汽车用电设备采用并联方式连接。车辆起动时，蓄电池向起动机和其他设备供电，在发动机正常工作时，发电机向用电设备供电，并向蓄电池进行充电。一汽大众迈腾B8车型的电源系统供电方案如图2-2所示。

蓄电池（俗称电瓶）是汽车上的两个电源之一，在汽车上与发电机并联，共同向用电设备供电。蓄电池安装分前置和后置两种，前置是指安装在发动机舱内，后置指安装在车辆行李舱内。前置安装形式如图 2-3 所示,迈腾车型前置安装方案将蓄电池、发电机、熔断丝载体 SA 和熔断丝载体 SB 装备在发动机舱,熔断丝载体 SC 装备在驾驶室仪表台中,电源系统通过三个熔断丝(SA、SB、SC)支架向车内分流供电。

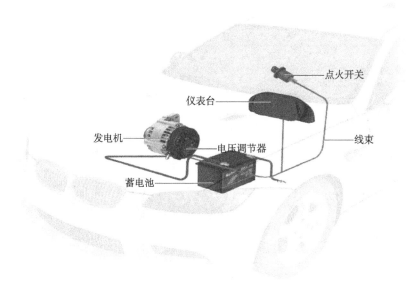

图 2-1　汽车电源系统组成

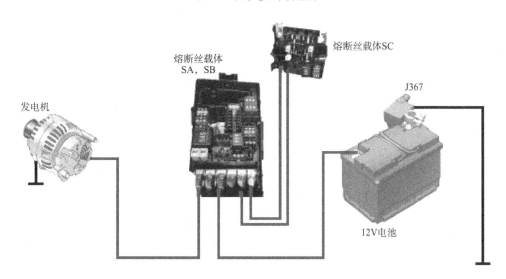

图 2-2　迈腾 B8 车型的电源系统供电方案

迈腾车型蓄电池后置安装方式如图 2-4 所示,由于安装空间的原因,12V 蓄电池安装在行李舱内。蓄电池安装在行李舱内饰板的左后方,发电机位于发动舱内,电源系统通过四个熔断丝支架向车内分流供电,其中熔断丝载体 SA 和熔断丝载体 SB 装备在发动机舱内,熔断丝载体 SC 装备在乘员区左后杂物箱内,熔断丝载体 SD 装备在蓄电池上主熔断丝盒内。

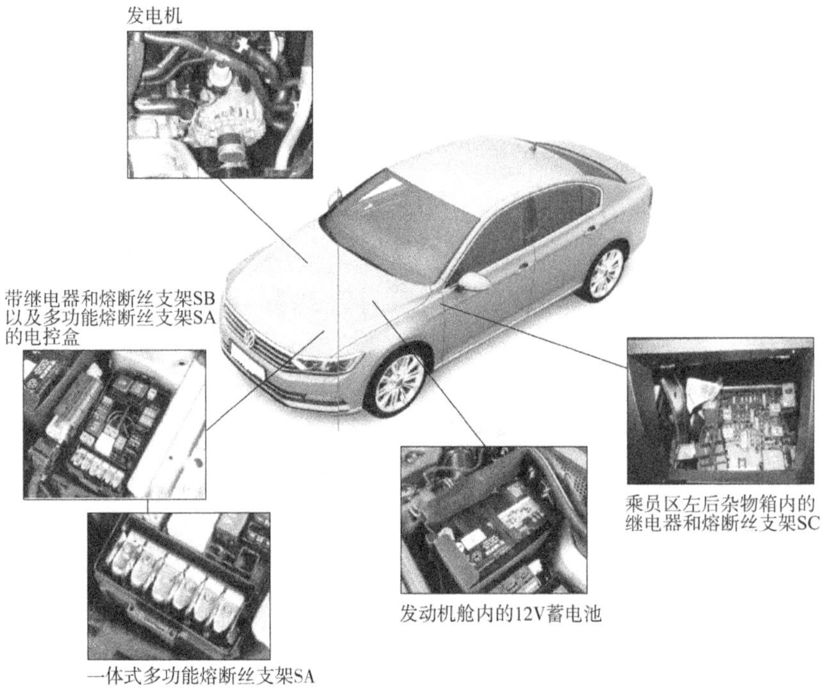

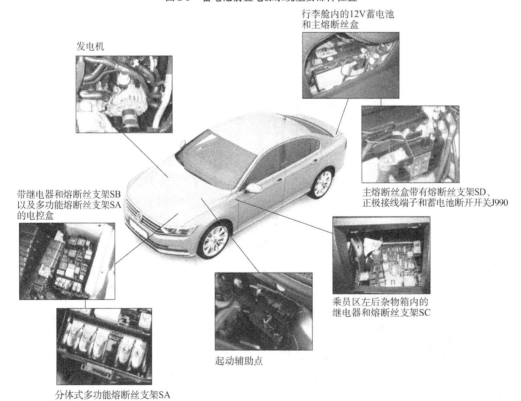

图 2-3　蓄电池前置电源系统主要部件位置

图 2-4　蓄电池后置电源系统主要部件位置

蓄电池是一种既能将化学能转化为电能,也能将电能转化为化学能的可逆低压直流电源:放电时,蓄电池将储存的化学能转化为电能;充电时,蓄电池将电能转化为化学能储存起来,直到化学能储存满时充电结束。

1. 蓄电池的功用

发动机正常工作时,汽车用电设备由发电机供电,而蓄电池的主要功用如下：

（1）在发动机起动时,向起动机提供较大的起动电流,同时给点火系统、电子燃油喷射系统、仪表等用电设备供电。

（2）在发电机不发电或电压较低时,如发动机停止运转或低怠速运转,由蓄电池向用电设备供电。

（3）当发电机超载时,由蓄电池协助发电机供电。

（4）蓄电池存电不足,而发电机负载又较小时,它可将发电机的电能转变为化学能储存起来（即充电）。

（5）过载保护。蓄电池相当于一个大容量电容器,在发电机转速和负载发生比较大的变化时,能够保持汽车电器电压的相对稳定。同时,还可吸收发电机产生的瞬间过电压,保护汽车电子元件不被损坏。所以,发电机不允许脱开蓄电池运转。

汽车上所使用的蓄电池主要是为了满足起动发动机的需要,所以,通常称为起动型蓄电池。起动型蓄电池在短时间内可提供强大的起动电流(一般为 200～600A,最大可达 1000A)。

2. 蓄电池的基本结构

蓄电池由多个单格电池组成,每个单格电池由正负极板、隔板、电解液和壳体等组成,蓄电池结构如图 2-5、图 2-6 所示。蓄电池壳体一般分为 3 格和 6 格等,每格均添加电解液,正、负极板浸入电解液中成为单格电池。每个单格电池的标准电压为 2V,因此,3 个单格电池串联在一起成为 6 V 蓄电池,6 个单格电池串联在一起成为 12 V 蓄电池。

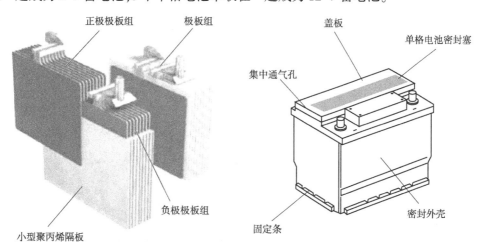

图 2-5　蓄电池结构图 1

1）正、负极板

正、负极板均由栅板涂敷工作物质而成,因工作物质成分不同而分成正极板和负极板。

对于充足电的蓄电池来说,正极板上的工作物质为二氧化铅(PbO_2),呈深棕色;负极板上的工作物质为海绵状纯铅(Pb),呈青灰色。

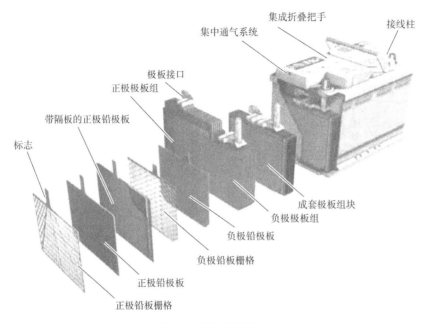

图 2-6　蓄电池结构图 2

为增大蓄电池的容量,将多片正、负极板分别并联焊接,组成正、负极板组。横板上联有极柱,各片间留有空隙。安装时正、负极板相互嵌合,中间插入隔板。由于正极板的机械强度差,因此,在每个单体电池中,负极板的数量总比正极板多一片,这样正极板都处于负极板之间,使其两侧放电均匀,不致造成正极板拱曲变形。

2)隔板

为了减小蓄电池的内阻和尺寸,蓄电池内部正、负极板应尽可能地靠近,但为了避免彼此接触而短路,正、负极板之间要用隔板隔开。隔板材料应具有多孔性和渗透性,且化学性能要稳定,即具有良好的耐酸性和抗氧化性。常用的隔板材料有微孔橡胶、微孔塑料、玻璃纤维和纸板等。

3)壳体

蓄电池的壳体是用来盛放电解液和极板组的,应由耐酸、耐热、耐振、绝缘性好并且有一定机械强度的材料制成。早期生产的起动型蓄电池大都采用硬橡胶壳体,近年来随着工程塑料的迅速发展,大都采用聚丙烯塑料壳体。壳体为整体式结构,壳体内部由间壁分隔成 3 个或 6 个互不相通的单格,底部有凸起的肋条以搁置极板组。

4)电解液

电解液在电能和化学能的转换过程即充电和放电的电化学反应中,起离子间的导电作用并参与化学反应。它由密度为 $1.84g/cm^3$ 的纯硫酸和蒸馏水按一定比例配制而成,密度一般为 $1.24\sim1.30g/cm^3$。配制电解液必须使用耐酸的器皿,切记只能将硫酸慢慢地倒入蒸馏水中并不断搅拌。蓄电池电解液密度与电量状况对应情况见表 2-1。

蓄电池电解液密度与电量状况对应情况　　　表2-1

电解液密度(g/cm³)	电量状态(%)	电压(V)
1.28	100	12.7
1.21	60	12.3
1.18	40	12.1
1.10	0	11.7

5）接线柱

蓄电池首尾两极板组的横板上焊有接线柱,为了便于区分,在正接线柱上或旁边标有"＋"或"P"标记,负接线柱上或旁边标有"－"或"N"标记。

3. 蓄电池的工作原理

蓄电池的工作原理就是化学能与电能的相互转化。当蓄电池将化学能转化为电能而向外供电时,称为放电过程;当蓄电池与发电机相连而将电能转化为化学能储存起来时,称为充电过程。

1）放电过程

当蓄电池与有效的用电器相连接时,放电的过程随即开始,此时硫酸开始反应,电解液变稀,同时由于水的形成,电解液中水的含量也随之上升。放电过程的蓄电池如图2-7所示。

放电过程反应式为：

$$PbO_2 + 2H_2SO_4 + Pb \Longrightarrow 2PbSO_4 + 2H_2O$$

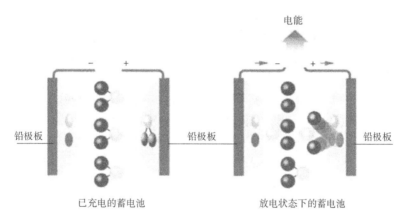

图2-7　放电过程的蓄电池

2）充电过程

当发动机开始工作时,发动机带动发电机发电,并向蓄电池输送电荷。蓄电池放电过程汇总产生的硫酸铅和水被转化为铅、二氧化碳以及硫酸,电解液浓度升高。充电过程的蓄电池见图2-8。

充电过程反应式为：

$$2PbSO_4 + 2H_2O \Longrightarrow Pb + PbO_2 + 2H_2SO_4$$

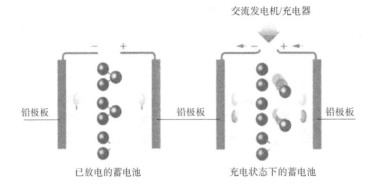

图 2-8 充电过程的蓄电池

4. 蓄电池的特性参数与标识

1）蓄电池的特性参数

（1）蓄电池电压。

额定电压：起动蓄电池的额定电压为 12V。

静止电压：静止电压取决于充电状态和电解液温度，充足电的蓄电池在 25℃时其电压约为 12.8V。

充电结束电压：充电结束电压是断开充电电流前在接线端子上测得的电压（单格电压约为 2.4V 或蓄电池电压约为 14.4V）。

放电结束电压：放电结束电压规定了蓄电池允许达到的放电下限电压，低于此电压时会导致过度放电和蓄电池寿命降低。放电结束电压为 1.75V，其相应的电解液密度为 1.12g/cm³。

（2）蓄电池内电阻。

蓄电池的内电阻是蓄电池起动性能的一个标志。内电阻大小反映了蓄电池带负载的能力。在相同条件下，内电阻越小，输出电流越大，带负载能力越强。蓄电池内电阻包括极板电阻、隔板电阻、连接条电阻、电解液电阻和极柱的电阻等。

极板电阻：极板电阻一般很小，随着蓄电池放电的进行，正、负极板表面 $PbSO_4$ 逐渐增多，由于 $PbSO_4$ 的导电性差，因此放电程度越高，极板电阻越大。

隔板电阻：隔板电阻与材料有关。木质隔板由于其多孔性差，所以其电阻比橡胶隔板和塑料隔板的电阻大。

连接条电阻：连接条电阻与连接条形式有关。传统外露式连接条电阻比内部穿壁式、跨越式连接条的电阻要大。

电解液电阻：电解液电阻与密度和温度有关。温度越低，则电解液的黏度和电阻越大。而电解液的密度过高或过低，均会使电解液电阻增大。密度过高时，由于黏度增大，因此电解液电阻增大；密度过低时，由于电解液中的 H^+ 和 SO_4^{2-} 离子数量少，因此电解液电阻增大。当电解液的密度为 1.2g/cm³ 时（电解液的温度为 15℃），电解液的电阻最小。

（3）蓄电池的标识。

为了能对不同制造商的起动型蓄电池进行比较，相关标准中对蓄电池必须进行的标识作出了规定。

我国蓄电池的规格型号是按机械行业标准《铅酸蓄电池名称、型号编制与命名办法》(JB/T 2599—2012)进行编制的,蓄电池的型号由三部分组成,各部分之间用破折号分开,其内容及排列为:串联单格电池数——电池类型和特征——额定容量。

串联的单体蓄电池数是指该电池所包含的单格电池数目,用阿拉伯数字表示。

电池的类型是根据蓄电池用途来划分的,起动型蓄电池用"Q"表示,代号 Q 是汉字"起"的第一个拼音字母,蓄电池用途见表2-2,电池特征为附加部分,仅在同类用途的产品具有某种特征,而在型号中又必须加以区别时采用,当产品同时具有两种特征时,将用特征代号并列标志,电池特征代号见表2-3。

蓄电池用途 表2-2

蓄电池类型(用途)	型号	蓄电池类型(用途)	型号
起动型	Q	储能用	C
固定型	G	电动道路车用	EV
牵引(电力机车)用	D	电动助力车用	DZ
内燃机车用	N	煤矿特殊	MT
铁路客车用	T	船舶用	C
摩托车用	M	储能用	CN
船舶用	C	电动道路车用	EV

蓄电池特征代号 表2-3

特征代号	蓄电池特征	特征代号	蓄电池特征	特征代号	蓄电池特征
A	干荷电	J	胶体电解液	D	带液式
H	湿荷电	M	密封式	Y	液密式
W	免维护	B	半密封式	Q	气密式
S	少维护	F	放酸式	I	激活式

(4)额定容量。

额定容量是指20h放电率时的额定容量。根据《起动用铅酸蓄电池 第1部分:技术条件和试验方法》(GB/T 5008.1—2013)规定:将充足电的新蓄电池在电解液温度为25℃±5℃条件下,以20h放电速率的放电电流连续放电至单格电池平均电压降到1.75V时输出的电量称为蓄电池的额定容量。用阿拉伯数字表示,单位为 A·h,在型号中可略去不写。有时在额定容量后面用一个字母表示特殊性能,G 表示高起动率、S 表示塑料外壳、D 表示低温起动性能好。

例如:6——QA——100 型蓄电池表示该蓄电池由 6 个单格电池组成,额定电压为12V,额定容量为100A·h 的起动用干荷蓄电池。

(5)其他标准。

图2-9 所示为大众汽车常用蓄电池,其主要参数包括额定电压、额定容量和低温检测电流。

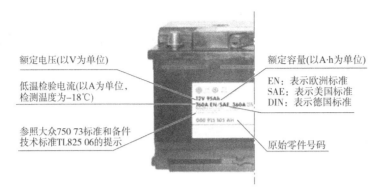

图 2-9 大众汽车常用蓄电池标识

由图 2-9 可知：

①额定电压，12V。根据标准，起动蓄电池的额定电压为 12V。

②额定容量，95A·h。额定容量表示蓄电池的储存容量。它是一项基本要求，一个 12V 蓄电池可以在 27℃ 的温度下输出 20h，而电压下降不低于 10.5V。

③低温检验电流，760A。该指标是发动机冷态起动时蓄电池起动能力的重要参数。

2）蓄电池的工作特性

（1）蓄电池的放电特性。

蓄电池的放电特性是指充足电的蓄电池在恒电流放电过程中，蓄电池的端电压、电解液密度随放电时间的变化规律。

放电终止的标志为：

①单格电池电压下降到放电终止电压值（以 20h 放电率放电时，此值为 1.75V）。

②电解液密度下降到最小许可值，约为 $1.11g/cm^3$。

（2）蓄电池的充电特性。

蓄电池的充电特性是指在恒流充电过程中，单格电池的端电压 U 和电解液的密度随时间的变化规律。

充电终止的 3 个标志为：

①电解液呈"沸腾"状（因析出氢气和氧气所致）。

②电解液密度上升至最大值，且 2~3h 内不再上升。

③单格电池端电压上升至最大值（2.7V），且 2~3h 内不再升高。

5. 蓄电池的性能检测

1）外观检查

如图 2-10 所示，蓄电池的外观检查内容主要有：检查外观有无破损、漏液；检查安装是否牢固；检查桩头有无氧化（氧化现象多出现在负极柱）；检查蓄电池接线与正负极柱头的连接情况。

2）电解液液位高度检测

（1）透明壳体的蓄电池。

对于透明壳体的蓄电池，可以观察到蓄电池内电解液液面与上、下刻度线的关系，如图 2-11 所示。标准值应在上、下刻度线之间。若液面过低，一般情况下可以直接加入蒸馏水。

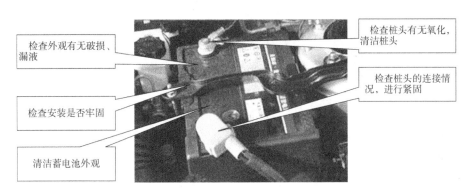

图2-10 蓄电池的外观检查

(2) 普通(带螺塞)蓄电池。

普通蓄电池电解液液面高度可用玻璃管测量。电解液液面应高出极板10～15mm,电解液不足时应加注蒸馏水。

(3) 免维护蓄电池。

免维护蓄电池上都设有观察窗(又称电眼),可以直接通过观察窗的指示器颜色,来确认蓄电池工作状况,如图2-12所示。

图2-11 蓄电池内电解液液面的高度检查

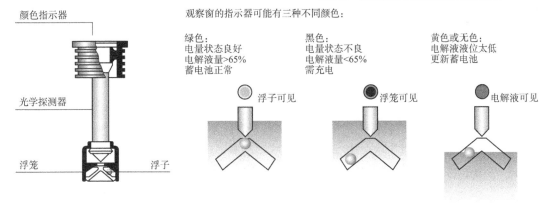

图2-12 免维护蓄电池指示器

观察窗的指示器有三种颜色,三种颜色代表的技术情况如下:

绿色:表示蓄电池的技术状况良好。

黑色:表示电解液密度偏低,应对蓄电池进行补充充电。

黄色或无色:表示电解液液面过低,蓄电池已不能继续使用。

3) 蓄电池极柱电压降的检测

在检查蓄电池工作性能的时候,可以通过检测蓄电池电压降的方法进行判断。

检测蓄电池电压降时,可用万用表分别测量蓄电池正、负电极极柱与对应导线间的电压降,测得的电压应不大于0.5V(理想状态为0V)。

如果电压大于 0.5V,说明蓄电池极柱与对应的导线之间的电阻过大,原因是极柱与导线接触不良(不紧固或有氧化物析出),应清理蓄电池极柱,并重新紧固蓄电池导线。

4)蓄电池开路电压的检测

使用万用表测量蓄电池端电压是一种常见的简单方法。蓄电池端电压的大小并不能完全反映蓄电池的工作性能,但它比外观检测有效、简单。

使用万用表测量蓄电池端电压,只能作为检测的参考因素,通常静置时,测量端电压应大于或等于 12.6V,并且电解液密度大于或等于 $1.22g/cm^3$,才可以基本判定蓄电池具有一定的电量储备。

5)电解液密度和温度的测量

电解液的密度用吸式密度计测定,如图 2-13 所示,先用密度计吸入电解液,使密度计浮子浮起,电解液液面所在的刻度即为密度值。

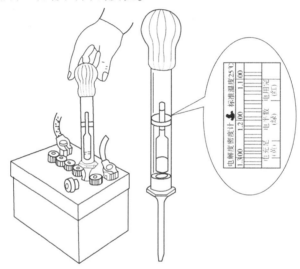

图 2-13 测量电解液的密度

根据实际经验,密度每减小 $0.01g/cm^3$,相当于蓄电池放电 6%,所以从测得的电解液密度就可以粗略估算出蓄电池的放电程度。

6)使用蓄电池检测仪(VAS5097A)检测蓄电池技术状况

图 2-14 蓄电池检测仪(VAS5097A)

使用蓄电池检测仪(VAS5097A,图 2-14)对蓄电池进行技术状况检查时,不需要移动或断开蓄电池。

(1)蓄电池检测仪正、负极检测夹分别连接蓄电池的正、负极。

(2)根据蓄电池标示参数(冷起动电流)选择测试电流大小。

(3)按键开始测试,测试完毕后打印检测结果。

6.蓄电池的充电

蓄电池的充电方法有定流充电、定压充电及脉冲快速充电 3 种,应根据具体情况正确选择充电方法。

定流充电：在充电过程中，充电电流保持一定的充电方法，称为定流充电。由于充电过程中蓄电池电动势逐渐升高，因此，定流充电过程中要不断调整充电电压。当单体蓄电池的端电压上升到2.4V时，电解液开始有气泡冒出，这时，应将充电电流减半，直到蓄电池完全充足电为止。

定压充电：充电过程中，电源电压始终保持不变的充电方法称为定压充电，在定压充电开始时，充电电流很大。此后随着蓄电池电动势的增大，充电电流逐渐减小，至充电终止时，充电电流降到最小值。如果充电电压调整得当，当充足电时，充电电流为零。

脉冲快速充电：克服了充电过程中所产生的极化现象，有效地提高了充电效率。脉冲快速充电首先利用充电初期极化现象不明显、蓄电池可以接受大电流充电的特点，初期采用$(0.8 \sim 1)C_{20}$的大电流对蓄电池进行定流充电，使蓄电池容量在短时间内达到60%左右的额定容量；当单体蓄电池端电压达2.4V，电解液开始冒气泡时，控制电路使充电转入脉冲快速充电阶段：先停止充电25ms左右，接着再反向脉冲快速充电，反向充电的脉宽一般为150~1000μs，脉幅为$(1.5 \sim 3)C_{20}$的充电电流，接着再停止充电25ms，然后再用正向脉冲进行充电，周而复始，直到充足电为止。

7. 蓄电池的常见故障及排除方法

蓄电池的外部故障有外壳裂纹、封口胶干裂、接线松脱、接触不良或极柱腐蚀等。内部故障有极板硫化、活性物质脱落、内部短路和自行放电等。

1) 外壳裂损、变形与封口胶破裂

汽车行驶中，由于强烈的振动或击伤，会使蓄电池外壳破裂；另外蓄电池发热、气体压力过大或电解液冰冻膨胀也会使外壳变形或封口胶破裂。封口胶裂口可以重新填补，外壳破裂需换新。

2) 极板硫化

蓄电池长期充电不足或放电后长时间未充电，极板上会逐渐生成一层白色粗晶粒的硫酸铅，在正常充电时不能转化为二氧化铅和海绵状铅，这种现象称为硫酸铅硬化，简称硫化。这种粗而坚硬的硫酸铅晶体导电性差、体积大，会堵塞活性物质的细孔，阻碍了电解液的渗透和扩散，使蓄电池的内阻增加，起动时不能供给大的起动电流，以致不能起动发动机。产生极板硫化的主要原因如下：

(1) 蓄电池长期充电不足，或放电后未及时充电。

(2) 蓄电池内液面太低，使极板上部与空气接触而强烈氧化（主要是负极板），造成极板的上部硫化。

(3) 电解液密度过高，电解液不纯、外部气温剧烈变化时也将促进硫化。

为了避免极板硫化，蓄电池应经常处于充足电状态，放完电的蓄电池应及时送去充电，电解液密度要恰当，液面高度应符合规定。

对于已硫化的蓄电池，较轻者可按过充电方法进行处理，较严重者可用小电流充电法或去硫化充电法消除硫化。

3) 自行放电

充足电的蓄电池，放置不用会逐渐失去电量，这种现象称为蓄电池的自行放电。若一昼夜容量损失不超过0.7%时,属于正常自行放电。铅蓄电池的正常自行放电是由于蓄电池本身因素所造成的一种不可避免的现象。若一昼夜自行放电量超过了2%时,则属于故障性自行放电,这主要是由于使用维护不当所造成的。造成故障性自行放电的原因很多,主要有以下几个方面:

(1)电解液杂质含量过多,这些杂质在极板周围形成局部电池而产生自行放电。

(2)蓄电池内部短路引起自行放电。例如,隔板或壳体隔壁破裂、极板活性物质大量脱落而沉于极板下部,都将使正、负极板短路而引起自行放电。

(3)蓄电池盖上洒有电解液时,会造成自行放电,同时,还会使极柱或连接条腐蚀。

因此,为减少自行放电,电解液的配制应符合要求,并使液面不致过高,使用中还应经常保持蓄电池表面的清洁。

自行放电严重的蓄电池,可将它完全放电或过度放电,使极板上的杂质进入电解液,然后将电解液倾出,用蒸馏水将电池仔细清洗干净,最后灌入新电解液,重新充电。

4)极板活性物质大量脱落

活性物质脱落一般多发生在正极板上,其特征为电解液中有沉淀物,充电时电解液有褐色物质自底部上升,但电压上升快,电解液沸腾现象比正常蓄电池出现得早,充电时间大大缩短,放电容量却明显下降。

极板活泩物质脱落的原因有以下几个方面:

(1)极板本身质量太差。

(2)充、放电时活性物质的体积总在不断地膨胀和收缩。

(3)充足电后极板孔隙中逸出大量气泡,在极板内部造成压力,从而使活性物质容易脱落。

因此,若使用不当,如充、放电电流过大,使电解液温度太高,或经常过充电,都将导致极板过早损坏。另外,蓄电池受剧烈振动时,也会引起活性物质脱落。

二、任务实施

(一)蓄电池的补充充电

1. 准备工作

(1)将实训车辆停放在维修区域。

(2)检查实训室通风系统设备工作是否正常。

(3)准备博世BSL2470充电器、车辆挡块、翼子板布、三件套等教学用具。

2. 技术要求与注意事项

当蓄电池电压低于12V,或蓄电池技术观察窗为黑色时,应对蓄电池进行补充充电。

蓄电池中含有腐蚀性液体硫酸,在正常的充放电过程中会释放出爆炸性气体,为了防止人身事故和车辆损伤,在使用蓄电池时必须遵守以下安全规则:

(1)在蓄电池周围工作时,应戴上眼镜防护装置。

(2)应穿着能防止蓄电池酸性液体接触皮肤的衣服。

(3)必须遵守用于蓄电池检测与维护的各种设备的安全操作规范。

(4)在蓄电池周围不能抽烟或使用明火。

3.操作步骤

下面以博世 BSL2470 充电器(图 2-15)为例,介绍如何对蓄电池进行充电。

(1)关闭车辆所有用电设备,关闭点火开关。

(2)打开发动机舱盖,铺设翼子板布和前格栅布。

(3)如图 2-16 所示,将博世 BSL2470 充电器的正、负极夹分别连接到蓄电池的正、负极(充电器红色夹子为正极,黑色为负极)。

图 2-15　博世 BSL2470 充电器　　　图 2-16　充电器正、负极连接示意图

(4)连接充电器电源,设置充电电流(正常充电时蓄电池额定容量的 10%),设置充电电压(通常为 12V)。

(5)打开充电器开关,开始充电,观察充电器充电指示情况。

(6)充电完成后,关闭充电器开关。

(7)断开蓄电池上的连接线,先断开负极,再断开正极,整理充电器连接线束。

(8)回收翼子板布和前格栅布,关闭发动机舱盖。

(二)蓄电池的更换

1.准备工作

(1)将实训车辆停放在维修区域。

(2)检查实训室通风系统设备工作是否正常。

(3)准备教学车辆、新蓄电池、拆装工具、车辆挡块、翼子板布、三件套等。

2.技术要求与注意事项

(1)当蓄电池技术状况不能满足发动机起动工作时,应及时更换蓄电池。

(2)更换蓄电池前应查阅车辆维修手册,应严格按照维修手册要求进行更换。

(3)蓄电池更换完成后,应按维修手册要求对蓄电池正负极柱进行紧固,蓄电池正负极柱螺母紧固力矩为 6N·m,蓄电池壳体固定螺栓紧固力矩 20 N·m。

3.操作步骤

以迈腾 B8 车型为例,介绍拆卸蓄电池的方法。拆卸所需要的工具为 10mm 梅花扳手和专用工具(扭力扳手 VAG1331),迈腾 B8 车型蓄电池部件位置如图 2-17、图 2-18 所示。

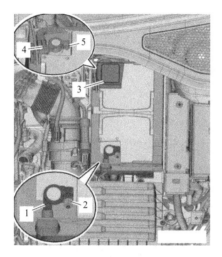
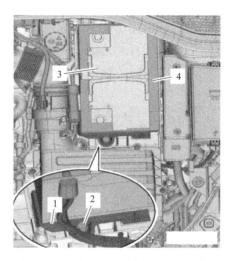

图 2-17　迈腾 B8 车型蓄电池部件示意图 1
1-正极接线柱;2-正极接线柱固定螺母;3-负极盖板;4-负极接线柱;5-负极接线柱固定螺母

图 2-18　迈腾 B8 车型蓄电池部件示意图 2
1-蓄电池固定支架;2-固定支架螺栓;3-蓄电池;4-隔热套

(1)关闭点火开关,将点火钥匙置于车外,以免意外接通点火开关。
(2)打开发动机舱盖,铺设翼子板布和前格栅布,打开蓄电池隔热套盖。
(3)打开蓄电池负极上方的盖板,将负极接线柱固定螺母拧松几圈,并从蓄电池负极接线柱上拔下蓄电池接线端。
(4)拧松蓄电池正极接线柱固定螺母,并从蓄电池正极上拔下蓄电池正极线的接线端。
(5)稍微向上拉动隔热套,选出固定支架上的螺栓,取下固定支架。
(6)沿行驶方向从蓄电池支架中拉出蓄电池,并向上从发动机舱中取出蓄电池。
(7)蓄电池的安装。蓄电池的安装顺序与拆卸过程相反。

三、学习拓展

蓄电池新技术
1)玻璃纤维型电池(AGM)
AGM 型电池一般安装于具有起动/停止系统的车辆中以及用于具有高充放电循环的其他应用装置。

AGM 型电池使用纯的硫酸水溶液作为电解液,其密度为 $1.29\sim1.31\text{g/cm}^3$。大部分存在于玻璃纤维膜之中,同时极板内部吸有一部分电解液。其结构如图 2-19 所示,为了给正极析出的氧提供向负极的通道,必须使隔膜保持有 10% 的孔隙不被电解液占有,即贫液式设计。极群采用紧装配的方式,以便使极板充分接触电解液。同时,为了保证电池有足够的寿命,极板设计得较厚,正板栅合金采用 Pb-Ca-Sn-Al 四元合金。AGM 型密封铅蓄电池电解液量少,极板的厚度较厚,活性物质利用率低于开口式电池,因而电池的放电容量比开口式电池要低 10% 左右。与当今的胶体密封电池相比,其放电容量要小一些。

单元二　汽车电源系统构造与检修

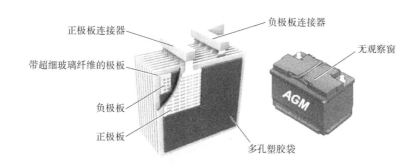

图 2-19　AGM 型蓄电池结构

与相同规格蓄电池相比,AGM 型蓄电池价格较高,但具有以下优点:
(1)循环充电能力比铅酸蓄电池高 3 倍,具有更长的使用寿命。
(2)在整个使用寿命周期内具有更高的电容量稳定性。
(3)低温性能更可靠。
(4)降低事故风险,减少环境污染风险(内部酸液 100% 密封装)。
(5)维护很简单,减少深度放电。

2)动力电池

动力电池一般应用在新能源汽车中,如混合动力汽车(HEV)和纯电动汽车(EV),动力蓄电池与一般起动蓄电池不同,它是以较长时间的中等电流持续放电为主,间或以大电流放电(起动、加速时),并以深循环使用为主。

当前研究开发的电动汽车动力电池主要包括镍氢电池、磷酸铁锂电池、三元锂离子电池、燃料电池和太阳能电池。

(1)镍氢电池。

镍氢电池是 20 世纪 90 年代发展起来的一种新型电池,如图 2-20 所示。它的正极活性物质主要由氢氧化镍制成,负极活性物质主要由储氢合金制成,电解液为质量分数为 30% 的氢氧化钾水溶液,是一种碱性蓄电池。

镍氢电池具有高比能量、高功率、适合大电流放电、可循环充放电、无污染,被誉为"绿色电源"。目前,镍氢电池用于电动汽车主要在日本、美国、德国和法国进行开发。日本从事电动汽车用镍氢电池开发的代表性厂家为松下电池公司。松下成功开发了纯电动汽车用的高能型电池组和混合动力汽车用的高功率型电池组,并且将成本降到 500 美元/kW·h 左右。丰田普锐斯、雷克萨斯 LS600h 等混合动力汽车均采用镍氢充电电池。

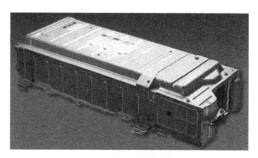

图 2-20　镍氢电池

如图 2-21 所示,镍氢电池正极的活性物质为 NiOOH(放电时)和 Ni(OH)$_2$(充电时),负极的活性物质是 H$_2$(放电时)和 H$_2$O(充电时),在电解液 KOH 水溶液的作用下,进行电化学反应,完成充电和放电过程。

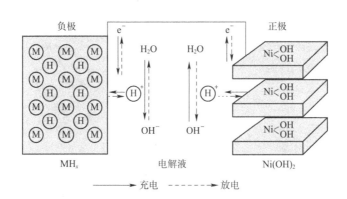

图 2-21 镍氢电池的工作原理示意图

镍氢电池的优点是:

①比功率大,商业化的镍氢电池的比功率可达到 1350W·h/kg。

②循环寿命长,电动车用镍氢电池在 80% DOD(放电深度)时的循环寿命可达 1000 次以上,是铅酸电池的 3 倍多;在 100% DOD 下的循环寿命也在 500 次以上。镍氢电池用于混合动力电动汽车,其使用寿命可达 5 年以上。

③不含铅、镉等对人体有害的金属,无污染,故而被称为 21 世纪绿色环保电源。

④耐过充电、过放电能力较强。

⑤无记忆效应。

⑥使用温度范围宽。正常使用温度范围为 -30~55℃,储存温度范围为 -40~70℃。

⑦使用安全可靠。在进行短路、挤压、针刺、安全阀工作能力、跌落、加热、耐振动等安全性和可靠性试验时,无爆炸和燃烧现象。

镍氢电池的不足有:

①成本较高,其价格是铅酸电池的 5 倍。

②单格电池的电压较低,只有 1.2V。

③自放电的损耗较大。

④环境温度对蓄电池的放电电压和容量有较大的影响。

(2)磷酸铁锂电池。

磷酸铁锂电池是指用磷酸铁锂作为正极材料的锂离子电池。锂离子电池的正极材料有很多种,主要有钴酸锂、锰酸锂、镍酸锂、三元材料、磷酸铁锂等。其中,钴酸锂是目前绝大多数锂离子电池使用的正极材料,而其他正极材料由于多种原因,目前在市场上还没有大量生产。磷酸铁锂也是其中一种锂离子电池。从材料的原理上讲,磷酸铁锂也是一种嵌入/脱嵌过程,这一原理与钴酸锂、锰酸锂完全相同。

磷酸铁锂电池具有以下优点。

①超长寿命:长寿命铅酸电池的循环寿命在 300 次左右,最高也就 500 次。而磷酸铁锂动力电池,循环寿命达到 2000 次以上,标准充电使用,可达到 2000 次。同质量的铅酸电池使用寿命最多也就 1~1.5 年,而磷酸铁锂电池在同样条件下使用,将达到 7~8 年。综合考虑,性能价格比将为铅酸电池的 4 倍以上。

②使用安全:磷酸铁锂完全解决了钴酸锂和锰酸锂的安全隐患问题,钴酸锂和锰酸锂在强烈的碰撞下会产生爆炸,对车上人员生命安全构成威胁,而磷酸铁锂经过严格的安全测试,即使在最恶劣的交通事故中也不会产生爆炸。

③可大电流快速放电:可大电流 $2C$ 快速充放电,在专用充电器下,$1.5C$ 充电 $40min$ 内即可使电池充满,起动电流可达 $2C$,而铅酸电池现在无此性能。

④耐高温:磷酸铁锂电热峰值可达 $350\sim500℃$ 而锰酸锂和钴酸锂只在 $200℃$ 左右。工作温度范围宽广($-20\sim75℃$),有耐高温特性磷酸铁锂电热峰值可达 $350\sim500℃$ 而锰酸锂和钴酸锂只在 $200℃$ 左右。

⑤大容量:具有比普通电池(铅酸等)更大的容量。

⑥无记忆效应:可充电池在经常处于充满不放完的条件下工作,容量会迅速低于额定容量值,这种现象叫作记忆效应。镍氢、镍镉电池存在记忆效应,而磷酸铁锂电池无此现象,电池无论处于什么状态,可随充随用,无须先放完再充电。

⑦体积小、重量轻:同等规格容量的磷酸铁锂电池的体积是铅酸电池体积的 2/3、重量是铅酸电池的 1/3。

⑧绿色环保:该电池不含任何重金属与稀有金属(镍氢电池需稀有金属),无毒,无污染,符合欧洲 RoHS 规定。铅酸电池中却存在着大量的铅,在废弃后若处理不当,将对环境构成二次污染,而磷酸铁锂材料无论在生产还是使用中,均无污染。

磷酸铁锂电池,如图 2-22 所示。磷酸铁锂电池的正极是由铝箔连接橄榄石结构的磷酸铁锂,把正极与负极隔开的是聚合物隔膜,锂离子 Li^+ 可以通过而电子 e^- 不能通过,电池负极是由铜箔连接的炭(石墨)组成。电池上、下端之间是电池的电解质,电池由金属外壳密闭封装。磷酸铁锂电池的标称电压是 3.2V、终止充电电压是 3.6V、终止放电压是 2.0V。

(3)三元锂离子电池。

锂离子电池是由日本索尼公司于 1990 年最先开发成功的。它是把锂离子嵌入碳(石油

图 2-22 装备在北汽 EV160 上的磷酸铁锂电池

焦炭和石墨)中形成负极(传统锂电池用锂或锂合金作负极)。三元材料是指镍钴锰酸锂 $[Li(NiCoMn)O_2]$、三元复合正极材料前驱体等产品。其通式为 $Li(Ni_xCo_yMn_z)O_2$,是以镍盐、钴盐、锰盐为原料制备而成,产品为黑色粉末,其含有镍钴锰的比例可以根据实际需要调整。可用于小型电池和动力电池中。

如图 2-23 所示,电池的主要组成部分为:正极片、负极片、电解液、隔膜纸、盖帽、外壳、绝缘层。软包电池可分为卷绕式、切片式、叠片式三种。

锂离子电池是指 Li^+ 嵌入化合物为正极的二次电池。电池反应原理如图 2-24 所示,电子和 Li^+ 都是同时行动的,方向相同但路径不同,放电时,电子从负极经过电子导体"跑"到正极,锂离子 Li^+ 从负极"跳进"电解液里,"爬过"隔膜上弯弯曲曲的小洞,"游泳"到达正极,与早就跑过来的电子结合在一起。可通过调节过渡金属 Ni、Co、Mn 的比例,制备出不同

性能的 $LiNi_{1-x-y}Co_xMn_yO_2$，常见的比例有3:3:3、4:4:2、5:3:2等。在容量与安全性方面比较均衡的材料，循环性能好于正常钴酸锂，前期由于技术原因其标称电压只有3.5~3.6V，在使用范围方面有所限制，但到目前，随着配方的不断改进和结构不断完善，电池的标称电压已达到3.7V，在容量上已经达到或超过钴酸锂电池水平。

图2-25所示为特斯拉Model S中装备的三元锂电池组，该车型中装备的动力电池包由16组电池模组串联而成，每组电池模组由444节单体锂电池构成，每个单体电池包由74节单体电池并联而成，整个电池组由7104节18650型锂电池组成。

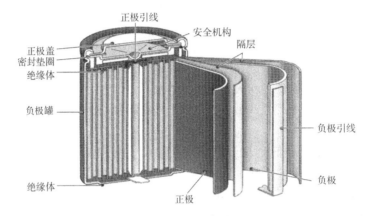

图2-23 锂离子电池结构示意图

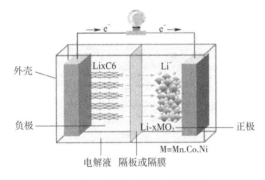

图2-24 锂离子电池反应原理图

图2-25 特斯拉Model S中装备的三元锂离子电池组

锂离子蓄电池是20世纪90年代发展起来的高容量可充电电池，能够比氢镍电池存储更多的能量，比能量大，循环寿命长，自放电率小，无记忆效应和环境污染，是当今各国能量存储技术研究的热点，主要集中在大容量、长寿命和安全性3个方面的研究。锂离子蓄电池中，锂离子在正、负极材料晶格中可以自由扩散，当电池充电时，锂离子从正极中脱出，嵌入到负极中，反之为放电状态，即在电池充放电循环过程中，借助于电解液，锂离子在电池的两极间往复运动以传递电能。锂离子蓄电池的电极为锂金属氧化物和储锂碳材料，根据电解质的不同，锂离子蓄电池一般可分为锂离子电池和锂聚合物电池两种。但锂离子电池也有许多不足，最突出的是安全性差，短路、受热等后容易发生爆炸。

（4）燃料电池。

燃料电池是一种将储存在燃料和氧化剂中的化学能通过电极反应直接转化为电能的发

电装置,它的基本化学原理是水电解反应的逆过程,即氢与氧反应产生电、水和热。它不需要燃烧,无转动部件,无噪声,运行寿命长,可靠性高,维护性能好,实际效率能达到普通内燃机蓄电池的 2~3 倍,加之其最终产物又是水,可真正达到清洁、可再生、无排放的要求,是 21 世纪的首选能源。而且,燃料电池也不需要像其他电池那样进行长时间的充电,它只需要像给汽车加油一样补充燃料即可。燃料电池由正负电极、催化层和电解质构成,根据电解质的不同,燃料电池可分为磷酸型、质子交换膜型、碱性型、熔融碳酸盐型和固体氧化物型等几种,目前只有质子交换膜型燃料电池最适合电动汽车使用。一套较完整的燃料电池系统由以下几个部分组成:燃料处理部分、燃料电池、直流交流转换器和热能管理部分。

氢燃料电池是使用氢这种化学元素,制造成储存能量的电池。其基本原理是电解水的逆反应,把氢和氧分别供给阳极和阴极,氢通过阳极向外扩散和电解质发生反应后,放出电子通过外部的负载到达阴极,如图 2-26 所示。

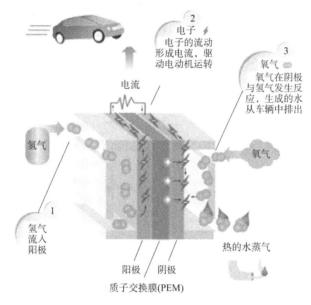

图 2-26 氢燃料电池工作原理

氢燃料电池车(图 2-27)的工作原理是:将氢气送到燃料电池的阳极板(负极),经过催化剂(铂)的作用,氢原子中的一个电子被分离出来,失去电子的氢离子(质子)穿过质子交换膜,到达燃料电池阴极板(正极),而电子是不能通过质子交换膜的,这个电子,只能经外部电路,到达燃料电池阴极板,从而在外电路中产生电流。电子到达阴极板后,与氧原子和氢离子重新结合为水。由于供应给阴极板的氧,可以从空气中获得,因此只要不断地给阳极板供应氢,给阴极板供应空气,并及时把水(蒸气)带走,就可以不断地提供电能。

燃料电池发出的电,经逆变器、控制器等装置,给电动机供电,再经传动系统、驱动桥等带动车轮转动,就可使车辆在路上行驶。与传统汽车相比,燃料电池车能量转化效率高达 60%~80%,为内燃机的 2~3 倍。燃料电池的燃料是氢和氧,生成物是清洁的水,它本身工作不产生一氧化碳和二氧化碳,也没有硫和微粒排出。因此,氢燃料电池汽车是真正意义上的零排放、零污染的车,氢燃料是完美的汽车能源。

(5) 太阳能电池。

太阳能电池是一种把光能转换为电能的装置,太阳能已广泛用于照明、家用电器、发电、交通信号、地质、航天等领域。目前,部分机构也已研制出了使用太阳能电池的电动汽车样车,如图 2-28 所示,但是由于太阳能电池还存在光电转换效率不高、价格太高、电池系统配置较复杂等问题,近期内只能作为电动汽车的补充电源,还不能大规模地生产应用,但太阳能作为最清洁的、取之不尽用之不竭的能源,对它的研究将会一直持续进行。

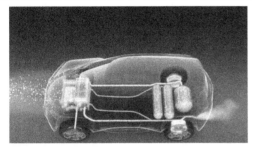

图 2-27 氢燃料电池汽车

图 2-28 太阳能汽车

太阳能电池是一种可以将能量转换的光电元件,其基本构造的基础为 P 型与 N 型半导体接合。半导体最基本的材料是硅,它是不导电的,但如果在半导体中掺入不同的杂质,就可以做成 P 型与 N 型半导体,再利用 P 型半导体有个空穴(P 型半导体少了一个带负电荷的电子,可视为多了一个正电荷),与 N 型半导体多了一个自由电子的电位差来产生电流,所以当太阳光照射时,光能将硅原子中的电子激发出来,而产生电子和空穴的对流,这些电子和空穴均会受到内建电位的影响,分别被 N 型及 P 型半导体吸引,而聚集在两端。此时外部如果用电极连接起来,形成一个回路。太阳能电池发电的原理图如图 2-29 所示。

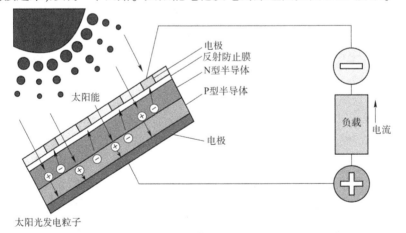

图 2-29 太阳能电池发电原理

四、评价与反馈

1. 自我评价

(1)完成本学习任务后,回答以下问题:

①蓄电池由哪几部分组成? 各部分的作用是什么?

②蓄电池的常见故障有哪些？

_____。

(2)如何进行蓄电池的补充充电？

_____。

(3)实训过程完成情况如何？

_____。

(4)你认为自己的知识和技能还有哪些欠缺？

_____。

签名：_____　____年____月____日

2. 小组评价(表2-4)

小 组 评 价 表　　　　　　　　　　　　　　　　　表2-4

序　号	评 价 内 容	优	良	中	差
1	任务中5S管理执行情况				
2	合理规范地使用仪器和设备				
3	按照安全和规范的流程操作				
4	遵守学习、实训场地的规章制度				
5	团结协作情况				

参与评价的同学签名：_____　____年____月____日

3. 教师评价

_____
_____。

教师签名：_____　____年____月____日

五、技能考核标准(表2-5)

技能考核标准表　　　　　　　　　　　　　　　　　表2-5

序　号	项　目	操 作 内 容	规　定　分	评 分 标 准	得　分
1	蓄电池的补充充电	车辆防护	5分	正确铺设翼子板布和前格栅布	
		充电器的正、负极夹分别连接到蓄电池的正、负极	5分	正确进行此操作	
		连接充电器电源,设置充电电流	5分	正确进行此操作	
		设置充电电压	5分	正确进行此操作	
		打开充电器开关,开始充电	5分	正确进行此操作	
		观察充电器充电指示情况	5分	正确进行此操作	
		充电完成后,关闭充电器开关	5分	正确进行此操作	
		断开蓄电池上的连接线	5分	正确进行此操作	
		整理充电器连接线束	5分	正确进行此操作	
		回收翼子板布和前格栅布	5分	正确进行此操作	
		关闭发动机舱盖	5分	正确进行此操作	

续上表

序号	项目	操作内容	规定分	评分标准	得分
2	蓄电池的更换	车辆防护	5分	正确铺设翼子板布和前格栅布	
		关闭点火开关,将点火钥匙置于车外	3分	正确进行此操作	
		打开蓄电池负极上方的盖板	4分	正确进行此操作	
		从蓄电池负极接线柱上拔下蓄电池接线端	3分	正确进行此操作	
		从蓄电池正极上拔下蓄电池正极线的接线端	5分	正确进行此操作	
		取下固定支架	5分	正确进行此操作	
		从发动机舱中取出蓄电池	5分	正确进行此操作	
		安装蓄电池	5分	达到操作要求	
		装复正极接线柱并紧固	5分	达到操作要求	
		装复负极接线柱并紧固	5分	达到操作要求	
	总分		100分		

学习任务2　交流发电机构造与维护

知识目标
1. 了解交流发电机的功用与分类;
2. 掌握交流发电机的基本结构及主要部件的功能;
3. 掌握发电机的工作原理与特性。

技能目标
1. 能按照规范进行发电机传动带更换作业;
2. 能按照规范进行发电机更换作业。

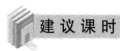

4课时。

一、理论知识准备

1. 交流发电机的功用与分类

1) 交流发电机的功用

交流发电机由汽车发动机驱动,是汽车上用电设备的主要电源。它在正常工作时,对除起动机以外的所有用电设备供电,并向蓄电池充电以补充蓄电池在使用中所消耗的电能。

2)交流发电机的分类

(1)按总体结构分类。

①普通交流发电机,既无特殊装置,也无特殊功能和特点的汽车交流发电机,称为普通交流发电机,如图 2-30 所示。

②整体式交流发电机,即机体内装电子调节器的交流发电机,如图 2-31 所示。

图 2-30　普通交流发电机　　　　图 2-31　整体式交流发电机

③带泵交流发电机,即带动真空制动助力泵工作的交流发电机,如图 2-32 所示。

④无刷交流发电机,即没有电刷和滑环的交流发电机,如图 2-33 所示。

图 2-32　带泵交流发电机　　　　图 2-33　无刷交流发电机

(2)按磁场绕组搭铁方式分类。

①内搭铁型交流发电机。磁场绕组的一端经滑环和电刷在发电机端盖上搭铁的发电机称为内搭铁型交流发电机,如图 2-34 所示。

②外搭铁型交流发电机。磁场绕组的两端均与端盖绝缘,其中一端经调节器后搭铁的发电机称为外搭铁型交流发电机,如图 2-35 所示。外搭铁型交流发电机现被广泛采用。

(3)按装用的二极管数量分类。

①六管交流发电机。其整流器由 6 个硅二极管组成,这种类型的应用最为广泛,六管交

流发电机电路简图如图2-36所示。

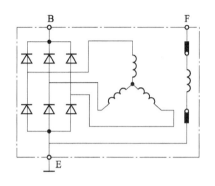

图2-34　内搭铁型交流发电机　　　　　图2-35　外搭铁型交流发电机

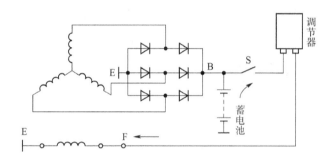

图2-36　六管交流发电机电路简图

②八管交流发电机。其整流器总成共有8个二极管,其中有2个中性点二极管,八管交流发电机电路简图如图2-37所示。

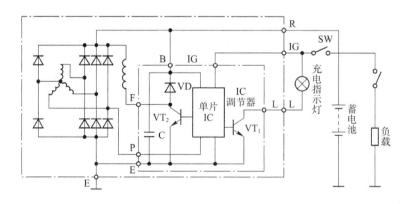

图2-37　八管交流发电机电路简图

③九管交流发电机。其整流器总成共有9个二极管,其中有3个励磁二极管。九管交流发电机电路简图如图2-38所示。

④十一管交流发电机。其整流器总成共有11个二极管,其中有2个中性点二极管和3个励磁二极管。十一管交流发电机电路简图如图2-39所示。

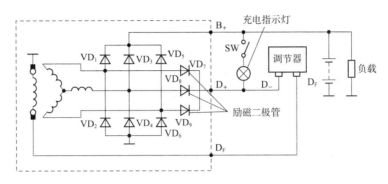

图 2-38　九管交流发电机电路简图

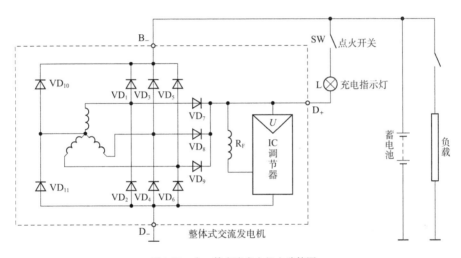

图 2-39　十一管交流发电机电路简图

2. 交流发电机的结构

目前,汽车上广泛采用的是三相同步交流发电机,它是利用硅二极管将定子绕组中所感应的三相交流电整流成直流电,供车上用电设备使用。

交流发电机由前后端盖、散热片、电刷、整流器、转子、定子、风扇和皮带轮等组成,分解图如图 2-40 所示。

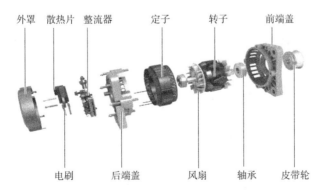

图 2-40　普通交流发电机分解图

1）定子

定子的功用是产生交流电,其结构如图 2-41 所示,由定子铁芯和定子绕组组成。定子铁芯由内圆带槽的环状硅钢片叠成,定子绕组为三相对称绕组,安放在定子铁芯的槽内。三相绕组的连接方法有星形连接和三角形连接两种方式,汽车交流发电机大多采用星形连接。星形连接时三相绕组引线端子共有 4 个,三相绕组各引 1 个,中性点引出 1 个。

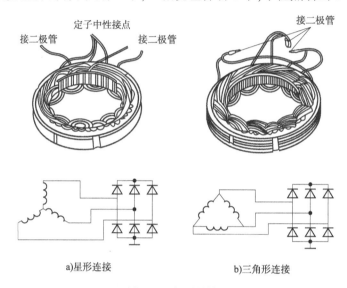

图 2-41　定子的结构

2）转子

转子的功用是产生磁场,转子主要由转子铁芯、励磁绕组、转子轴、爪极和滑环(也称集电环)组成,转子的结构如图 2-42 所示。

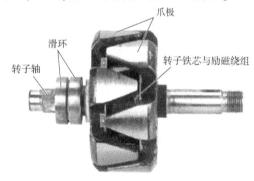

图 2-42　转子的结构

（1）爪极。爪极有两块,每块上都有 6 个鸟嘴形磁极,两块爪极压装在转子轴上,爪极间的空腔内装有转子铁芯和励磁绕组。励磁绕组绕在铁芯上,铁芯压装在两块爪极之间的转子轴上。

（2）滑环。滑环由彼此绝缘的两个铜环组成,压装在转子轴一端并与转子轴绝缘。励磁绕组的两端分别从内侧爪极上的两个小孔中引出,其中一端焊接在滑环的内侧铜环上,另一端则穿过内侧铜环上的小孔并焊接在外侧铜环上,两个铜环分别与发电机的两个电刷接触。当两个电刷与直流电源接通时,励磁绕组中便有电流流过,并产生轴向磁通,使一块爪极磁化为 N 极,另一块爪极磁化为 S 极,从而形成 6 对相互交错的磁极。

3）整流器

整流器的功用是将三相绕组产生的交流电变为直流电。整流二极管的特点是工作电流大、反向电压高。交流发电机整流二极管有正极管和负极管之分,引出电极为二极管正极的称为正极管,引出电极为二极管负极的称为负极管。整流器结构如图 2-43 所示,整流器中二极管的位置如图 2-44 所示。

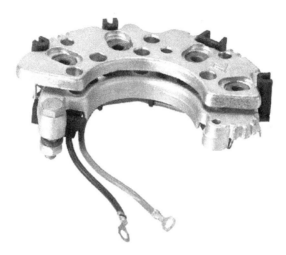

图 2-43 整流器结构

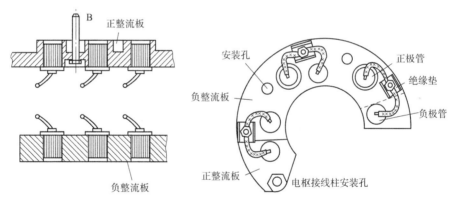

图 2-44 整流器中二极管的位置

4)端盖

前、后端盖如图 2-45 所示。交流发电机的前、后端盖均用铝合金铸造而成,具有重量轻、散热性好、不导磁等优点。

在发电机前端盖前安装有风扇和带轮,由发动机通过皮带来驱动发电机带轮和转子转动。发电机的通风散热依靠风扇来实现。在后端盖上安装有电刷组件与调节器总成。

5)电刷组件

如图 2-46 所示,电刷组件由电刷、电刷架和电刷弹簧组成。电刷安装在电刷架的孔内,借弹簧张力使电刷与滑环保持良好接触。每只电刷都有一根引线,该引线直接引到调节器内部,从而将磁场绕组与调节器工作电路连接起来。

6)带轮

带轮通常用铸铁或铝合金铸造而成。铝合金为非导磁材料,可以减少漏磁。

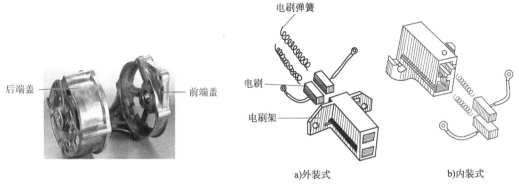

图 2-45　前、后端盖　　　　　　　　图 2-46　电刷组件

3. 交流发电机的工作原理与特性

1）交流发电机发电原理

当外加的直流电压作用在励磁绕组两端点的接线柱之间时，励磁绕组中便有电流通过，产生轴向磁场，两块爪形磁极磁化，形成了六对相间排列的磁极。磁极的磁力线经过转子与定子之间的气隙、定子铁芯形成闭合磁路。

当转子旋转时，磁力线和定子绕组之间产生相对的切割运动，在三相绕组中产生交流电动势。如图 2-47 所示，由于三相绕组是对称绕制的，所以产生的三相电动势亦是对称的。

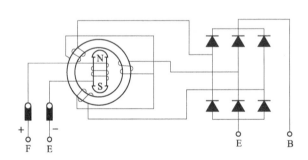

图 2-47　交流发电机的发电原理

每相绕组的电动势有效值的大小和转子的转速及磁极的磁通成正比。即：

$$E_\Phi = C_1 n \Phi$$

式中：E_Φ——电动势的有效值；

　　　C_1——电机常数；

　　　n——转子的转速；

　　　Φ——磁极磁通。

2）交流发电机整流原理

交流发电机中，整流器的作用就是利用硅二极管的单向导电特性，将发电机产生的三相交流电变为直流电。如图 2-48 所示，在整流电路中，3 只正极管的正极引出线分别同三相绕组的首端相连。在某一瞬间，只有与电位最高的一相绕组相连的正极管导通。同样，3 只负极管的引出线也分别同三相绕组的首端相连。在同一瞬间,只有与电位最低的一相绕组相连的负极管导通。以此反复循环,6只二极管轮流导通,用电设备R两端便得到一个较为平稳的脉动直流电压。

3只正极管VD_1、VD_3、VD_5的正极分别接在发电机三相绕组的首端(A、B、C)上。它们的负极连接在一起,接在后端盖上,具有相同的电位。所以3只正极管的导通原则是,在某一瞬间正极电位最高者优先导通;同理,3只负极管VD_2、VD_4、VD_6的负极分别也接在发电机三相绕组的首端(A、B、C),它们的正极连接在一起,接在散热板上,所以3只负极管的导通原则是在某一瞬间负极电位最低者优先导通。图2-49所示为三相桥式整流电路及电压波形。

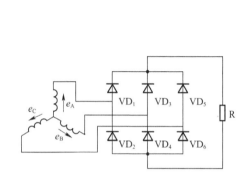

图2-48 交流发电机整流电路图

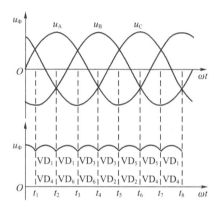

图2-49 整流前、后电压波形图

在$t_1 \sim t_2$时间内:A相的电位最高,而B相的电位最低,故对应VD_1、VD_4处于正向导通状态,其他4只二极管不导通。电流从A相出发,经VD_1、用电设备R、VD_4回到B相构成回路。此时发电机的输出电压为A相、B相之间的线电压。

由于二极管VD_2、VD_3、VD_5、VD_6不导通,可当作断路处理,整流电路图可画为图2-50。

在$t_2 \sim t_3$时间内:A相的电位最高,而C相的电位最低,故对应VD_1、VD_6处于正向导通状态,其他4只二极管不导通。电流从A相出发,经VD_1、用电设备R、VD_6回到C相构成回路。此时发电机的输出电压为A相、C相之间的线电压。

由于二极管VD_2、VD_3、VD_4、VD_5不导通,可当作断路处理,整流电路图可画为图2-51。

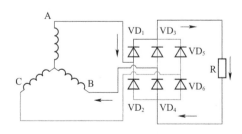

图2-50 整流电路图1

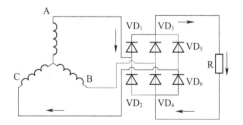

图2-51 整流电路图2

在$t_3 \sim t_4$时间内:B相的电位最高,而C相的电位最低,故对应VD_3、VD_6处于正向导通状态,其他4只二极管不导通。电流从B相出发,经VD_3、用电设备R、VD_6回到C相构成回路。此时发电机的输出电压为B相、C相之间的线电压。

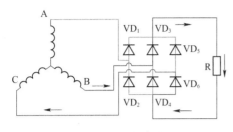

图2-52 整流电路图3

由于二极管 VD_1、VD_2、VD_4、VD_5 不导通,可当作断路处理,整流电路图可画为图2-52。

同理:

在 t_1 瞬间,分别有 VD_1、VD_4、VD_5 三只二极管导通。

在 t_2 瞬间,分别有 VD_1、VD_4、VD_6 三只二极管导通。

在 t_3 瞬间,分别有 VD_1、VD_3、VD_6 三只二极管导通。

在 t_4 瞬间,分别有 VD_2、VD_3、VD_6 三只二极管导通。

以此类推,周而复始,在用电设备 R 上可获得一个比较平稳的直流脉动电压。

在发电机空载运行时,如将三相绕组和二极管内阻的电压降忽略不计,发电机的直流电动势数值为三相交流电线电压的1.35倍,是三相交流电相电压的2.34倍。每一只硅二极管在一个周期内只导通1/3的时间,流过每个管子的电流为负载电流的1/3。

即:

$$u = 1.3u_L = 2.34u_\Phi$$

式中:u——直流输出电压(V);

u_L——线电压(V);

u_Φ——相电压(V)。

$$I_{VD} = I/3$$

式中:I_{VD}——流过每个二极管的电流(A);

I——负载电流(A)。

有些交流发电机将三相绕组中性点引出,标记为:"N"接线柱,它和发电机外壳之间的电压叫中性点电压,它是通过两个中性点二极管整流后得到的直流电压,等于发电机直流输出电压的一半,即 $u_w = u/2$。

3)发电机的励磁方式

交流发电机开始发电时,需先由蓄电池供给励磁电流。当发电机电压超过蓄电池电压时,即由发电机自己供给励磁电流,也就是由他励转变为自励。

由于交流发电机转子的爪极剩磁较弱,所以发电机在低速运转时,加在硅二极管上的正向电压(小于0.6V)很小,此时二极管的正向电阻较大,较弱剩磁产生的很小的电动势很难克服二极管的正向电阻,使发电机电压不能迅速建立起来。这样,发电机低速充电的要求就不能满足。

因此,汽车上发电机必须与蓄电池并联,开始由蓄电池向励磁绕组供电,使发电机电压很快建立起来并转变为自励状态,蓄电池被充电的机会就多一些,有利于蓄电池的使用维护。

除了永磁式交流发电机不需要励磁以外,其他形式的交流发电机都需要励磁,因为它们的磁场都是电磁场,必须给磁场绕组通电才会有磁场产生。

所谓励磁,就是将电源引入到磁场绕组,使之产生磁场。励磁有两种方式:即自励和他励。在发动机起动期间,需要蓄电池供给发电机磁场电流励磁使发电机发电。这种供给磁场电流的方式称为他励发电;发电机有能力对外供电时,就可以把自身发的电供给磁场绕组励磁发电,这种供给磁场电流的方式称为自励。

图2-53所示为交流发电机的励磁电路。当点火开关S接通时,蓄电池便通过调节器向发电机的励磁绕组提供励磁电流(他励),励磁电路为:蓄电池正极→点火开关S→调节器"＋"接线柱→调节器→调节器"F"接线柱→发电机"F"接线柱→发电机励磁绕组→搭铁。

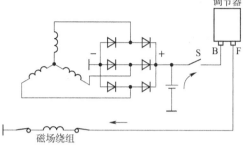

图2-53 励磁电路

当发动机起动后,发电机的输出电压略高于蓄电池电压时,发电机即自己给励磁绕组提供励磁电流(自励),励磁电路为:发电机正极→点火开关S→调节器"＋"接线柱→调节器→调节器"F"接线柱→发电机"F"接线柱→发电机励磁绕组→搭铁,发电机自励发电。

4.电压调节器

1)电压调节器的作用

由于发电机是由发动机经传动带驱动旋转的,而发电机输出电压又与转速成正比,因此当发动机转速变化时,发电机的输出电压也会随之变化。为满足汽车用电设备用电和向蓄电池充电的恒定电压要求,充电系统设有电压调节器。它是通过调节发电机的励磁电流,使发电机在不同转速和负荷时输出电压保持稳定。

2)电压调节器的分类

电压调节器按元件性质可分为触点式(已淘汰)和电子式两类。电子式电压调节器又分为晶体管式和集成电路(多功能)调节器。电子式调节器按搭铁形式来分可分为内搭铁式和外搭铁式两种。

3)电压调节器的工作原理

(1)晶体管式调节器。

晶体管式电压调节器是将三极管作为一只开关串联在发电机的励磁电路中,根据发电机输出电压的高低,来控制三极管的导通和截止,以调节发电机的励磁电流,使发电机输出电压稳定在规定的范围之内。

(2)集成电路(多功能)调节器。

现代发电机配备了一个多功能调节器,发电机直接从端子B＋处获取其励磁电流,省去了励磁极管。调节器从接口获得发动机处于运转状态的信息,调节器IC接通预励磁电流,发电机旋转时,调节器IC通过相位接口得到一个电压信号,通过该电压信号可以计算出发电机转速。只要达到调节器中设定的接通转速,就会将输出极接通。发电机可以向车载网络提供电流,同时兼备过压保护和抗干扰措施的功能。

5.交流发电机的维护

1)检查发电机传动带的外观

应定期检查发电机传动带是否有毛边、撕裂、老化、磨损油污、脱层或裂纹,如有应及时更换发电机传动带。

2)检查发电机传动带的张力情况

发电机传动带的技术状况不良将影响发电机工作情况,传动带的张力应符合要求,传动带过松将影响发电机的发电量,过紧将导致轴承过早损坏。

发电机传动带的检查与调整有两种方法:经验法和仪器法。经验法:用手指用力按压传动带,传动带会产生变形,或旋动传动带,传动带转动变形应不超过90°。经验法检查发电机传动带如图2-54所示。仪器法:使用挠度计检查传动带的松紧度,如图2-55所示,所测数据精确,可用测量值与标准值进行对照,检验传动带的挠度值是否存在偏差。如果测量值和标准值之间的偏差值超过规定范围,应更换张紧机构总成。

图2-54 经验法检查发电机传动带

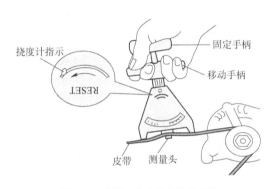

图2-55 仪器法检查发电机传动带

二、任务实施

(一)发电机传动带的更换

1.准备工作

(1)将实训车辆停放在检测区域。

(2)准备迈腾教学车辆、拆装工具、定位工具T10060、车辆挡块、翼子板布、三件套等。

2.技术要求与注意事项

更换发电机传动带后,应起动发动机检查发电机传动带的运转情况。

3.操作步骤

以迈腾B8车型为例,介绍发电机传动带的更换步骤:

(1)关闭点火开关,打开发动机舱盖。

(2)铺设翼子板布和前格栅布。

(3)在拆卸之前需标明传动带的运动方向(如需要重新安装即将拆下的传动带)。

(4)用扳手顺时针旋转张紧装置,将张紧装置用定位工具T10060穿过张紧轮插入发动机机体上的孔中,使张紧轮固定,将传动带放松,如图2-56所示。

(5)取下发电机传动带。

(6)安装新的发电机传动带,如果要安装用过的传动皮带,应注意传动带运动方向。

(7)将楔形带按顺序绕放在曲轴带轮、冷却液泵带轮、空调压缩机带轮和张紧轮上,如图2-57所示。

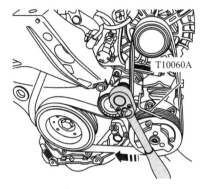 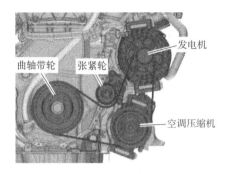

图 2-56 拆卸发电机传动带　　　　图 2-57 安装发电机传动带

(8)用扳手顺时针方向转动张紧轮,拔出固定销子,使扳手逆时针转动,直至将传动带张紧。

(9)起动发动机,检查传动带运行情况。

(二)发电机的更换

1. 准备工作

(1)将实训车辆停放在检测区域。

(2)准备拆装所需要的专用工具和维修设备(扭矩扳手 VAG1331,发动机密封套件 VAS6122)。

2. 技术要求与注意事项

拆卸发电机时,需断开蓄电池负极,更换发电机后,应连接蓄电池,并起动发动机检查发电机传动带的运转情况。

发电机固定螺栓拧紧力矩为 23N·m,发电机正极接线柱固定螺栓拧紧力矩为 20N·m。

3. 操作步骤

以迈腾 B8 车型为例,介绍发电机的更换步骤:

(1)关闭点火开关,打开发动机舱盖,铺设翼子板布和前格栅布;断开蓄电池负极接线线缆,并可靠放置。

(2)拆卸发电机传动带,具体步骤参考更换发电机传动带。

(3)如图 2-58 所示,使用拆装工具拧出发电机固定螺栓 1、2。

(4)如图 2-59 中箭头所示位置,脱开空调管路支架。

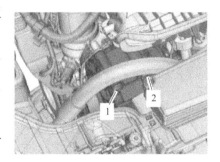

图 2-58　发电机固定螺栓位置
1、2-固定螺栓

(5)从支架上拆下空调压缩机,将空调压缩机固定到锁止架上,防止空调管路受损。

(6)如图 2-60 所示,拧出发电机固定螺栓 5、6,向前取出三相交流发电机。

(7)如图 2-60 所示,脱开发电机电气连接插头 3,拆下发电机盖罩 2,使用工具拆下接线端 1(30/B+),将发电机取出。

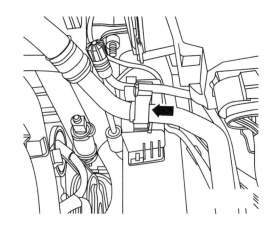

图 2-59 空调管路支架位置

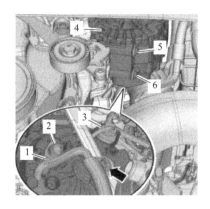

图 2-60 发电机连接示意图
1-发电机 30/B + 接线端；2-发电机盖罩；3-发电机
电气连接插头；4-发电机；5、6-发电机固定螺栓

(8) 更换新的发电机，更换步骤与拆卸的顺序相反，安装发电机固定螺栓和正极接线柱固定螺栓时，应严格安装维修手册要求进行紧固。

三、评价与反馈

1. 自我评价

(1) 完成本学习任务后，回答以下问题：

① 汽车发电机是如何发电的？

_____

② 汽车发电机由哪几部分组成？

_____

(2) 如何进行发电机的更换？

_____

(3) 实训过程完成情况如何？

_____

(4) 你认为自己的知识和技能还有哪些欠缺？

_____

签名：_____ ____年____月____日

2. 小组评价（表 2-6）

小组评价表　　　　　　　　　　　　表 2-6

序　号	评价内容	优	良	中	差
1	任务中 5S 管理执行情况				
2	合理规范地使用仪器和设备				

续上表

序　号	评价内容	优	良	中	差
3	按照安全和规范的流程操作				
4	遵守学习、实训场地的规章制度				
5	团结协作情况				

参与评价的同学签名：_____　　___年___月___日

3. 教师评价

_____
_____。

教师签名：_____　　___年___月___日

四、技能考核标准（表2-7）

技能考核标准表　　　　　　　　　　　　　　　　　　　表2-7

序　号	项　目	操作内容	规　定　分	评分标准	得　分
1	发电机传动带的更换	车辆防护	5分	正确铺设翼子板布和前格栅布	
		标注传动带运动方向	5分	正确进行此操作	
		固定张紧轮	5分	正确进行此操作	
		放松传动带	5分	正确进行此操作	
		取下发电机传动带	5分	正确进行此操作	
		安装新的发电机传动带	10分	正确进行此操作	
		紧固张紧轮	5分	正确进行此操作	
		起动发动机,检查传动带运行情况	5分	正确进行此操作	
2	发电机的更换	车辆防护	5分	正确铺设翼子板布和前格栅布	
		断开蓄电池负极接线线缆	5分	正确进行此操作	
		拆卸发电机传动带	5分	正确进行此操作	
		拧出发电机固定螺栓	5分	正确进行此操作	
		脱开空调管路支架	6分	正确进行此操作	
		拧出发电机固定螺栓	5分	正确进行此操作	
		脱开发电机电气连接插头	5分	正确进行此操作	
		取出三相交流发电机	5分	正确进行此操作	
		更换新的发电机	6分	达到操作要求	
		安装发电机固定螺栓和正极接线柱固定螺栓	8分	达到操作要求	
	总分		100分		

学习任务 3　电源系统检修

知识目标

1. 了解充电指示灯的作用及工作原理；
2. 掌握迈腾 B8 车型电源系统组成和工作原理；
3. 掌握迈腾 B8 车型电源系统工作原理和控制过程。

技能目标

1. 能使用专用工具检查电源系统技术状态；
2. 能排除迈腾 B8 车型充电指示灯常亮故障。

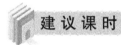

4 课时。

一、理论知识准备

1. 充电指示灯的作用

汽车的充电系统都会在仪表盘上配有充电指示灯，它一般有两个作用：
(1)指示发电机是否有故障。
(2)警告驾驶员停车后关闭点火开关。

2. 充电指示灯的工作原理

在发动机起动期间，发电机电压 U_{D+} ＜蓄电池电压时，整流二极管截止，发电机不能对外输出，由蓄电池供给磁场电流。路径为：蓄电池 +→点火开关→充电指示灯→调节器→磁场绕组→搭铁→蓄电池 -。充电指示灯亮。

当发动机转速升高到怠速及以上时，发电机应能正常发电并对外输出，此时，发电机电压＞蓄电池电压，发电机自励。$U_B = U_{D+}$，充电指示灯两端压降为零，灯熄灭，若没有熄灭，说明发电机有故障或充电指示灯电路有搭铁，如图 2-61 所示。

充电指示灯不仅可指示发电机的工作情况，而且可在发动机停车后发亮（因发电机不再发电，蓄电池电压＞U_{D+}），提醒驾驶员及时关闭点火开关。

3. 瞬变过电压保护电路

半导体元件对瞬变电压比较敏感，当瞬变电压达到某一值时，就会使半导体元件损坏。交流发电机的励磁电流及转速都很高，产生的瞬变能量也很大，因此现代汽车都有过电压保护电路，以保护半导体元件。

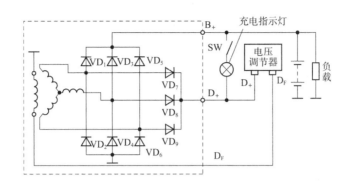

图 2-61 交流发电机充电指示灯工作原理图

1) 瞬变过电压的产生及危害

(1) 抛负载瞬变。

发电机在向外供电时,若突然断开负载,则定子绕组中的电流突然减小,产生很高的自感电势。如果此时蓄电池并联在发电机电路中,这种瞬变能量可由蓄电池吸收,因此不会产生很高的瞬时尖峰电压。但如果发电机正在向蓄电池充电和供电给其他负载时,发电机与蓄电池之间连接突然中断或者不带蓄电池的情况下,突然断开负载,发电机会产生很高的瞬时过电压。抛开负载越大,发电机转速越高,切断负载的速度越快,所产生的瞬变电压的幅值就越大,衰减的时间也越长。所以发电机与蓄电池连线一定要牢固。

(2) 切断电感负载瞬变。

切断电感负载瞬变具有一个大的负向峰值,接着是一个较小的被减幅了的正向峰值。如果在点火系统电路中,当初级电路断开时,初级电路中产生电压衰减振荡,振荡电路中产生的电压与断路瞬间流经点火线圈的电流与外部阻抗有关。在正常情况下,点火系产生的振荡瞬时高电压由蓄电池吸收,如果发动机脱开蓄电池继续运转,则点火系的电源直接由发电机供给,这个浪涌电压就作用到晶体管调节器上,容易使其损坏。

(3) 磁场衰减瞬变。

发电机励磁绕组由于点火开关转到断开位置而与蓄电池突然中断时,就会产生负脉冲电压,幅值可高达 50~100V,由于励磁电路时间常数大,发电机端子上在较长时间内(衰减时间可达到 200ms)保持危险电压。

2) 瞬变过电压保护方法

防止因过电压而损坏半导体元件的方法有两种:一是提高半导体元件的承受能力,把电子设备中各元件承受的电压选择为高于电系中可能产生的瞬变高电压,并考虑温度的影响因素,这种方法的优点是可不增加系统中元件的数量,但成本高。另一种方法是增加过电压保护装置,吸收各种瞬变过电压能量,以保护电子元件。这种保护可以是局部保护,也可以整体集中保护。常用方法有稳压管保护、晶闸管过压保护等几种。下面介绍稳压管保护的方法。

采用稳压管保护电路是目前应用最广泛的一种,其典型线路如图 2-62 所示。在交流发电机励磁二极管输出端与搭铁之间接一个稳压二极管 VD。在正常情况下,这个稳压管是不导通的,当出现瞬变过电压时,该稳压管导通,电压只能升到 VD 的击穿电压。

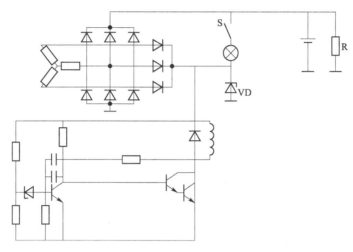

图 2-62　稳压管过电压保护电路

4. 迈腾 B8 车型电源系统组成

如图 2-63 所示,迈腾 B8 车型电源系统由蓄电池、发电机 CX_1、蓄电池监控单元 J367 以及发电指示灯 K2(充电指示灯,集成在仪表控制单元 J285 中)组成。其中,发电机 CX_1 输出端通过熔断丝 SA2 与蓄电池正极相连,蓄电池负极通过车身与发电机负极形成回路。当汽车发动机正常工作时,带动发电机发电,向蓄电池充电,并向其他用电设备进行供电。如图 2-64 所示,发电机 CX_1 通过 LIN 线与数据总线 J533 进行数据通信,J533 通过 CAN 线与发动机 J623 进行数据通信,同时通过 CAN 将发电机工作状态数据传输至仪表控制单元 J285,J285 控制发电机指示灯 K_2 工作。

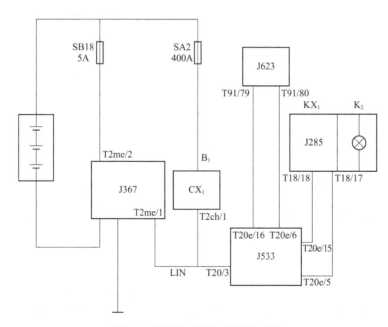

图 2-63　迈腾 B8 车型电源系统电路图

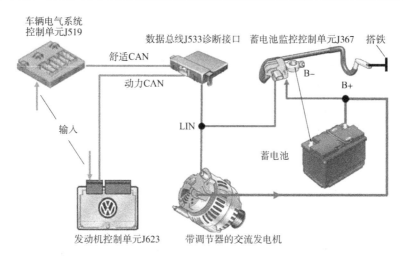

图 2-64　迈腾电源系统连接

二、任务实施

(一)蓄电池监控单元的更换

1. 准备工作
(1)将实训车辆停放在检测区域。
(2)准备拆装工具、车辆挡块、翼子板布、三件套等教学用具。

2. 技术要求与注意事项
拆装蓄电池监控单元前应查阅维修手册。

3. 操作步骤
(1)关闭点火开关。
(2)拆卸蓄电池,具体步骤参见蓄电池更换相关内容。
(3)拆下蓄电池监控单元J367(图2-65)上的电气插头。
(4)使用拆装工具拆下搭铁线固定螺母(图2-66中搭铁线2)。

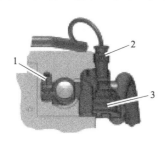

图 2-65　蓄电池监控单元
1-蓄电池极柱固定螺母;2-蓄电池监控控制单元
J367上的电气插头;3-蓄电池监控控制单元 J367

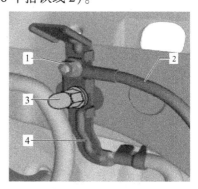

图 2-66　拆卸蓄电池监控单元
1-搭铁线固定螺母;2-搭铁线;3-J367 固定
螺母;4-蓄电池监控控制单元 J367

(5)使用拆装工具拆下蓄电池监控单元 J367 上的固定螺母。

(6)取下蓄电池监控单元 J367。

(7)安装新的蓄电池监控单元,按照与拆装相反的顺序固定。

(二)发电机指示灯点亮故障的排除

下面以迈腾 B8 2.0L 车型发电机指示灯点亮故障为例,介绍发电机指示灯点亮故障的排除。

1. 准备工作

(1)将实训车辆停放在检测区域。

(2)准备拆装工具、数字万用表、示波器、车辆挡块、翼子板布、三件套等教学用具。

2. 技术要求与注意事项

不得在发动机正常工作时,断开蓄电池连接。蓄电池充电电压为 12~14.8V。

3. 操作步骤

(1)起动发动机,检查仪表中发电机指示灯工作情况,如图 2-67 所示,发动机工作指示灯点亮。

图 2-67 迈腾 B8 发电机指示点亮

(2)踩下加速踏板,将发动机转速提高至 2500r/min,观察发电机指示灯工作情况,发电机工作指示灯依然点亮。

(3)打开发动机舱盖,铺设翼子板布和前格栅布。

(4)使用万用表,测试蓄电池正负极之间电压,电压为 12.1V。

(5)使用万用表,测试发电机电压输出端电压,电压为 12.1V。

(6)关闭点火开关,连接诊断仪,读取数组总线单元 J533 故障信息,故障提示 U105200:发电机无通信(主动、静态)。

(7)打开点火开关,起动车辆,读取数组总线单元 J533 数据流,数据流显示如图 2-68 所示。

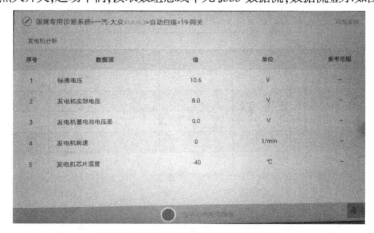

图 2-68 发电机分析数据流(有故障时)

(8)打开点火开关,起动车辆,使用示波器,测试发电机信号线(LIN,T2eh/1)端子波形,测试波形如图2-69所示,LIN正常波形应如图2-70所示,故判断发电机CX1至数据总线单元J533间LIN可能存在故障。

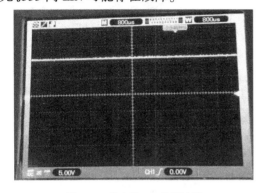
图2-69　发电机LIN故障波形

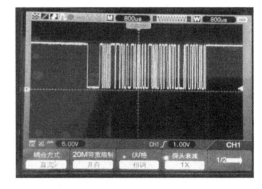
图2-70　发电机LIN正常波形

(9)关闭点火开关,断开相应插接器,用万用表检查发电机至数据总线J533间LIN线路,测试发现线路中T2eh插接器至TML线束中插接器T14zb中存在断路(T2eh/1至T14zb/1),修复线路。

(10)打开点火开关,起动车辆,连接诊断仪,进入数据总线单元J533,读取发电机数据,如图2-71所示,发电机工作正常,充电正常,故障排除。

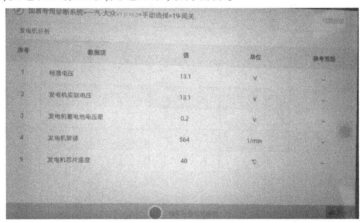
图2-71　发电机分析数据流(工作正常时)

三、学习拓展

1.电源管理系统

随着汽车用电设备和控制单元的大量增加,对电能的需求也不断增加,汽车电源工作的稳定性和可靠性成为各个电气系统正常工作的重要基础。目前,许多车型中都应用了不同的电源管理系统,通过电源管理系统,针对车辆电气系统不同的工作状态和电能需求,来主动调整电源供给情况,以使各个电气系统都能较好地工作,给驾驶员带来更好的可靠性、安全性和舒适性。下面以一汽大众迈腾B8车型为例,介绍电源管理系统的组成和工作过程。如图2-72所示,迈腾B8车型电源管理系统主要由蓄电池、蓄电池监控控制单元J367、带调节器的交流发电机、数据总线 J533（集成了车载电源控制单元 J520）、车辆电气系统控制单元 J519、发动机控制单元 J623 组成。

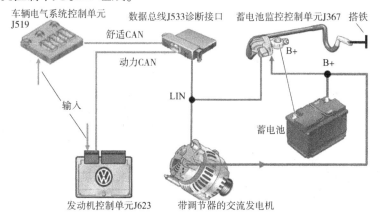

图 2-72　电源管理系统组成

如图 2-73 所示，蓄电池监控控制单元 J367 安装在蓄电池的负极接线柱上，其内部结构见图 2-74，J367 内部包括微处理器、NTC 电阻和分流器（低阻值高精度电阻）。NTC 电阻主要通过测试蓄电池负极接线柱的温度来记录蓄电池的温度，通过检测蓄电池温度来进行充电电流的控制，防止蓄电池温度过高，析出气体；分流器主要用于测量蓄电池的充放电电流。J367 在工作时，主要采集蓄电池的温度、蓄电池端电压、车载电源电压和充放电电流等信息，进行蓄电充电状态评估和蓄电池内部电阻测算。所有数据通过 LIN 总线输送至车载电源控制单元 J520 中。

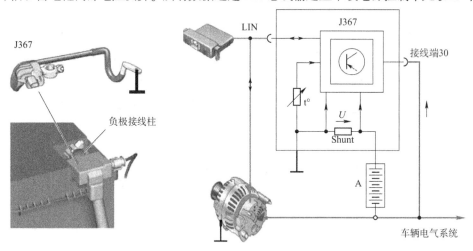

图 2-73　J367 安装位置图　　　　图 2-74　J367 内部结构

2. 电源管理系统工作过程

当发动机输出功率要求较大时，蓄电池的技术状况较好时，电源管理系统会进入牵引模式，在这个模式下，交流发电机输出电压会降至 12.2V，此电压低于正常蓄电池电压，此时交流发电机的输出电流也会降低，发电机工作强度降低，发动机负荷减少，燃油消耗量减少，二氧化氮的排放量也会减少。在牵引模式下，由发电机和蓄电池共同向其他用电设备供电，如图 2-75 所示。

当车辆靠惯性滑行时，与牵引模式相反，电源管理系统会进入给蓄电池充电（再生）模式,在这个模式下,交流发电机输出电压会增加至15V,此电压高于正常充电电压,发电机工作强度增加,发动机负荷增加。在蓄电池充电(再生)模式下,由发电机向其他用电设备供电,并向蓄电池充电,如图2-76所示。

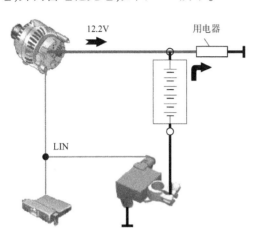
图2-75 牵引模式

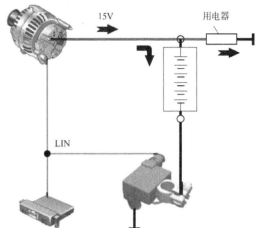
图2-76 蓄电池充电(再生)模式

四、评价与反馈

1. 自我评价

(1)完成本学习后,回答以下问题:

①迈腾B8电源系统由哪些部件组成?

_____

②迈腾B8电源系统是如何工作的?

_____

(2)如何进行蓄电池监控单元的更换?

_____

(3)实训过程完成情况如何?

_____

(4)你认为自己的知识和技能还有哪些欠缺?

_____

签名:_____　　___年___月___日

2. 小组评价(表2-8)

小组评价表　　　　　表2-8

序　号	评价内容	优	良	中	差
1	任务中5S管理执行情况				
2	合理规范地使用仪器和设备				
3	按照安全和规范的流程操作				
4	遵守学习、实训场地的规章制度				
5	团结协作情况				

参与评价的同学签名:_____　　___年___月___日

3. 教师评价

_____
_____。

教师签名：_____ ___年___月___日

五、技能考核标准（表2-9）

技能考核标准表　　　　　　　　　　　　　　　　　表2-9

序号	项目	操作内容	规定分	评分标准	得分
1	蓄电池监控单元的更换	车辆防护	5分	正确铺设翼子板布和前格栅布	
		拆卸蓄电池	10分	正确进行此操作	
		拆下搭铁线固定螺母	5分	正确进行此操作	
		拆下蓄电池监控控制单元固定螺母	5分	正确进行此操作	
		取下蓄电池监控控制单元	5分	正确进行此操作	
		安装新的蓄电池监控控制单元	5分	正确进行此操作	
		紧固蓄电池监控控制单元固定螺母	5分	正确进行此操作	
		固定蓄电池监控控制单元固定螺母	5分	正确进行此操作	
2	发电机指示灯点亮故障的排除	车辆防护	5分	正确铺设翼子板布和前格栅布	
		起动发动机，检查仪表中发电机指示灯工作情况	5分	正确进行此操作	
		发动机转速提高至2500r/min，观察发电机指示灯工作情况	5分	正确进行此操作	
		测试蓄电池正负极之间电压	5分	正确进行此操作	
		测试发电机电压输出端电压	5分	正确进行此操作	
		连接诊断仪，读取数组总线单元J533故障信息	5分	正确进行此操作	
		读取数组总线单元J533数据流	5分	正确进行此操作	
		测试发电机信号线（LIN，T2eh/1）端子波形	5分	正确进行此操作	
		检查发电机至数据总线J533间LIN线路	5分	达到操作要求标准	
		修复线路，试车，验证故障是否排除	10分	达到操作要求标准	
		总分	100分		

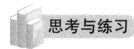

思考与练习

(一) 填空题

1. 交流发电机产生磁场的装置是_____。
2. 交流发电机用电压调节器式通过调整_____来保证发电机输出电压的。
3. 进入夏季,维护作业时应将蓄电池电解液密度_____。
4. 在蓄电池放电过程中,正极板活性物质由_____变成_____。
5. 蓄电池使用过程的充电称为_____。
6. 从免维护蓄电池的玻璃观察孔看到绿色,说明_____。
7. 汽车上采用_____的充电方法。
8. 铅酸蓄电池额定容量与_____有关。

(二) 判断题

1. 当蓄电池液面降低时,在补充充电前应添加电解液至规定高度。( )
2. 蓄电池和发电机搭铁极性必须一致。( )
3. 蓄电池单格中正极板比负极板多一片。( )
4. 在配制电解液时,注意不能将浓硫酸倒入水中。( )
5. 充电指示灯发亮,证明发电机向蓄电池充电。( )
6. 汽车电源系统是由起动机、发电机、调节器所组成。( )
7. 中心引线为正极,外壳为负极的二极管为负二极管。( )
8. 蓄电池硫化的主要表现为极板上有较厚的白霜,容量显著下降,充放电时异常。( )
9. 交流发电机与蓄电池并联工作。( )
10. 充电指示灯发亮,证明发电机未向蓄电池充电。( )
11. 发电机发出的三相交流电经桥式整流电路变成直流电。( )

(三) 简答题

1. 简述汽车蓄电池的功用。
2. 简述汽车蓄电池的结构与组成。
3. 解释蓄电池型号 6——QAW——90 的含义。
4. 免维护蓄电池工作状况怎样检查?
5. 蓄电池维护作业内容有哪些?
6. 蓄电池的充电种类有哪几种?
7. 蓄电池的常见故障诊断与排除方法有哪些?
8. 简述汽车交流发电机的功用。
9. 简述汽车交流发电机的结构与组成。
10. 对照实物指出交流发电机各个部件的名称及各自作用。
11. 简述交流发电机的发电原理。
12. 简述交流发电机的整流原理。
13. 简述交流发电机他励与自励两种方式的区别。
14. 电源系统常见故障有哪些?各有什么特点?怎样诊断与排除?

单元三　汽车起动系统构造与检修

学习任务1　起动系统构造与维护

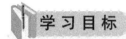

☞ 知识目标
1. 了解起动机功用及要求；
2. 掌握起动机的工作原理；
3. 掌握起动机的正确使用和维护方法。

☞ 技能目标
1. 能判断起动机的技术状况；
2. 能使用专用工具进行起动机更换作业。

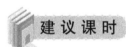

4课时。

一、理论知识准备

1. 起动系统的功用及要求

汽车发动机借助外力由静止状态转为自行运转状态的过程，称为发动机的起动。电子起动系统操作简便、起动迅速可靠、重复起动能力强，在现代汽车上广泛应用。起动机又称马达，它由直流电动机产生动力，经起动机上的驱动齿轮传递动力给飞轮齿圈，带动飞轮和曲轴旋转，从而使发动机自行运转。

起动机在点火开关和起动继电器的控制下，将蓄电池的电能转化为机械能，带动发动机飞轮齿圈，使曲轴转动，完成发动机的起动。

汽车对起动系统的要求如下：

(1) 起动平稳，小齿轮与飞轮齿圈接合柔和，无冲击。

(2) 发动机起动后，小齿轮与飞轮齿圈能自动脱离或打滑。

(3) 发动机在工作中，小齿轮不能再进入啮合，以防冲击。

(4)起动机结构简单、工作平稳。
2. 起动系统的组成

起动系统由蓄电池、起动机、起动继电器、点火开关等组成,如图3-1所示。

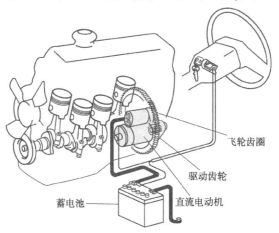

图3-1 起动系统的组成

汽车用起动机种类繁多,形式各异,分类方法各不相同。电磁控制式起动机可按起动机的总体结构、传动机构的啮入方式进行分类。按起动机总体结构分为:电磁式起动机、减速式起动机和永磁式起动机;按传动机构啮入方式分为:强制啮合式起动机、电枢移动式起动机和同轴移动式起动机。

常规起动机一般由串励式直流电动机、传动机构和控制装置(又称电磁开关)三部分组成,起动机整体结构见图3-2。

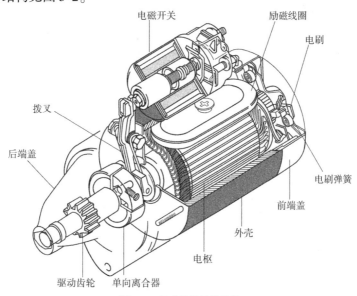

图3-2 起动机的整体结构

1)串励式直流电动机

(1)直流电动机的作用。

直流电动机的作用是产生电磁转矩。一般均采用直流串励式电动机。串励是指电枢绕组与励磁绕组串联。

（2）直流电动机的结构。

直流电动机由磁极、电枢、换向器、电刷和外壳等组成，其主要部件如图3-3所示。

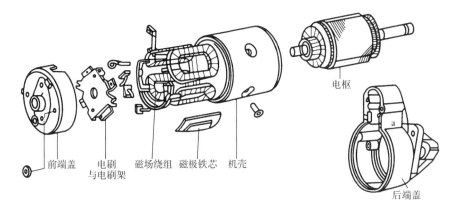

图3-3　直流电动机的结构

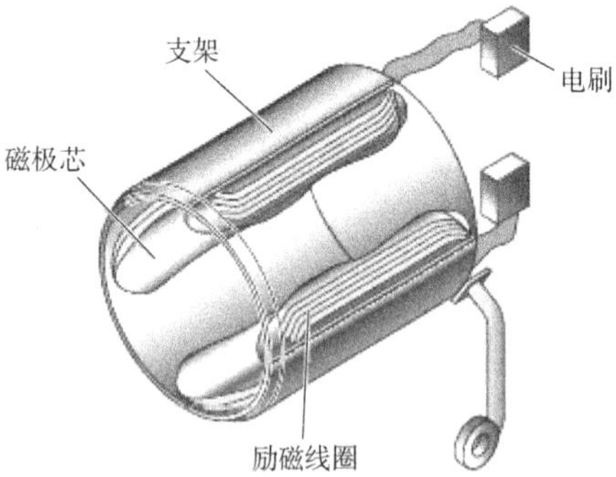

磁极的作用是产生电枢转动时所需要的磁场，它由固定在外壳上的磁极铁芯和励磁绕组（也称磁场绕组）组成，如图3-4所示。

如图3-5所示为励磁绕组的内部电路连接方法，励磁绕组一端接在外壳的绝缘接线柱上，另一端与两个非搭铁电刷相连。

如图3-6所示为电枢总成，由外圆带槽的硅钢片叠成的铁芯和电枢绕组组成，励磁绕组和电枢绕组一般采用矩形断面的裸铜线绕制。

图3-4　磁极

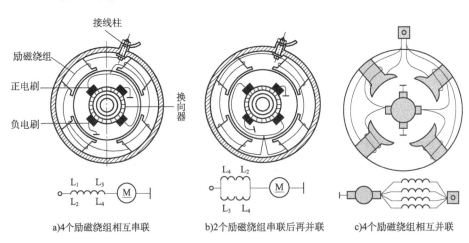

a)4个励磁绕组相互串联　　b)2个励磁绕组串联后再并联　　c)4个励磁绕组相互并联

图3-5　励磁绕组与电枢绕组的连接方式

换向器装在电枢轴上,它由许多换向片组成。换向片嵌装在轴套上,各换向片之间均用云母绝缘。电刷和换向器配合使用。它主要用来连接励磁绕组和电枢绕组的电路,并使电枢轴上的电磁力矩保持固定方向。

电刷装在端盖上的电刷架中,电刷弹簧使电刷与换向片之间具有适当的压力,以保持配合,如图3-7所示。以四磁极电动机为例,其中两个电刷与外壳绝缘,电流通过这两个电刷进入电枢绕组,另外两个为搭铁电刷,通过电枢绕组的电流通过这两个电刷搭铁。

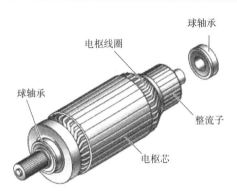

图3-6 电枢总成

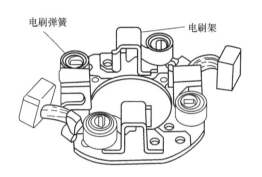
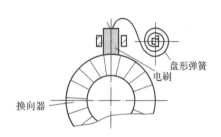

图3-7 电刷及电刷架

外壳是电动机的磁极和电枢的安装机体,其中一端有4个检查窗口,便于进行电刷和换向器的维护,同时起动机的电磁开关也安装在外壳上,其上有一绝缘接线端,连接电动机电流的引入线。

2)传动机构

(1)传动机构的作用。

传动机构在起动发动机时使起动机驱动齿轮与飞轮齿圈啮合,将起动机的转矩传递给发动机曲轴;在发动机起动后又能使起动机驱动齿轮自动空转或与飞轮齿圈脱离啮合。

(2)对传动机构的要求。

起动机的驱动齿轮与发动机的飞轮齿圈啮合时要平稳,不能发生冲击现象。

由于起动机的驱动齿轮与发动机的飞轮齿圈速比很大(一般大于15),因此发动机起动后,驱动齿轮应能自动打滑或脱离啮合,以免发动机带动起动机电枢高速旋转,造成电枢绕组"飞散"的事故。

因为起动机是由点火开关控制的,所以当发动机工作时,要防止点火开关误操作,使起动机的驱动齿轮再次与发动机的飞轮齿圈啮合,导致起动机与发动机的飞轮齿圈损坏。

(3)传动机构的工作过程。

如图3-8所示为传动机构的工作示意图。

如图3-8a)所示为起动机不工作时所处的位置,如图3-8b)所示为在电磁开关的作用下,驱动齿轮与飞轮齿圈正在啮合,此时起动机的主电路还没有接通。如图3-8c)所示为驱动齿轮与发动机飞轮齿圈完全啮合,主电路接通,电枢轴开始带动发动机曲轴旋转。

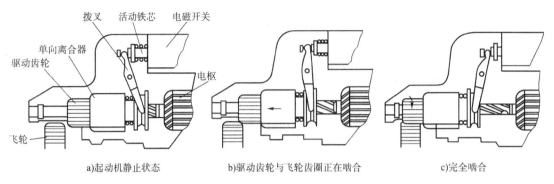

a)起动机静止状态　　b)驱动齿轮与飞轮齿圈正在啮合　　c)完全啮合

图3-8　传动机构的工作示意图

发动机起动后,驱动齿轮与飞轮齿圈仍处于啮合状态,单向离合器打滑,驱动齿轮在飞轮的带动下空转。起动结束后,驱动齿轮在电磁开关的作用下,与发动机飞轮齿圈脱离啮合。

(4)单向离合器。

起动机传动机构中的关键部件是单向离合器。其作用是在起动时将电枢产生的电磁转矩传递给发动机飞轮;而当发动机起动后,单向离合器立刻打滑,防止发动机飞轮带动电枢高速旋转。单向离合器主要有滚柱式、摩擦片式和弹簧式三种类型。

滚柱式单向离合器的结构与工作过程。滚柱式单向离合器的工作原理是通过改变滚柱在楔形槽中的位置来实现分离和接合,其结构如图3-9所示。

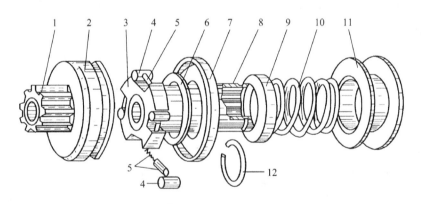

图3-9　滚柱式单向离合器结构

1-驱动齿轮;2-外壳;3-十字块;4-滚柱;5-弹簧与压帽;6-垫圈;7-护盖;8-传动套筒;9-弹簧座;10-弹簧;11-移动衬套;12-卡簧

单向离合器的外壳与驱动齿轮合为一体,外壳与十字块之间形成4个楔形槽,每个槽中有一个滚柱,十字块与传动套筒合为一体,传动套筒内侧带键槽,套在电枢轴的花键部位上。

滚柱式单向离合器的受力分析如图3-10所示,当起动机电枢旋转时,转矩经套筒带动十字块旋转,滚柱滚入楔形槽窄端,将十字块与外壳卡紧,使十字块与外壳之间传递力矩,见图 3-10a),发动机起动后,飞轮齿圈会带动驱动齿轮旋转,当转速超过电枢转速时,滚柱滚入宽端打滑,这样发动机的力矩就不能通过驱动齿轮传递给电枢,从而起到保护起动机的作用。

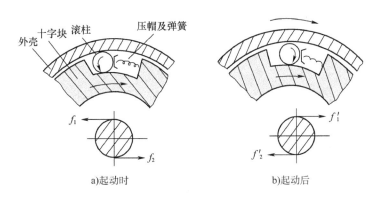

图 3-10 滚柱的受力及作用示意图

3)电磁开关

(1)电磁开关的作用。

电磁开关用来接通和切断串励式直流电动机与蓄电池之间的电路,控制起动机驱动齿轮与发动机飞轮齿圈的啮合与分离。电磁开关的实物如图 3-11 所示。

(2)电磁开关的结构。

图 3-12 所示为电磁开关的结构。电磁开关主要由吸引线圈、保持线圈、复位弹簧、活动铁芯、接触盘等组成。其中,端子 C 接起动机励磁绕组,端子 30 直接接电源(蓄电池)。

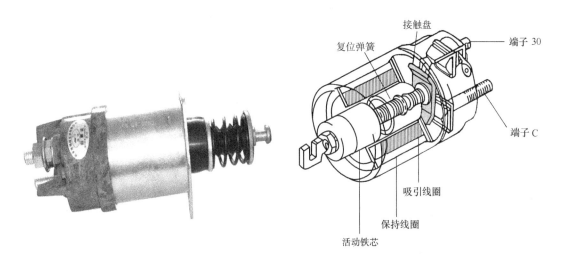

图 3-11 电磁开关的实物　　图 3-12 电磁开关的结构

图 3-13 所示为电磁开关的电路连接关系图。吸引线圈与电动机串联,保持线圈与电动机并联,直接搭铁。活动铁芯一端通过接触盘控制主电路的导通。

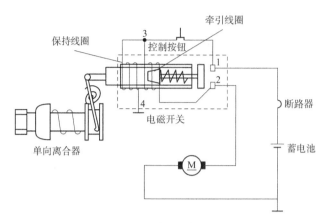

图 3-13　电磁开关的电路连接关系图

3. 起动机的工作原理

1）直流电动机的工作原理

直流电动机的基本工作原理是通电的导体在磁场中会受电磁力作用,电磁力的方向遵循左手定则。

如图 3-14 所示,两片换向片分别与环状线圈的两端连接,电刷一端与两换向器片相接触,另一端分别接蓄电池的正极和负极。在环状线圈中电流的方向交替变化,用左手定则判断可知,环状线圈在电磁力矩作用下按顺时针方向连续转动。这样在电源连续对电动机供电时,其线圈就不停地按同一方向转动。

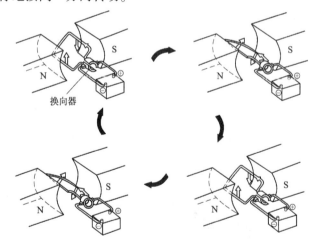

图 3-14　直流电动机的工作原理图

为了增大输出力矩并使运转均匀,实际的电动机中电枢采用多匝线圈,随线圈匝数的增多,换向片的数量也要增多。

2）起动机中电动机的工作情况

在汽车起动机中采用的是串励式电动机,即电动机的励磁绕组与电枢绕组是串联的。之所以采用这种类型的电动机,是因为串励式电动机具有重载时转矩最大,空载转速高的特性,特别适合用于发动机的起动过程。

电动机与蓄电池之间线路的连接:蓄电池→起动机接线柱→起动机控制装置开关→励

磁绕组→正电刷→换向片→电枢绕组→负电刷→搭铁。由于励磁绕组和电枢绕组都是由铜条制成的,电阻很小,所以整个电路的电阻值很小,在起动瞬间能产生很大的电流,从而产生大的转矩,使发动机顺利起动。

工作过程:当点火开关置于起动位置时,起动机的控制装置接通电动机与蓄电池的电路,大电流通过励磁绕组,产生电磁场。同时,电流经电刷和换向器流经电枢绕组,产生电磁力矩,带动电动机运转。如果整个电路的电阻值变大,则会造成电动机的转矩下降,使发动机不能顺利起动。

4. 起动机的正确使用及维护

1)起动机的正确使用

起动机工作时电流大、转速高,使用时应注意下列事项:

(1)起动前应将变速器挂上空挡,自动变速器的汽车应将变速杆置于 P 位或 N 位,起动同时踩下离合器踏板或制动踏板。

(2)每次接通起动机的时间不得超过 5s,两次之间应间歇 15s 以上。

(3)当发动机起动后应立刻松开点火开关,切断 ST 挡,使起动机停止工作。

(4)经过三次起动,发动机仍没有起动着火,则停止起动,进行简单的检查,如蓄电池的容量、极柱的连接、油电路等,否则蓄电池的容量将严重下降,起动发动机变得更加困难。

2)起动机的维护

(1)起动机外部应经常保持清洁,各连接导线,特别是与蓄电池相连接的导线,都应保证连接牢固可靠。

(2)在车上进行起动检测之前,一定要将变速器挂上空挡,并实施驻车制动。

(3)在拆卸起动机之前,应先拆下蓄电池的搭铁电缆线。

二、任务实施——起动机的更换

1. 准备工作

(1)将实训车辆停放在检测区域。

(2)准备专用工具扭力扳手 VAG1331、VAG1332。

(3)准备教学车辆、车辆挡块、翼子板布、三件套等。

2. 技术要求与注意事项

(1)拆卸起动机时,应断开蓄电池负极。

(2)迈腾 B8 车型起动机固定螺栓拧紧力矩为 40N·m,锁紧螺母拧紧力矩为 20N·m。

3. 操作步骤

以迈腾 B8 车型为例,介绍起动机更换的步骤:

(1)关闭车辆点火开关,断开蓄电池负极线缆。

(2)如图 3-15 所示,拆下起动机上部搭铁线的螺母,取下搭铁线缆。

(3)从变速器上脱开变速器机械电子单元排气管,用塞子将排气孔密封,如图 3-16 所示。

（4）如图 3-17 所示，断开起动机电气连接插头，按下起动机盖板，拧下起动机正极接线端 30/B + 接线固定螺母，拆下 30/B + 接线。

（5）如图 3-17 所示，拆下起动机固定螺栓，向上将起动机取下。

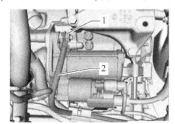

图 3-15　拆卸起动机搭铁线缆
1-起动机上部搭铁线的螺母；2-搭铁线缆

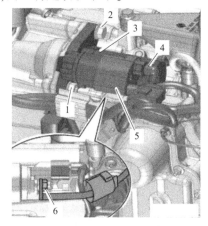

图 3-17　起动机连接示意图
1、2-起动机固定螺栓；3-起动机；4-起动机电气插头；5-起动机盖板；6-起动机 30/B + 接线端固定螺母

图 3-16　变速器机械电子单元排气管位置

（6）更换新的起动机。
（7）安装起动机固定螺栓，并按要求进行紧固，拧紧力矩为 40N·m。
（8）起动机正极接线端 30/B + 接线，并按要求紧固固定螺母，拧紧力矩为 20N·m。
（9）安装起动机盖板。
（10）安装变速器机械电子单元排气管。
（11）安装起动机上部搭铁线，并按要求紧固固定螺母，拧紧力矩为 20N·m。
（12）安装蓄电池负极线缆。
（13）起动车辆，检查起动机工作状况。

三、评价与反馈

1. 自我评价

（1）完成本学习任务后，回答以下问题：
①汽车起动系统主要由哪些部件组成？

②汽车起动系统中起动机是如何工作的？

（2）如何进行起动机的更换作业？

（3）实训过程完成情况如何？

(4)你认为自己的知识和技能还有哪些欠缺?

_____。

签名:_____ ___年___月___日

2.小组评价(表3-1)

小组评价表　　　　　　　　　　　　　　　　　　　　　　　　　　表3-1

序号	评价内容	优	良	中	差
1	任务中5S管理执行情况				
2	合理规范地使用仪器和设备				
3	按照安全和规范的流程操作				
4	遵守学习、实训场地的规章制度				
5	团结协作情况				

参与评价的同学签名:_____ ___年___月___日

3.教师评价

_____
_____。

教师签名:_____ ___年___月___日

四、技能考核标准(表3-2)

技能考核标准表　　　　　　　　　　　　　　　　　　　　　　　　表3-2

项目	操作内容	规定分	评分标准	得分
起动机的更换	车辆保护	5分	正确铺设翼子板布和前格栅布	
	关闭车辆点火开关,断开蓄电池负极线缆	5分	正确进行此操作	
	脱开变速器机械电子单元排气管	5分	正确进行此操作	
	断开起动机电气连接插头	5分	正确进行此操作	
	拧下起动机正极接线端30/B+接线固定螺母	5分	正确进行此操作	
	拆下30/B+接线	10分	正确进行此操作	
	拆下起动机固定螺栓	5分	正确进行此操作	
	取下起动机	5分	正确进行此操作	
	更换新的起动机	10分	正确进行此操作	
	安装起动机固定螺栓,并按要求进行紧固	10分	达到操作要求	
	装复30/B+接线,并按要求进行紧固	10分	达到操作要求	
	装复起动机电气连接插头	5分	达到操作要求	
	装复变速器机械电子单元排气管	10分	达到操作要求	
	装复蓄电池负极	5分	正确进行此操作	
	起动车辆,检查起动机工作情况	5分	正确进行此操作	
	总分	100分		

学习任务 2　起动系统检修

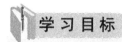

☞ **知识目标**

1. 了解汽车起动系统控制电路的类型；
2. 掌握常见起动系统电路的控制过程；
3. 熟悉迈腾 B8 车型起动系统控制电路的组成及控制过程；
4. 掌握起动系统常见故障的主要原因。

☞ **技能目标**

1. 能评估迈腾 B8 车型起动系统技术状态；
2. 能排除迈腾 B8 起动机不转的故障。

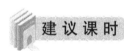

4 课时。

一、理论知识准备

1. 起动机控制电路

起动系统的控制电路指除起动机本身电路以外的起动系统电路,起动系统的控制电路随车型的不同而有所不同,大体上可以分为无起动继电器的控制电路、带有起动继电器的控制电路和带有保护继电器的控制电路。

1) 无起动继电器的起动控制电路

如图 3-18 所示为捷达无起动继电器的控制电路。其工作过程如下。

(1) 起动电路接通阶段。

如图 3-18 所示,当点火开关位于起动挡时,电流的流向为:蓄电池"＋"→点火开关→端子 50→保持线圈→搭铁;同时吸引线圈中也通过电流,方向为:蓄电池"＋"→点火开关→端子 50→吸引线圈→端子 C→励磁线圈→电枢→搭铁。此时由于吸引线圈和励磁线圈中的电流非常小,电动机低速运转。同时吸引线圈和保持线圈中产生的磁场吸引活动铁芯向右运动,克服复位弹簧的作用力,拉动拨叉向左运动,拨叉使离合器的小齿轮向左和飞轮的齿圈啮合。这个过程电动机的转速低,可以保证齿轮之间平顺啮合。

(2) 驱动齿轮和飞轮齿圈啮合阶段。

当小齿轮和飞轮齿圈完全啮合以后,与活动铁芯连在一起的接触片向右运动,和端子 30

及端子C接触,从而接通了主开关,通过起动机的电流增大,电动机的转速升高。而电枢轴上的螺纹使驱动齿轮和飞轮齿圈更加牢固地啮合。此时,吸引线圈两端的电压相等,所以无电流通过。保持线圈产生的磁场力使活动铁芯保持在原位不动。此时的电流方向分别为:蓄电池"+"→点火开关→端子50→保持线圈→搭铁;蓄电池"+"→端子30→接触片→端子C→励磁线圈→电枢绕组→搭铁。

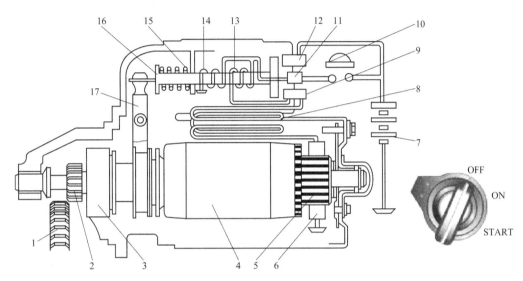

图 3-18 捷达轿车无起动继电器的控制电路

1-飞轮齿圈;2-驱动齿轮;3-单向离合器;4-电枢;5-换向器;6-电刷;7-蓄电池;8-励磁线圈;9-端子C;10-点火开关;11-端子50;12-端子30;13-吸引线圈;14-保持线圈;15-复位弹簧;16-活动铁芯;17-拨叉

(3)起动完成阶段。

发动机起动以后,点火开关会从START挡回到ON挡,这就切断了端子50上的电压。这时,接触片和端子30及端子C仍保持接触。电路中的电流为:蓄电池"+"→端子30→接触片→端子C→吸引线圈→保持线圈→搭铁。同时,电流还经过端子C→励磁线圈→电枢→搭铁。由于此时吸引线圈和保持线圈的电流方向相反,产生的磁场力相互抵消,在复位弹簧的作用下,活动铁芯向左运动,使得小齿轮与飞轮齿圈脱离,同时,接触片和两个端子断开,切断电动机中的电流,整个起动过程结束。

2)带起动继电器的控制电路

装设起动继电器的目的是减小通过点火开关的电流,防止点火开关烧损。起动继电器与起动机的接线原理如图3-19所示。

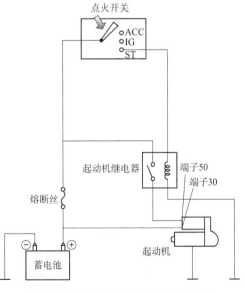

图 3-19 起动继电器与起动机的接线原理

发动机起动时,将点火开关起动挡接通,继电器的电磁线圈通电,使触点闭合,电源的电流便经继电器的触点通往起动机电磁开关的起动机接线柱,电磁开关通电后,便控制起动机进入工作状态。从电路中可以看出,起动期间流经点火开关起动挡和继电器线圈的电流较小,大电流经过继电器触点流入起动机,保护了点火开关。起动过程的工作原理如前述,此处不再重复。

3)带保护继电器的控制电路

为了防止发动机起动以后起动电路再次接通,一些起动电路中还安装了带有保护功能的组合式继电器。下面以 CA1090 型汽车起动系统电路为例,介绍其作用和工作过程。

(1)组合继电器。

CA1090 型汽车起动系统装用了 JD171 型组合继电器,如图 3-20 所示。

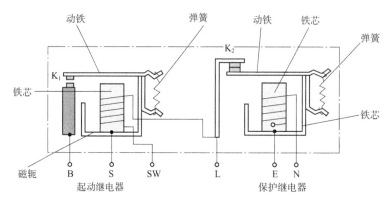

图 3-20　JD171 型组合继电器

它由两部分构成,一部分是起动继电器,其作用与前述起动继电器的作用相同;另一部分是保护继电器,它的作用是与起动继电器配合,使起动电路具有自动保护功能,另外还控制充电指示灯。

组合继电器中的起动继电器、保护继电器都由铁芯、线圈、磁轭、动铁、弹簧、触点等组成,其中起动继电器触点 K_1 为常开式,保护继电器触点 K_2 为常闭式。由于起动继电器线圈与保护继电器触点 K_2 串联,因此,当 K_2 打开时,K_1 不可能闭合。组合继电器共有 B、S、SW、L、E、N 六个接线柱,分别接电源、起动机电磁开关、点火开关起动挡、充电指示灯、搭铁和发电机中性点。

(2)起动系的工作过程。

CA1091 型汽车的起动电路如图 3-21 所示,其工作过程如下。

①当点火开关置于起动挡(Ⅱ挡)时,起动继电器线圈通电,电流回路为:蓄电池正极→熔断器→电流表→点火开关起动触点Ⅱ→起动继电器线圈→保护继电器常闭触点→搭铁→蓄电池负极。

起动继电器线圈通电使起动继电器的常开触点闭合,接通了起动机电磁开关电路,使起动机进入起动状态。

②发动机起动后,松开点火开关,钥匙自动返回点火挡(Ⅰ挡),起动继电器触点打开,切断了起动机电磁开关电路,电磁开关复位,停止起动机工作。

③发动机起动后,如果点火开关没能及时返回Ⅰ挡,这时组合继电器中保护继电器线圈

由于承受交流发电机中性点的电压,使常闭触点断开,自动切断了起动继电器线圈的电路,触点断开,使起动机电磁开关断电,起动机便自动停止工作。发动机起动后,由于触点的断开,也切断了充电指示灯的搭铁电路,充电指示灯也熄灭。

④在发动机运行时,如果误将点火开关置于起动挡,由于在此控制电路中,保护继电器的线圈中加有交流发电机中性点电压,常闭触点处于断开状态,起动继电器线圈不能通电,起动机电磁开关不能动作,避免了发动机在运行中使起动机的驱动齿轮进入与飞轮齿圈的啮合而产生的冲击,起到了保护作用。

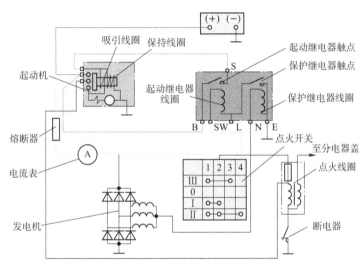

图 3-21　CA1091 型汽车起动系统电路图

有的汽车起动继电器线圈通过防盗系统搭铁,发动机起动时,只有防盗系统发出起动信号后,继电器线圈才能搭铁。如果防盗系统没有收到起动信号,则继电器线圈中无电流,起动机就不能工作,实现了防盗功能。

2. 迈腾 B8 车型起动系统控制电路

迈腾 B8 车型起动机控制电路如图 3-22 所示,起动机的电磁开关由起动继电器 J906 和 J907 两个继电器控制,控制电路为蓄电池正极→起动继电器 J906→起动继电器 J907→熔断丝 SB23(30A)→起动机 B50 端子→电磁开关→搭铁→蓄电池负极,起动机端子 30 直接与蓄电池正极相连,起动机继电器 J906 和 J907 的工作受发动机控制单元 J623 控制,控制电路为蓄电池正极→熔断丝 SC49(5A)→J906 和 J907→发动机控制单元 J623→搭铁→蓄电池负极。

迈腾 B8 车型起动机运行的条件有:车辆防盗系统解锁、电源接通、数据总线被唤醒、变速器杆处于 P 或 N 挡位、制动踏板被踩下、E378 起动按钮被按下等。以上条件具备时,发动机控制单元 J623 接通起动继电器 J906 和 J907 线圈回路,线圈工作,继电器闭合。蓄电池通过起动继电器 J906 触点进入起动继电器 J907 触点,通过熔断丝 SB23(30A)将电源供给起动机电磁线圈端子,起动机电磁线圈工作,起动齿轮伸出,起动机电磁开关触点闭合,蓄电池供电电压直接输送给起动机转子和定子,起动机运转,带动发动机飞轮旋转,从而起动发动机。

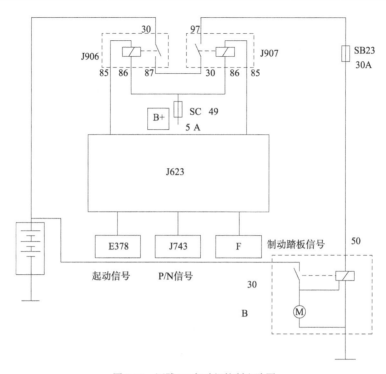

图 3-22 迈腾 B8 起动机控制电路图
A-蓄电池；B-起动机；J623-发动机控制单元；E378-起动按钮；J743-双离合变速器控制单元；F-制动开关

二、任务实施——起动机不运转故障的排除

1. 准备工作
(1) 将实训车辆停放在检测区域。
(2) 检查实训室通风系统设备工作是否正常。
(3) 准备数字万用表、拆装工具、车辆挡块、翼子板布、三件套等教学用具。

2. 技术要求与注意事项
(1) 正确使用数字万用表、诊断仪等设备。
(2) 遵守实训场地安全规定，注意用电安全。

3. 操作步骤

按下起动按钮 E378，起动机不转，车辆不能起动。此故障原因包括起动条件相关信号故障和起动控制线路故障，下面以迈腾 B8 车型为例，介绍起动不运转故障排除的步骤。

(1) 连接故障诊断仪，读取车辆故障代码，如图 3-23 所示；系统显示故障代码："P308800 起动马达继电器-电路电气故障——主动/静态"。

(2) 如图 3-24 所示，使用万用表检查起动机供电熔断丝 SB23，将点火开关 E378 置于 ST 位置，使用万用表直流电压挡位检查 SB23 上下游电压，正常情况下上下游电压应为蓄电池电压 12V，测量结果为上下游电压均为 0V，检查熔断丝 SB23，熔断丝正常。

(3) 如图 3-25 所示，起动继电器 J906 和 J907 位于发动机舱内熔断丝继电器盒内，其中 R1 为起动继电器 J906、R2 为起动继电器 J907。

单元三 汽车起动系统构造与检修

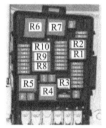

图 3-23 起动系统故障代码

图 3-24 使用万用表检查熔断丝 SB23

图 3-25 起动机继电器在车内位置
R1-起动继电器 J906；R2-起动继电器 J907

（4）关闭点火开关，如图 3-26 所示，使用继电器三通连接起动继电器 J907，将点火开关 E378 置于 ST 位置，使用万用表直流电压挡位检查起动继电器 J907 输出端电压，正常情况电压值应为蓄电池电压，如图 3-27 所示，测量结果为 0.5V。

图 3-26 使用继电器三通连接 J907

图 3-27 使用万用表测试 J907 输出端电压(87)

(5)如图3-28所示,将点火开关E378置于ST位置,使用万用表直流电压挡位检查起动继电器J907输入端电压(30),正常情况电压值应为蓄电池电压,测量结果为0V。

(6)将点火开关E378置于ST位置,使用万用表直流电压挡位检查起动继电器J907线圈输入端电压(85),正常情况电压值应为蓄电池电压,测量结果为12.2V,J907线圈供电正常。

(7)将点火开关E378置于ST位置,使用万用表直流电压挡位检查起动继电器J907线圈输出端电压(86),正常情况电压值应由12.2V降至0V,测量结果正常,说明L907线圈工作正常。

(8)如图3-29所示,将点火开关E378置于ST位置,使用万用表直流电压挡位检查起动继电器J906输出端电压(87),正常情况电压值应为蓄电池电压,测量结果为0.5V。

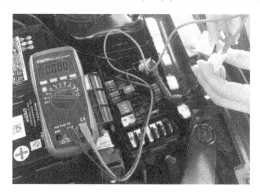 

图3-28 使用万用表测试J907输入端电压(30)   图3-29 使用万用表测试J906输出端电压(87)

(9)如图3-30所示,将点火开关E378置于ST位置,使用万用表直流电压挡位检查起动继电器J906输入端电压,正常情况电压值应为蓄电池电压,测量结果为12.2V,电压正常。

(10)如图3-31所示,将点火开关E378置于ST位置,使用万用表直流电压挡位检查起动继电器J906线圈输入端电压(85),正常情况电压值应为蓄电池电压,测量结果为12.19V,J906线圈供电电压正常。

图3-30 使用万用表测试J906输入端电压(30)   图3-31 使用万用表测试J906线圈输入端电压(85)

(11)如图3-32所示,将点火开关E378置于ST位置,使用万用表直流电压挡位检查起动继电器J906线圈输出端电压(86),正常情况电压值应为蓄电池电压拉低至0V,测量结果正常,J906线圈工作正常,说明J906继电器本身故障(继电器触点不能正常闭合)。

(12)更换起动继电器J906,再次起动发动机,发动机起动正常。

三、学习拓展

随着不断上涨的燃油价格和愈加严格的排放法规,越来越多的汽车上应用了起停系统,起停系统又名起动/停止(Start/Stop 系统),该系统在车辆停车阶段可以自动关闭发动机,而在驾驶员想要起步时又会起动发动机,从而达到节油的目的。

图3-32　使用万用表测试J906线圈输出端电压(86)

1.起停系统的工作过程

1)手动变速器汽车上的起停系统工作过程

如图3-33所示,汽车以50km/h的车速来到一个交通信号灯(红灯)前,驾驶员换低挡并将车辆制动到停驶状态,驾驶员换空挡让发动机怠速运转,驾驶员松开离合器踏板,起停系统将发动机关闭,组合仪表显示屏上会有一个起动/关闭符号来指示再次起动的准备状态。交通信号灯变成绿灯时,驾驶员踩下离合器踏板,起停系统将发动机起动,组合仪表显示屏上起动/关闭符号熄灭了,驾驶员换上前进挡,轻踩加速踏板,缓慢松开离合器踏板,车辆起步行驶。

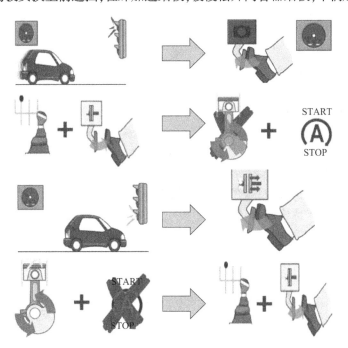

图3-33　手动变速器汽车上的起停系统工作过程

2)自动变速器汽车上的起停系统工作过程

如图3-34所示,汽车以50km/h的车速来到一个交通信号灯(红灯)前,驾驶员将车辆制动到停驶状态,驾驶员保持制动状态(保持制动踏板踩下),起停系统将发动机关闭,组合仪表显示屏上会有一个起动/关闭符号来指示再次起动的准备状态。交通信号灯变成绿灯时,驾驶员松开制动踏板,轻踩加速踏板,起停系统将发动机起动,车辆起步行驶。

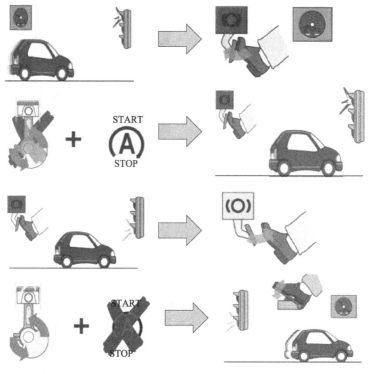

图3-34 自动变速器汽车上的起停系统工作过程

2.起停系统的系统结构

起停系统是作为一种功能集成在发动机控制单元软件内的,该系统要与很多汽车部件和子系统进行数据交换,以便执行起动/停止功能。起停系统要求发动机控制单元要处理很多信息(不仅仅是加速和制动踏板信号)。

装备起停系统的车辆,为了能使用起停功能,必须对蓄电池、发电机、发动机、手动变速器(挡位识别)和稳压器进行适配。

1)吸附式玻璃纤维棉隔膜蓄电池(AGM蓄电池)

装备起停系统的车辆多使用玻璃纤维棉隔膜蓄电池,而不是普通的蓄电池,玻璃纤维棉隔膜蓄电池具有更高的循环稳定性,它具有极强的工作能力。

2)稳压器

稳压器的主要作用是在特定工作情况下(起停工作时),将车载网络的电压稳定在约12V。由于起停系统在工作时需要很大的起动电流,这将导致车上其他用电器的电压波动很大,因此需要稳压器来稳定电压。

四、评价与反馈

1.自我评价

(1)完成本学习任务后,回答以下问题:

①迈腾B8车型起动电路由哪些部件组成?

②迈腾 B8 车型起动电路如何工作？
_____。

(2)如何排除起动机不转的故障？
_____。

(3)实训过程完成情况如何？
_____。

(4)你认为自己的知识和技能还有哪些欠缺？
_____。

签名：_____   ___年___月___日

2. 小组评价(表3-3)

小组评价表　　　　　　　　　　　　　　　　　表3-3

序　号	评价内容	优	良	中	差
1	任务中5S管理执行情况				
2	合理规范地使用仪器和设备				
3	按照安全和规范的流程操作				
4	遵守学习、实训场地的规章制度				
5	团结协作情况				

参与评价的同学签名：_____   ___年___月___日

3. 教师评价
_____
_____。

教师签名：_____   ___年___月___日

五、技能考核标准(表3-4)

技能考核标准表　　　　　　　　　　　　　　　　表3-4

项　目	操作内容	规　定　分	评分标准	得　分
起动机不运转故障的排除	车辆防护	5分	正确铺设翼子板布和前格栅布	
	读取系统故障代码	10分	正确进行此操作	
	检查起动机供电熔断丝SB23	10分	达到操作要求	
	检查起动继电器J907输出端电压	10分	达到操作要求	
	检查起动继电器J907输入端电压	10分	达到操作要求	
	检查起动继电器J906输出端电压	10分	达到操作要求	
	检查起动继电器J906输入端电压	10分	达到操作要求	
	起动继电器J906检修	15分	达到操作要求	
	更换起动继电器J906	10分	达到操作要求	
	起动发动机,验证故障排除	10分	达到操作要求	
	总分	100分		

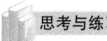

思考与练习

(一) 填空题

1. 起动时间和相邻两次起动之间停顿时间约为_____和_____。
2. 起动机是由定子、_____、_____等组成。
3. 起动机起动发动机时,每次起动时间限制为5s左右,是因为_____。
4. 减速起动机的最大优点是_____。
5. 当发动机无法起动时,起动机不转,可能原因是_____。
6. 起动机的励磁绕组安装在_____上。
7. 引起起动机空转的原因之一是_____离合器_____。
8. 安装起动继电器的目的是为了保护_____。
9. 蓄电池充电不足可能产生的故障是起动机_____。
10. 电磁操纵式起动机主开关接通后,电磁开关中的铁芯被_____电磁力保持在_____位置。

(二) 判断题

1. 起动机是将机械能转化为电能的装置。（　　）
2. 单向离合器是起动机的传动机构。（　　）
3. 起动机中的传动装置只能单向传递转矩。（　　）
4. 因起动机的电枢是用永久磁体制成的,所以称之为永磁式起动机。（　　）
5. 蓄电池电量不足会造成起动机运转无力。（　　）
6. 电枢是起动机中不动部件,它由绕有漆包线的极靴构成。（　　）
7. 直流串励式电动机中"串励"的含义是四个励磁绕组相串联。（　　）
8. 直流串励式电动机在重载时转速低而转矩大的特性,可保证起动安全、可靠。（　　）
9. 对功率较大的起动机可在轻载或空载下运行。（　　）
10. 起动机驱动齿轮与飞轮不啮合并有撞击声,这是起动机开关闭合过晚的缘故(驱动齿轮与飞轮还未啮合),起动机就已转动了。（　　）
11. 判断起动机电磁开关中吸拉线圈和保位线圈是否已损坏,应以通电情况下看其能否有力地吸动活动铁芯为准。（　　）

(三) 简答题

1. 汽车起动机为什么采用直流串励式电动机?
2. 简述直流串励式电动机的转矩自动调节原理。
3. 简述起动机电磁开关的工作过程。
4. 起动继电器的作用是什么?简述其工作过程。

单元四　汽车点火系统构造与检修

学习任务1　点火系统结构与维护

☞ **知识目标**

1. 了解汽车点火系统的作用、种类及要求;
2. 了解汽车点火系统的结构组成及工作原理;
3. 掌握汽车点火系统正确的拆装工艺。

☞ **技能目标**

1. 能识别汽车点火系统的基本类型;
2. 能使用专用工具进行火花塞的更换。

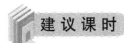

4课时。

一、理论知识准备

1. 汽车点火系统的作用、种类及要求

1) 汽车点火系统的功用

在汽油发动机中,汽缸内的可燃混合气是靠高压电火花点燃的,而产生电火花的功能是由点火系统来完成的。点火系统的作用是将汽车电源供给的低压电转变为高压电,并按照发动机的做功顺序与点火时刻的要求,适时准确地将高压电送至各缸的火花塞,使火花塞跳火,点燃汽缸内的混合气。

2) 汽车点火系统的种类

目前应用在汽车上的点火装置较多,点火系统的分类方法如表4-1所示。

3) 汽车点火系统的要求

在发动机不同工况和使用条件下,点火系统应保证可靠而准确地点燃混合气。为此,点火装置应满足下列3个基本要求。

点火系统的分类方法　　　　　　　　　　　　　　　　　　　　　　　　　表 4-1

分类原则	名　称	说　明
按点火能量的储存方式分类	电感储能式电子点火系统	也称电感放电式电子点火系统。所谓电感储能式，就是点火系统电火花的能量以磁场的形式储存在点火线圈中。应用比较广泛，目前使用的绝大部分点火系统为电感储能式
	电容储能式电子点火系统	也称电容放电式电子点火系统。所谓电容储能式，就是点火系统电火花的能量以电场的形式储存在专门的储能电容器中。应用较少，主要应用于赛车上
按信号发生器的原理分类	电磁感应式电子点火系统	一般是由分电器轴驱动的导磁转子转动，改变磁路磁阻，使感应线圈的磁通量发生变化而产生点火电压信号。应用比较广泛，如丰田车系
	霍尔效应式电子点火系统	一般是由分电器轴驱动的导磁转子转动，通过霍尔元件所通过的磁通量的变化而产生点火信号。应用比较广泛，如大众车系
	光电式电子点火系统	一般是由分电器轴驱动的遮光转子转动，通过遮挡和穿过发光二极管光线的变化使光敏三极管产生点火信号。应用较少，常见于日产车系
按照初级电路的控制方式分类	传统点火系统	也称蓄电池点火系统，是由断电器的触点（俗称"白金"）来控制点火初级电路的接通与切断。传统点火系统结构简单，成本低，但工作可靠性较差，故障率较高，目前已淘汰
	电子点火系统	也称晶体管点火系统，是由晶体管来控制初级电路的接通与切断。与传统点火系统相比，电子点火系统具有工作可靠性高、体积小、点火时间精确等优点。应用于早期生产的捷达、奥迪、桑塔纳等车型
	计算机控制点火系统	也称微机（电脑）控制点火系统，是由计算机根据各种传感器的输入信号，经过运算和处理，去控制点火初级电路的接通与切断。计算机控制点火系统可根据发动机工况的变化对喷油时刻、点火提前角等进行调整，使发动机获得良好的动力性、经济性和排放性能。计算机控制点火系统是目前最先进的点火系统，已被广泛应用
按照高压电的配电方式分类	机械配电点火系统	也称有分电器点火系统，在传统点火系统和电子点火系统中曾广泛应用
	计算机配电点火系统	即无分电器点火系统，也称直接点火系统（Direct Ignition System, DIS）。在 DIS 中，各缸的火花塞直接与点火线圈次级绕组相连，在计算机控制下，各次级绕组产生的高压电直接加到各缸的火花塞上，依照发动机点火顺序控制各缸火花塞点火。广泛应用于目前生产的车型

(1)能产生足以击穿火花塞间隙的电压。

发动机正常工作时,击穿火花塞间隙的电压一般在 10kV 左右,而在低温起动时,由于火花塞电极温度低,汽缸内的温度与压力均低,混合气雾化不良,因此,击穿火花塞间隙的电压需要在 19kV 以上。为了保证发动机点火的可靠性,点火系统必须有一定的次级电压储备。但过高的次级电压,将造成线路绝缘困难,使成本提高。一般点火系统的次级电压设计能力为 30kV,或者稍高一些。

(2)电火花应具有足够的能量。

要使混合气可靠点燃,火花塞产生的电火花必须具有一定的能量。发动机正常工作时,由于混合气压缩终止的温度已接近其自燃温度,因此,所需的电火花能量很小(1~5mJ)。但发动机在低温起动时,因为混合气雾化不良,所以需较高的电火花能量。为了保证发动机可靠点火,一般应保证火花塞跳火时有 100mJ 以上的电火花能量。

(3)点火时刻应适应发动机的工况。

首先,点火系统应按发动机的工作顺序进行点火。一般六缸发动机的点火顺序为 1→5→3→6→2→4,四缸发动机的点火顺序为 1→3→4→2;其次,必须在最有利的时刻进行点火。

2. 点火系统结构组成及工作原理

目前汽车上应用的点火系统主要为计算机控制点火系统,下面以迈腾 B8 车型为例,介绍计算机点火系统组成及工作原理。

迈腾 B8 车型点火系统为无分电器式独立点火系统,即一个点火线圈控制一个火花塞。

计算机控制点火系统的组成及功用如表 4-2 所示。

计算机控制点火系统的组成及功用　　　　表 4-2

组　成		功　能
传感器	空气流量计(L 型)	
	进气歧管绝对压力传感器(D 型)	检测进气量(负荷)信号输入 ECU,点火系统的主控制信号
	曲轴位置传感器	检测曲轴转角(转速)信号输入 ECU,点火系统的主控制信号
	凸轮轴位置传感器	检测凸轮轴转角信号输入 ECU,点火系统的主控制信号
	节气门位置传感器	检测节气门开度信号输入 ECU,点火提前角的修正信号
	冷却液温度传感器	检测发动机冷却液温度信号输入 ECU,点火提前角的修正信号
	起动开关	向 ECU 输入发动机正在起动中的信号,点火提前角的修正信号
	空调开关 A/C	向 ECU 输入空调的工作信号,点火提前角的修正信号
	进气温度传感器	检测进气温度信号输入 ECU,点火提前角的修正信号
	N 位开关	检测 P 位或 N 位信号输入 ECU,点火提前角的修正信号
	爆燃传感器	检测发电机的爆燃信号输入 ECU,点火提前角的修正信号
	发电机负荷信号	检测发电机负荷信号输入 ECU,点火提前角的修正信号
执行器	点火控制器	根据 ECU 输出的点火控制信号控制点火线圈初级电路的通断,产生次级高压。同时,向 ECU 反馈点火确认信号
ECU		根据各传感器输入的信号,计算出最佳点火提前角,并将点火控制信号输送给点火控制器

(1) 电源。

点火系统的电源为蓄电池或发电机,其作用是给点火系统提供低压直流电源,电压一般为 12V。

(2) ECU。

迈腾 B8 车型的点火系统控制功能集成在发动机控制单元 J623 中,发动机控制单元安装在发动机舱内,图 4-1 中 1 即为发动机控制单元 J623。

(3) 信号发生器。

常用的信号发生器有 3 种类型,分别是电磁感应式、霍尔式及光电式。迈腾 B8 车型中装备的点火信号发生器为霍尔式曲轴位置传感器 G28 和凸轮轴位置传感器 G40。

(4) 点火线圈。

点火线圈的作用是将 12V 低压电转变成 15~20kV 的高压电,其结构与自耦变压器相似,所以也称变压器。迈腾 B8 车型中装备了 4 个带功率输出级的点火线圈,分别为 N70、N127、N291 和 N292。迈腾 B8 车型装备的带功率输出级点火线圈实物如图 4-2 所示。

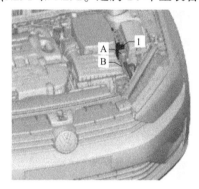

图 4-1 发动机控制单元 J623 安装位置

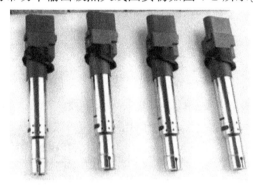

图 4-2 带功率输出级的点火线圈实物

(5) 火花塞。

火花塞的作用是将高压电引入汽缸燃烧室,产生电火花点燃混合气。

① 火花塞的构造。火花塞的构造如图 4-3 所示,中心电极用镍铬合金制成,具有良好的耐高温、耐腐蚀性能,中心电极做成两段,中间加有导电玻璃,由于导电玻璃和瓷绝缘体的膨胀系数相近,因此,导电玻璃主要是起密封作用。火花塞间隙多为 1.0~1.2mm。

② 对火花塞的工作要求。火花塞的工作条件十分恶劣,它承受高压、高温及燃烧产物的强烈腐蚀。因此,火花塞必须具有足够的强度,以承受温度的强烈变化,应有良好的热特性,火花塞的电极应采用难熔、耐腐蚀的材料制成。

③ 火花塞的热特性。火花塞的热特性是指火花塞裙部(下部)的温度特性。实践证明,火花塞裙部温度保持在 500~600℃时,落在绝缘体上的油滴能立即烧去,通常将这个温度称为火花塞的自净温度。低于这个温度时,火花塞易产生积炭,高于这个温度时,在火花塞表面易产生炽热点,形成早燃。因此,要使火花塞正常工作,就要保证火花塞的裙部温度为自净温度。

火花塞的热特性主要决定于绝缘体裙部的长度。绝缘体裙部长的火花塞,其受热面积大,传热距离长,散热困难,裙部温度高,称为热型火花塞;而裙部短的火花塞,吸热面积小,传热距离短,散热容易,裙部温度低,称为冷型火花塞,如图 4-4 所示。热型火花塞用于低压缩比、低转速、小功率的发动机中;冷型火花塞用于高压缩比、高转速、大功率的发动机中。

④火花塞的结构类型。常见的火花塞结构类型如图 4-5 所示。

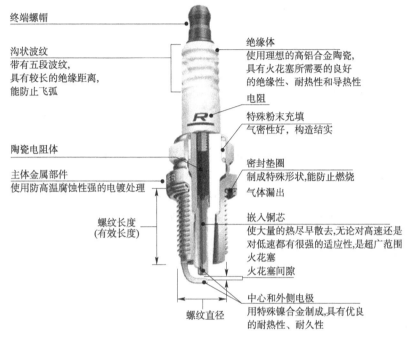

图 4-3　火花塞的构造

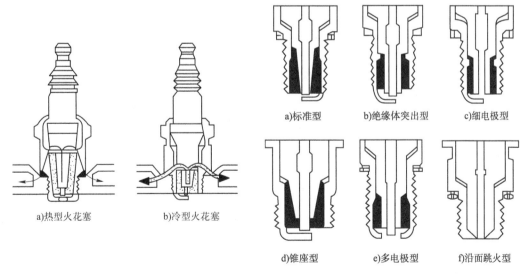

图 4-4　火花塞从热特性上的分类　　　图 4-5　常见的火花塞结构类型

a. 标准型火花塞。其绝缘体裙部略缩入壳体端面,侧电极在壳体端面以外,是使用最广泛的一种。

b. 绝缘体突出型火花塞。其绝缘体裙部较长,突出于壳体端面以外。它具有吸收热量大,抗污能力好的优点,且能直接受到进气的冷却而降低温度,因而也不易引起炽热点火,故热适应范围宽。

c. 细电极型火花塞。其电极很细,火花强烈,点火能力好,在严寒季节也能保证发动机迅速可靠地起动。热适应范围较宽,能满足多种用途。

d. 锥座型火花塞。其壳体和旋入螺纹制成锥形,因此不用垫圈也可保证良好密封。从而缩小了火花塞体积,对发动机的设计更为有利。

e. 多电极型火花塞。侧电极一般为两个或两个以上,优点是点火可靠,间隙不需经常调整,故在电极容易烧蚀和火花间隙不能经常调整的一些汽油机上常常用到。

f. 沿面跳火型火花塞。即沿面间隙型火花塞,是一种最冷型火花塞,其中心电极与壳体端面之间的间隙是同心的。它必须与点火能量大、电压上升率快的电容储能式电子点火系统配合使用,可完全避免火花塞"炽热点火"和电极"跨连"现象,即使在油污情况下也能正常点火。其缺点是可燃气体不易接近电极,故在稀混合气情况下,不能充分发挥汽油机的功能。另外,由于点火能量增大,中心电极容易烧蚀。

g. 电阻型火花塞。电阻型火花塞是在火花塞内装有 5～10kΩ 电阻,可抑制点火系统的电磁干扰。

h. 屏蔽型火花塞。屏蔽型火花塞是利用金属壳体把整个火花塞屏蔽密封起来,不仅可抑制电磁干扰,还可用于防水、防爆的场合。

二、任务实施——火花塞的更换

1. 准备工作

(1) 将实训车辆停放在检测区域。

(2) 检查实训室通风系统设备工作是否正常。

(3) 准备拆装专用工具、车辆挡块、翼子板布、三件套、教学车辆等。

2. 技术要求与注意事项

(1) 汽缸盖中的火花塞紧固力矩要求为 20N·m。

(2) 带功率输出级别的点火线圈固定螺栓紧固力矩要求为 10N·m。

(3) 点火线圈搭铁线螺母紧固力矩要求为 10N·m。

(4) 如图 4-6 所示,拆装过程需要使用到的工具有起拔器 T10530、火花塞扳手 3122 B、扭力扳手 V.A.G 1331。

(5) 拆卸点火线圈时需注意点火线圈的安装位置。

(6) 在作业过程中不得弯折或损坏导线。

T10530

3122 B

V.A.G 1331

图 4-6　更换火花塞专用工具

3. 操作步骤

(1) 关闭点火开关,打开发动机盖,铺设翼子板布和前格栅布。

(2) 如图 4-7 所示,沿图中箭头所指方向从支撑销上小心地拔下发动机罩,注意不要太用力。

(3) 图 4-8 中箭头所指为点火线圈搭铁导线,使用工具拧下点火线圈搭铁导线。

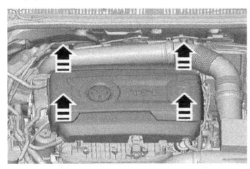

图 4-7　拆卸发动机罩

图 4-8　点火线圈搭铁导线

(4) 如图 4-9 所示,依次松开 4 个点火线圈的电气连接插头,同时拔下带功率输出级的点火线圈上的所有插头。

(5) 使用拆装工具拧出带功率输出级的点火线圈的螺栓。

(6) 如图 4-10 所示,将起拔器 T10530 压入到点火线圈的钻孔 1 中,一直压到底,沿图中箭头所示方向拧紧滚花螺母 2。

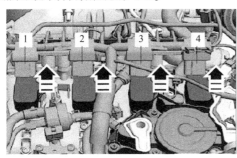

图 4-9　点火线圈示意图

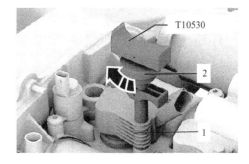

图 4-10　使用起拔器拆卸点火线圈

1-钻孔;2-滚花螺母

(7) 如图 4-11 所示,沿图中箭头方向从汽缸盖罩中拔出起拔器 T10530 上的点火线圈。

(8) 使用同样的方法依次拆下其他 3 个点火线圈。

(9) 使用火花塞扳手 3122B 旋出火花塞,使用干净的抹布盖住火花塞孔,防止杂物落入。

(10) 检查拆下的火花塞,检查拆下的火花塞电极是否存在烧蚀和积炭情况。

(11) 用火花塞扳手 3122B 以规定的紧固力矩拧紧新的火花塞,紧固力矩为 30N·m。

(12) 如图 4-12 所示,在带功率输出级的点火线圈上(图中箭头所示位置)的密封软管四周涂上一条薄薄的硅酮膏,润滑带功率输出级的点火线圈。

(13) 将润滑好的带功率输出级的点火线圈,依次对准每缸火花塞,并松松地插到火花塞插口内。

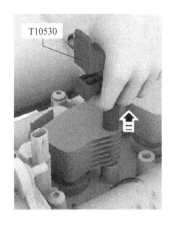 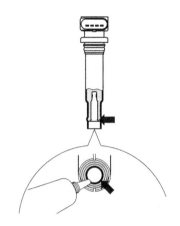

图 4-11　使用起拔器拆卸点火线圈　　图 4-12　润滑带功率输出级的点火线圈

（14）用手将带功率输出级的点火线圈均匀地压到火花塞上，使点火线圈安装到位。

（15）用规定的紧固力矩拧紧带功率输出级的点火线圈的螺栓，紧固力矩为 10N·m。

（16）插上点火线圈电气插头，拧上搭铁导线，并按照维修手册要求拧紧，紧固力矩为 10N·m。

（17）安装发动机罩，为避免损伤，不要用拳头或工具敲击发动机罩，对发动机盖板进行定位，要注意机油加注接管和机油尺，将发动机盖板先在左侧压入橡胶套管中，然后在右侧压入橡胶套管。

（18）起动发动机，观察发动机工作状态，更换完火花塞后，发动机应运行平稳。

（19）关闭点火开关，回收翼子板布和前格栅布。

（20）整理场地。

三、评价与反馈

1．自我评价

（1）完成本学习任务后，回答以下问题：

①电子点火系统的组成是什么？

②新火花塞的电极间隙是多少？

（2）迈腾 B8 点火系统检修操作过程中用到了哪些设备？

（3）实训过程完成情况如何？

（4）你认为自己的知识和技能还有哪些欠缺？

签名：＿＿＿＿＿＿＿　＿＿＿年＿＿＿月＿＿＿日

2. 小组评价(表4-3)

小组评价表 表4-3

序 号	评价内容	优	良	中	差
1	任务中5S管理执行情况				
2	合理规范地使用仪器和设备				
3	按照安全和规范的流程操作				
4	遵守学习、实训场地的规章制度				
5	团结协作情况				

参与评价的同学签名：_____   ___年___月___日

3. 教师评价

_____

_____。

教师签名：_____   ___年___月___日

四、技能考核标准(表4-4)

技能考核标准表 表4-4

项　目	操作内容	规　定　分	评分标准	得　分
火花塞的更换	确认点火钥匙处于关闭状态	3分	正确进行此操作	
	打开发动机舱盖	2分	正确进行此操作	
	铺挂车辆翼子板布	3分	正确进行此操作	
	打开点火开关	2分	正确进行此操作	
	连接车辆诊断仪读取故障码	5分	正确进行此操作	
	拆卸发动机罩	5分	正确进行此操作	
	松开电气连接插头	5分	达到操作要求	
	拧出带功率输出级的点火线圈的螺栓	5分	达到操作要求	
	从汽缸盖罩中拔出起拔器上的点火线圈	5分	达到操作要求	
	用火花塞扳手旋出火花塞	5分	达到操作要求	
	判断并记录火花塞状态	7分	记录信息全面	
	清洁火花塞	5分	正确进行此操作	
	用硅酮膏润滑带功率输出级的点火线圈	10分	达到操作要求	
	以规定的紧固力矩拧新的火花塞	7分	达到操作要求	
	对准所有带功率输出级的点火线圈	7分	达到操作要求	
	用规定的紧固力矩拧紧带功率输出级的点火线圈的螺栓	7分	达到操作要求	
	同时插上电插头	5分	正确进行此操作	
	安装发动机罩	5分	正确进行此操作	
	回收设备工具	7分	正确进行此操作	
总分		100分		

学习任务2　点火系统检修

学习目标

知识目标
1. 了解汽车计算机控制点火系统的控制内容；
2. 掌握迈腾 B8 车型点火系统的电路组成及工作过程；
3. 掌握汽车点火系统常见故障的排除方法。

技能目标
1. 能对迈腾 B8 车型点火系统电路进行详细的分析；
2. 能使用专用工具对点火系统主要部件进行检修；
3. 能使用专用工具排除汽车点火系统常见故障。

建议课时

4 课时。

一、理论知识准备

1. 计算机控制点火系统的控制内容

1) 点火提前角（点火时刻）的控制

点火提前角的大小对发动机功率、油耗、排放、爆燃、行驶特性等都会产生较大的影响，而影响点火提前角的因素有很多，因而为满足各种工况下的最佳点火提前角，使点火提前角适应发动机所有工况，需经大量试验获得最佳数据，并将此数据存在 ECU 的存储器中，以便发动机工作时供 ECU 采用，ECU 综合各种传感器输入的信息，从存储器中选出最佳的点火提前角，再根据曲轴位置传感器判别曲轴位置，然后控制大功率管的导通和截止，即控制点火线圈低压电流的断续。

(1) 原始点火提前角。为了确定点火正时，ECU 须根据上止点位置确定点火的时刻，一般发动机点火系统的正时记号位于压缩行程上止点前 8°~12°，ECU 计算点火正时时，就把这一点作为参考点。这个角度就称为原始点火提前角。

(2) 点火提前角的计算。发动机工作时，ECU 根据空气流量（或进气歧管压力）和发动机转速，从存储器存储的数据中找到相应的基本点火提前角，再根据其他参数如发动机水温、进气温度、节气门开度、爆燃等加以修正，计算出最佳点火提前角。

最佳点火提前角 = 原始点火提前角 + 基本点火提前角 + 修正点火提前角

(3) 点火提前角控制。点火提前角控制有两种工作情况：一是起动期间的点火时间控制;二是起动后发动机正常运转期间的点火时间控制。

①起动期间点火时间控制。在起动期间,发动机转速较低,由于空气流量或进气歧管压力信号不稳定,点火时间固定在原始点火提前角8°~12°,与发动机工况无关,此时控制信号主要是发动机转速和起动开关信号。

②起动后点火时间控制。起动后点火时间控制分为急速点火提前角控制和正常行驶点火提前角控制。

发动机在急速工况运行时,节气门传感器急速触点闭合,此时ECU根据发动机转速和空调开关是否接通确定点火提前角。在此工况的控制信号有:节气门位置信号、发动机转速信号、空调开关信号等。

发动机在正常运行工况下行驶时,节气门位置传感器的急速触点(IDL)断开,ECU根据转速信号和空气流量计(或进气歧管压力)信号,在存储器中找到此工况相应的点火提前角,然后再根据有关的传感器信号确定修正点火提前角。在此工况下的控制信号有:空气流量计或进气歧管压力信号、发动机转速信号、节气门位置信号以及爆燃信号、进气温度信号、冷却液温度信号等。

(4)点火时刻优化控制。点火时刻优化控制的基本准则是使发动机在任何工况下的功率、燃油消耗和废气排放特性达到最佳,但也有适当的侧重。例如,在急速工况下,点火提前角首先应使有害气体排放量最低,然后考虑急速稳定与急速油耗;在部分负荷工况下,点火提前角应突出动力性和经济性;而在全负载运行时,点火提前角的重点是提高最大转矩和避免产生爆燃。

2)通电时间(或闭合角)的控制

通电时间是指大功率管的导通时间,即点火线圈初级绕组的通电时间。它直接影响点火线圈产生的二次电压和火花能量。当通电时间过短时,初级绕组电流未达到饱和即断开,次级线圈产生的电压和火花能量就达不到额定值;当通电时间过长时,初级绕组电流达到饱和后仍长时间通电,会使点火线圈发热并使电能消耗过大。因此要控制一个最佳的通电时间,兼顾上述两方面的要求。此外,蓄电池的电压也会影响初级绕组的电流值。为此,需要一个根据发动机转速和蓄电池电压进行通电时间(或闭合角)的控制装置,以保证点火能量不变。当蓄电池电压不变时,大功率管的导通时间也是不变的,在ECU内的存储器内储存有大功率管的导通时间;当蓄电池电压变化时,应对通电时间做适当的修正。ECU可以从存储器中查出导通时间,对通电时间加以修正。

在实际的控制中,ECU是将导通时间转换成曲轴转角进行控制的,因此通电时间控制又常称闭合角控制。

3)爆燃控制

为了获得最大的动力性和最佳的经济性,需要增大点火提前角。但点火提前角过大,又会引起爆燃。对于上述问题,计算机控制点火系统增加了爆燃控制。爆燃传感器安装在汽缸体上,其实物如图4-13所示,其原理是利用压电晶体的压电效应,把爆燃时传到汽缸体上的机械振动转换成电压信号输入ECU,ECU把爆燃传感器输出的信号进

图4-13 爆燃传感器实物

行滤波处理并判断有无爆燃及爆燃的强度。爆燃强,推迟点火的角度大;爆燃弱,推迟点火的角度小。每次调整都以一固定的角度递减,直到爆燃消失为止。而后又以一固定的角度提前,当发动机再次出现爆燃时ECU又使点火提前角再次推迟,调整过程如此反复。

2. 迈腾B8车型点火系统电路分析及检修

1)迈腾B8车型点火系统电路分析。

如图4-14所示,迈腾B8车型中装备了4个带功率输出级的点火线圈,分别为N70、N127、N291和N292。

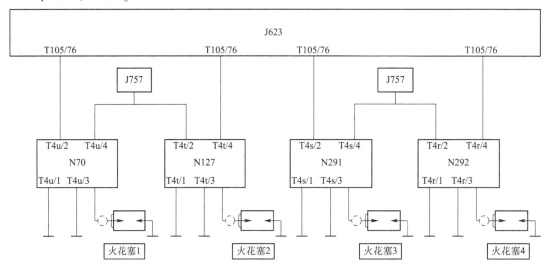

图4-14 迈腾B8车型点火系统电路

以点火线圈N70为例,介绍点火系统工作过程:

点火线圈N70的T4u/1端子直接连接在发动机缸体上,是点火线圈的搭铁线路;T4u/2端子连接至发动机控制单元J623,是点火控制线路,发动机控制单元J623通过该线路控制初级线圈的闭合和断开,从而在次级线圈中产生高压电;T4u/3端子也是点火线圈搭铁线路;T4u/4端子为点火线圈供电线路,该线路通过部件供电继电器J757进行供电。

当钥匙转到点火挡时,发动机控制单元J623控制发动机部件供电继电器J757工作,蓄电池的电流经过熔断丝架B上SB16熔断丝,发动机部件供电继电器J757开始给点火线圈N70供电。

当钥匙转到起动挡时,发动机控制单元J623通过发动机转速传感器G28、凸轮轴位置传感器G40传递来的信号,判断1缸上止点位置,当1缸位于压缩上止点附近点火位置时,发动机控制单元J623通过T105/76至T4u/1间线路控制点火线圈N70工作,点火线圈次级线圈产生的高压电从点火线圈N70输送到火花塞Q23,击穿火花塞间隙,产生电火花,点燃1缸内的可燃混合气,1缸开始工作。

2)点火线圈检测(以点火线圈N70为例)

点火线圈N70由发动机部件供电继电器J757给T4u/4端子供电,并通过T4u/1端子搭铁,形成回路。点火线圈常见故障有:点火线圈供电线路断路、供电线路虚接、信号线路断路、信号线路虚接、搭铁线路断路、搭铁线路虚接和点火线圈本身损坏等故障。

(1)点火线圈供电电源线路检查。

打开点火开关,使用万用表测试点火线圈N70的T4u/4端子对搭铁电压,正常值应为蓄电池电压,如测得值为 0V 或 0V 至蓄电池电压间任意数值,应检查点火线圈 T4u/4 端子上游线路(发动机部件供电继电器 J757 和 J757/87 端子至 T4u/4 间线路)。

(2)点火线圈供电搭铁线路检查。

打开点火开关,使用万用表测试点火线圈 N70 的 T4u/1 端子和 T4u/3 端子对搭铁电压,正常值应为 0V,如测得值为 0V 至蓄电池电压间任意数值,则可能搭铁线路虚接,需关闭点火开关,断开 T4u 插接器,使用万用表测试 T4u/1 端子和 T4u/3 端子对搭铁线路电阻,判断是否存在虚接,如线路虚接,应更换线路。

(3)点火线圈信号线路检查。

打开点火开关,起动发动机,使用示波器,测试点火线圈 N70 的 T4u/2 端子对搭铁电压波形,正常波形应如图 4-15 所示。

如测试波形与标准波形不一致,则可能为点火线圈信号线路故障或发动机控制单元 J623 故障。可通过示波器测试发动机控制单元 J623 侧 T105/76 端子对搭铁电压信号,来判断故障点。如测试波形正常,则可能为发动机控制单元 J623 插接器 T105/76 端子至点火线圈 N70 插接器 T4u/2 端子间线路故障,如测试异常,则故障可能为发动机控制单元 J623 本身故障。

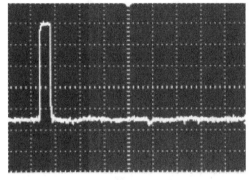

图 4-15 点火线圈信号线波形

3)火花塞的检查

火花塞常见的检查方法有直观观察法、火花塞间隙检查法和就车检测法。

直观观察法:查下火花塞,观察火花塞颜色,如火花塞前端颜色为赤褐色或铁锈色,则说明火花塞正常;如火花塞前端有油渍,则说明火花塞间隙失调、此缸供油过多或点火线路故障;如火花塞前端为黑色,并有较多炭状物质,则说明火花塞燃烧不好,积炭严重;如火花塞前端起疤、有黑色裂纹、破裂、电极烧融,则说明火花塞已损坏。

火花塞间隙检查法:可使用火花塞厚薄规测量火花塞间隙,火花塞间隙一般为 0.9～1.3mm,如过大或过小,可适当调整火花塞间隙值,也可直接更换。火花塞间隙过大会造成跳火能量不够,间隙过小容易聚集积炭和油泥,容易造成电极短路和断路。

就车检查法:就车检查法即跳火法,可拆下火花塞,在汽缸外,连接上点火线圈,将火花塞电极压在发动机缸体上,起动发动机,检查火花塞跳火情况,如无火花或火花较弱,则说明火花塞不工作或工作不良。

二、任务实施——点火系统工作不良引起的发动机某缸不工作故障排除

1.准备工作

(1)将实训车辆停放在检测区域。

(2)检查实训室通风系统设备工作是否正常。

(3)准备诊断仪、示波器、万用表、车辆挡块、翼子板布、三件套等。

2. 技术要求与注意事项

(1) 在发动机起动和工作时,不要用手触摸点火线圈高压线,以免受电击。

(2) 在检查点火系统电路故障时,不要用刮火的方式来检查电路的通断,否则容易损坏电子元器件。电路通断与否应该用万用表电阻挡来进行测量判断。

(3) 进行高压试火时,最好用绝缘的橡胶夹子夹住高压线来进行试验,直接用手接触高压线容易造成电击。另外一种避免电击的方法是:将高压导线插在一只备用火花塞上,然后将火花塞外壳搭铁,观察火花塞电极间是否跳火。注意避免由于过电压而损坏电子点火控制器。

(4) 在点火开关接通的情况下,不要做连接或切断线路的操作。以免烧坏控制器中的电子元器件。

(5) 在拆卸蓄电池时,必须确认点火开关和其他所有的用电设备都已关闭,才能进行拆卸。

(6) 安装蓄电池时,一定要辨清正负极,千万不能接错,蓄电池极柱与线夹的连接一定要牢固,否则容易损坏电子设备。

(7) 在用干电池模拟点火信号检查电子点火控制器时,测量动作要快,干电池连接的持续时间一般不要超过 5s。

(8) 霍尔效应式电子点火系统,在检查维修时可能会产生高压放电现象,造成对人身和点火系统本身的意外损害,所以必须注意以下几点:

①进行任何检查和维修前,应切断电源。

②当使用外接电源供维修使用时,应严格限制其电压不应大于 16V。当电压达到 16~16.5V 时,接通时间不允许达到或超过 1min。

③装用霍尔效应式电子点火系统的汽车被拖动时,应首先切断点火电源。

④引点火线圈负极接线柱不允许与电容相连。

3. 诊断步骤

大众迈腾 B8 发动机工作时严重抖动,怀疑是发动机其中某一缸没有工作,使用诊断仪读取故障码,读取数据流,发现第 4 缸没有点火,如图 4-16 所示。

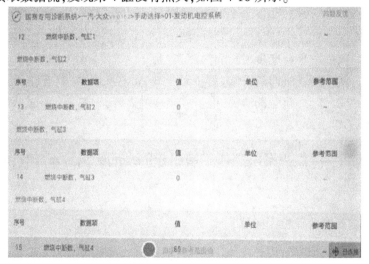

图 4-16 读取发动机数据——第 4 缸不工作

（1）起动发动机,打开发动机舱盖,铺设翼子板布和前格栅布,使用数字万用表测量点火线圈 N292 的 T4r/4 端子对搭铁电压,测试电压值为 14.1V,正常。

（2）使用数字万用表测量点火线圈 N292 负极 T4r/1 和 T4r/3 端子对搭铁电压,测试值为 0V,正常。

（3）使用示波器测试点火线圈 N292 插接器 T4r/2 端子对搭铁电压波形,测试波形如图 4-17 所示,点火线圈信号线路正常。

（4）初步判断点火线圈及线路正常,关闭点火开关,拆下 4 缸火花塞,对火花塞进行检查,发现火花塞正常,更换新的火花塞。

（5）如测试结果均正常,则拆下火花塞,对火花塞进行检查,发现火花塞正常,为进一步确认是否是火花塞的问题,将 3 缸火花塞与 4 缸火花塞进行了对调。

（6）装复 3 缸和 4 缸点火线路,起动发动机,故障依旧,读取数据流,依然是 4 缸缺火。

（7）经过判断故障部位可能为点火线圈本身,更换新的点火线圈,再次起动车辆,故障排除。

（8）对故障的点火线圈进行检查发现,故障部位为点火线圈内部连接弹簧损坏,如图 4-18 所示。

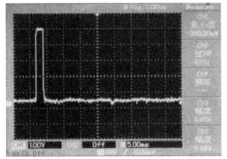
图 4-17　点火线圈 N292 插接器 T4r/2 端子对搭铁电压波形

图 4-18　点火线圈故障

（9）回收翼子板布和前格栅布,清洁场地。

三、评价与反馈

1. 自我评价

（1）完成本学习任务后,回答以下问题:

①电子点火系统的组成是什么?

②电子点火系统中 ECU 通过哪些传感器信号来判别汽缸位置?

（2）更换迈腾 B8 火花塞操作过程中用到了哪些设备?

（3）实训过程完成情况如何?

（4）你认为自己的知识和技能还有哪些欠缺?

签名:_____　　____年____月____日

2. 小组评价（表 4-5）

小组评价表　　　　　　　　　　　　　　　　　　表 4-5

序　号	评价内容	优	良	中	差
1	任务中 5S 管理执行情况				
2	合理规范地使用仪器和设备				
3	按照安全和规范的流程操作				
4	遵守学习、实训场地的规章制度				
5	团结协作情况				

参与评价的同学签名：_____　　___年___月___日

3. 教师评价

_____

_____。

教师签名：_____　　___年___月___日

四、技能考核标准（表 4-6）

技能考核标准表　　　　　　　　　　　　　　　　表 4-6

项　目	操作内容	规定分	评分标准	得　分
点火系统工作不良引起的发动机某缸不工作故障排除	记录车辆铭牌信息	1 分	记录信息是否全面	
	确认点火钥匙处于关闭状态	1 分	动作规范	
	打开发动机舱盖	1 分	动作规范	
	铺挂车辆翼子板布	1 分	达到操作要求	
	打开点火开关	5 分	动作规范	
	连接车辆诊断仪读取故障码	5 分	达到操作要求	
	拆卸发动机罩	5 分	达到操作要求	
	断开 4 个点火线圈连接器	5 分	达到操作要求	
	拆卸 4 个点火线圈螺栓	5 分	达到操作要求	
	拆卸 4 个火花塞	5 分	达到操作要求	
	将火花塞装到各点火线圈上，然后连接点火线圈连接器	6 分	达到操作要求	
	将火花塞搭铁	5 分	达到操作要求	
	检查发动机转动时，各火花塞是否出现火花	5 分	检查动作规范，并给出正确结论	
	安装火花塞	5 分	达到操作要求	
	安装 4 个点火线圈	5 分	达到操作要求	
	安装发动机罩	5 分	达到操作要求	
	使用兆欧计测量绝缘电阻	5 分	检查动作规范，并给出正确结论	
	检查火花塞的螺纹和绝热器是否有损坏	10 分	检查动作规范，并给出正确结论	
	检查火花塞的电极间隙	10 分	检查动作规范，并给出正确结论	
	清洁火花塞	5 分	达到预热规定温度	
	回收设备工具	5 分	动作规范	
总分		100 分		

思考与练习

(一) 填空题

1. 传统点火系统由_____、_____、_____、_____、_____、_____、_____、_____组成。
2. 点火线圈按磁路形式可分_____和_____两种。其作用是将蓄电池或发电机供给的低电压变成_____。
3. 火花塞根据热特性可分为_____、_____和_____火花塞。
4. 点火过早的主要现象是发动机出现的_____的_____的_____。
5. 火花塞由_____、_____、_____及_____等主要部件组成。
6. 一般六缸发动机的点火顺序为_____。
7. 点火信号发生器主要有_____、_____、_____等三种形式。

(二) 判断题

1. 发动机转速加快时,点火提前角应该增大。( )
2. 发动机负荷减小时,点火提前角应该减小。( )
3. 火花塞在使用中经常发生积炭现象,证明火花塞过"冷"了。( )
4. 发动机熄火后仍能工作一段时间并伴有敲击声,说明火花塞过"热"了。( )
5. 为使发动机产生最大功率,不损失能量,就应在活塞到达上止点时点火。( )
6. 点火正时正确的发动机,其分火头所指旁插孔对应汽缸的活塞应处于压缩终了附近。( )
7. 点火过迟会使发动机过热。( )
8. 火花塞间隙过小,高压火花变弱。( )
9. 断电器触点间隙过大与点火时间无关。( )
10. 采用电子点火的发动机,由于点火线圈的初级电流增大了,故能提高点火电压和点火能量。( )

(三) 简答题

1. 简述点火提前角及点火正时。
2. 晶体管点火系的优点有哪些?
3. 简述火花塞安装不良可能导致的问题。
4. 说明火花塞的拆卸步骤及注意事项。
5. 说明火花塞的安装步骤。

单元五　汽车照明和信号系统构造与检修

学习任务1　照明和信号系统构造与维护

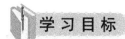

☞ 知识目标
1. 了解汽车照明与信号系统的组成及作用；
2. 掌握汽车前照灯的类型及对前照灯的要求。

☞ 技能目标
1. 能正确使用照明与信号灯光装置；
2. 能使用专用工具检测及调节前照灯。

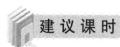

4课时。

一、理论知识准备

1. 汽车照明和信号设备常识

为了保证汽车行驶的安全性，减少道路交通事故和机械事故的发生，汽车上安装了多种照明和信号设备。照明灯主要用作照明道路、交通标志、行人和其他车辆等，包括前照灯、雾灯、倒车灯、牌照灯等。信号灯用作显示车辆的存在和传达车辆行驶状态，包括转向灯、制动灯、示宽灯、警示灯等。

1）照明设备

（1）前照灯俗称"大灯"，装在汽车头部两侧，用来照明车前道路。有两灯制、四灯制之分。四灯制前照灯并排安装时，装于外侧的一对通常为近光单光束灯；装于内侧的一对应为远光单光束灯。

（2）雾灯安装在汽车头部或尾部。在雾天、下雪、暴雨或尘埃弥漫等情况下，用来改善车前道路的照明情况。LED前雾灯的光色为橙黄色。后雾灯功率光色为红色，以警示尾随车辆保持安全间距。

(3)倒车灯安装在汽车尾部,当变速器挂倒挡时,自动点亮,照明车后侧,同时警示后方车辆行人注意安全。光色为白色。

(4)牌照灯装于汽车尾部牌照上方或左右两侧,用来照明后牌照,确保行人车后20m处看清牌照上的文字及数字。

2)信号设备

(1)制动灯俗称"刹车灯"。安装在汽车尾部。在踩下制动踏板时,发出较强红光,以示制动。光色为红色,灯罩显示面积比后位灯大。为避免尾随大型车对轿车碰撞的危险,轿车后窗内可加装由发光二极管成排显示的高位制动灯(LED灯带)。

(2)转向灯。主转向灯一般安装在汽车头、尾部的左右两侧,用来指示车辆行驶趋向。汽车车侧中间装有侧转向灯。光色为黄色。转向时,灯光呈闪烁状,启动时间不大于1.5s。在紧急遇险时需其他车辆注意避让时,全部转向灯可通过危险报警灯开关接通同时闪烁。

(3)示宽灯又称"示位灯""位置灯",安装在汽车前面、后面和侧面,夜间行驶接前照灯时,示宽灯、仪表照明灯和牌照灯同时点亮,以标志车辆的形位等。前位灯俗称"小灯",光色为白色或黄色,后位灯俗称"尾灯",光色为红色;侧位灯光色为琥珀色。

(4)驻车灯装于车头和车尾两侧,要求从车前和车尾150m远处能确认灯光信号,要求车前处光色为白色,车尾处为红色。

(5)警示灯一般装于车顶部,用来标示车辆特殊类型。消防车、警车用红色,救护车为蓝色,旋转速度为每秒2~6次;公交车和出租车为白、黄色。出租车空车标示灯装在仪表台上,光色为红底、白字。

(6)日行灯是安装在车身前部的白天行驶灯,是使车辆在白天行驶时更容易引起注意的灯具。它的功效不是为了使驾驶员能看清路面,而是为了让别人知道有一辆车开过来了。因此这种灯具不是照明灯,而是一种信号灯。

迈腾轿车前部灯光总成由远光灯、近光灯、驻车灯、转向信号灯和前雾灯组成,如图5-1所示;迈腾轿车后部灯光总成由尾灯、转向信号灯、制动灯、倒车灯和后雾灯组成,如图5-2所示。

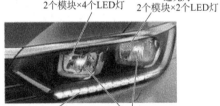

图5-1 迈腾轿车前部照明系统　　图5-2 迈腾轿车后部照明系统

2.汽车前照灯组成及分类

1)前照灯基本要求

不同汽车照明系统是不完全相同的,除了美观、实用外,必须满足两个要求:保证行车安全和符合交通法规。为保证行车安全,对前照灯的照明要求如下:

(1)足够的照明距离。

前照灯应保证车前有明亮而均匀的照明,使驾驶员能看清车前150 m内路面上的障碍物。随着汽车行驶速度的提高,对汽车前照灯的照明距离也相应地要求越来越远。

(2)应能防止眩目。

前照灯在工作时,应具有防眩目功能,以免夜间两车相会时,使对方驾驶员眩目,而造成交通事故。

2)前照灯的结构

前照灯的光学组件由灯泡、反射镜和配光镜等三部分组成,如图5-3所示。

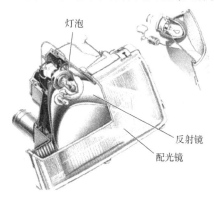

图5-3 前照灯的光学组件

(1)灯泡。

①普通充气灯泡。充气灯泡是采用钨丝作为灯丝,灯泡内充满氩和氮的混合惰性气体。在灯泡工作时,由于惰性气体受热后膨胀会产生较大的压力,这样可减少钨的蒸发。故能提高灯丝的温度,增强发光效率,从而延长灯泡的使用寿命。

②卤钨灯泡。充气灯泡虽已充入惰性气体,但仍然会因钨丝蒸发而使灯泡变黑。为了防止钨丝的蒸发,在填充气体内加入含有部分卤族元素或卤化物,利用卤钨循环的原理消除灯泡黑化的现象。卤钨灯泡使用寿命长,发光效率进一步提高。在相同功率的情况下,卤钨灯的亮度是充气灯泡的1.5倍,寿命是充气灯泡的2~3倍。

③氙气灯泡。氙气灯由石英灯泡、变压器和电子单元组成。氙灯是利用两电极之间放电器产生的电弧来发光的,如同电焊中产生的电弧的亮光。高压脉冲电加在完全密闭的微型石英灯泡(管)内的金属电极之间,激励灯泡内的物质(氙气、少量的水银蒸气、金属卤化物)在电弧中电离产生光亮。这种光亮的色温与太阳光相似,但含较多的绿色与蓝色成分,因此呈现蓝白色光。这种蓝白色光大幅度提高了道路标志和指示牌的亮度。氙灯发射的光通量是卤素灯的2倍以上,同时电能转化为光能的效率也比卤素灯提高70%以上,所以氙灯具有比较高的能量密度和光照强度,而运行电流仅为卤素灯的一半。车灯亮度的提高也有效扩大了车前方的视觉范围,从而营造出更为安全的驾驶条件。

④LED灯,即发光二极管。是一种能够将电能转化为可见光的固态的半导体器件,它可以直接把电转化为光。LED的"心脏"是一个半导体的晶片,晶片的一端附在一个支架上,一端是负极,另一端连接电源的正极,使整个晶片被环氧树脂封装起来。LED可以直接发出红、黄、蓝、绿、青、橙、紫、白色的光。LED具有亮度高、颜色种类丰富、低功耗、寿命长的特点,现广泛应用在汽车照明系统中。

(2)反射镜。

反射镜是用薄钢板冲压而成的,其表面镀银、铬、铝等,然后抛光。

反射镜的作用是尽可能多地收集灯泡发出的光线,并将这些光线聚合成很强的光束射向远方。半封闭式前照灯反射镜如图5-4所示。

(3)配光镜。

配光镜也称散光玻璃,是由透明玻璃压制而成的棱镜和透镜的组合体。配光镜的作用是将反射镜反射出的光束进行折射,以扩大光线的照射范围,使车前100m内的路面各处都有良好而均匀的照明。配光镜如图 5-5 所示。

图 5-4 半封闭式前照灯反射镜　　　　　图 5-5 配光镜

3）前照灯防眩目的措施

夜间会车时，前照灯发出的强光束会使迎面来的汽车驾驶员眩目，很容易发生交通事故，所以在这方面必须引起足够的重视。前照灯防眩目一般采取下面措施。

（1）采用双丝灯泡。

如图 5-6 所示，前照灯采用双丝灯泡，远光灯丝位于反射镜的焦点上，功率为 45～60W；近光灯丝位于反射镜焦点的上方或前方，功率为 20～50W。这样夜间行车，当对面有无来车时，使用远光灯，可照亮车前方 150 m 以上的路面；当对面有来车时，使用近光灯，由于光线较弱，经反射后的光线大部分射向车前的下方，所以可避免对方驾驶员眩目。

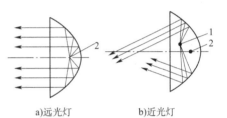

a) 远光灯　　　b) 近光灯

图 5-6 双丝灯泡的远、近光束
1-近光灯丝；2-远光灯丝

（2）采用带遮光罩的双丝灯泡。

双丝灯泡中，近光灯丝射向反射镜下部的光线经反射后，将射向斜上方，仍会使对面的驾驶员眩目。为了克服上述缺陷，在近光灯丝的下方装有遮光罩。当使用近光灯时，遮光罩能将近光灯丝射向反射镜下部的光线遮挡住，使其无法反射，以提高防眩目效果，如图 5-7 所示。带遮光罩的双灯泡广泛使用在汽车上。

（3）采用不对称光形。

前照灯配光光形标准型如图 5-8a) 所示。不对称型如图 5-8b) 所示，这是一种新型的防眩目前照灯。其遮光罩安装时偏转一定的角度，使其近光的光形分布不对称，将近光灯右侧光线倾斜升高 15°。

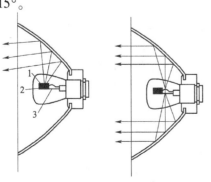
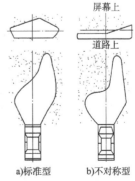

图 5-7 带遮光罩的双丝灯泡
1-近光灯丝；2-遮光罩；3-远光灯丝

a) 标准型　　b) 不对称型

图 5-8 前照灯配光光形

4)前照灯的分类

(1)可拆式前照灯。

这种前照灯的配光镜靠反射镜边缘上的齿簧与反射镜组合在一起,并用箍圈和螺钉将它们固定在灯壳上。可拆式前照灯由于密封性不好,反射镜易受灰尘和湿气的污染而变黑,严重影响照明效果,目前已很少采用。

(2)全封闭式前照灯。

全封闭式前照灯又称为真空灯。它的反射镜和配光镜制成一体,里面装有灯丝,并充以惰性气体。灯丝焊在反射镜底座上,反射镜的镜片为真空镀铝。这种结构的优点是可以完全避免反射镜受到污染。但是当灯丝烧坏后,需要更换前照灯总成,成本较高。

(3)半封闭式前照灯。

半封闭式前照灯的配光镜是由反射镜边缘固定在反射镜上的,两者之间用橡胶圈或密封胶密封。灯泡可从反射镜后端进行拆装,维修方便,因此得到普遍使用。更换灯泡时,切勿用手触摸灯泡玻璃壳部分,以免缩短灯泡的寿命。

(4)投射式前照灯。

投射式前照灯的反射镜近似于椭圆形状,它具有两个焦点。第一焦点处放置灯泡,第二焦点是由光线形成的。凸形散光镜的焦点与第二焦点是一致的。来自灯泡的光利用反射镜聚成第二焦点,再通过散光镜将聚集的光投射到前方。投射式前照灯采用的灯泡为卤钨灯泡。在第二焦点附近设有遮光板,可遮挡上半部分光,形成明暗分明的配光。由于它的这种配光特性,因此也可用于雾灯。

投射式前照灯的反射镜采用扁长断面,光束横向分布效果好,结构紧凑,经济实用。

(5)HID 氙气式前照灯。

HID(High Intensity Discharge)是高强度气体放电式灯的缩写。该型灯放电的气体是氙气,故亦称氙气灯。这种灯的灯泡里没有灯丝,取而代之的是装在石英管内的两个电极,管内充有氙及微量金属(或金属卤化物)。在电极上加上 5~12kV 电压后,气体开始电离而导电。由气体原子激发到电极间少量的水银蒸气,最后转入卤化物弧光灯工作。氙气式前照灯由氙气灯组件、电子控制器和升压器三大部分组成。其灯泡的光色和日光灯相似,亮度是目前卤钨灯泡的 2.5 倍,寿命是卤钨灯泡的 5 倍。灯泡的功率为 35W,可节能 40%。目前,在中高级轿车中氙气式前照灯应用比较广泛。

(6)LED 前照灯。

目前汽车上使用的 LED 主要有普通 LED 和超高亮 LED 两种。超高亮 LED 是比一般 LED 发光二极管的亮度高近百倍的新型 LED,其外壳是无色透明树脂封装,其发光体本身就能发出某一波长的光,从而呈现出某一种颜色。超高亮 LED 一般可以用作汽车的远光灯、近光灯、制动灯、行车灯和转向灯,也可以用作仪表照明和车内照明。LED 的控制模式有恒流和恒压两种,有多种调光方式,比如模拟调光和 PWM 调光,大多数的 LED 采用的都是恒流控制,这样可以保持 LED 电流的稳定,可以延长 LED 灯具的使用寿命。LED 的优点是电光转化效率高[接近 60%、绿色环保、寿命长(可达 10 万 h)、工作电压低(3V 左右)、反复开关无损寿命、体积小、发热少、亮度高、坚固耐用、易于调光、色彩多样、光束集中稳定、启动无延时;其缺点是起始成本高、显色性差、大功率 LED 效率低、恒流驱动(需专用驱动电路)]。

相比之下，各种传统照明存在一定的缺陷。

3. 汽车前照灯的检测要求及方法

1）前照灯光光束照射位置及发光强度要求

前照灯在距离屏幕 10m 处，近光等光束明暗截止线转角或中心的高度应为 $(0.6\sim0.8)H$（H 为前照灯基准中心的高度）；在水平方向上，光束向左向右偏均不能超过 100mm。四灯制前照灯其远光单光束要求在屏幕上光束中心离地高度应为 $(0.85\sim0.90)H$，水平位置要求左灯向左偏不得大于 100mm，向右偏不得大于 170mm；右灯向右向左偏均不得大于 170mm。前照灯远光光束的发光强度（前照灯的发光强度是指光源在给定方向上的所能发出的光线强度，单位为坎德拉，用 cd 表示），二灯制不小于 15000cd、四灯制不小于 12000cd。

2）前照灯的检测

（1）屏幕法检测。

屏幕法检测前照灯时，需将车辆垂直于屏幕停放，并使前照灯基准中心距屏幕 10m，然后在屏幕上确定与前照灯基准中心离地面距离 H 等高的水平基准线，以及以车辆纵向中心平面在屏幕上的投影线为基准确定的左、右前照灯基准中心位置线。分别测量左、右远近光束的水平和垂直照射方位的偏移量，如不符合要求，应通过前照灯的位置调整螺钉进行调整。

（2）前照灯检测仪检测。

前照灯检测仪，一般是采用具有把吸收的光能变成电流的光电池元件，按照前照灯主光轴照射光电池产生电流的比例，来测量前照灯的发光强度和光轴偏斜量。目前，前照灯检测仪的类型有聚光式、屏幕式、自动追踪光轴式、投影式四种。

二、任务实施——前照灯的检查与调整

1. 准备工作

(1) 将实训车辆停放在检测区域。
(2) 检查实训室通风系统设备工作是否正常。
(3) 准备车辆挡块、翼子板布、三件套、诊断仪、前照灯调节装置等教学用具。

2. 技术要求与注意事项

(1) 遵照执行《汽车用 LED 前照灯》(GB 25991—2010) 对汽车 LED 光源规定。
(2) 近光灯右侧倾斜升高 15%。
(3) 近光灯向下能照亮车前 50m 路面。

3. 前照灯的调整

当前照灯光束的检测不符合要求时，则需要进行前照灯光束照射位置的调整，下面以一汽大众迈腾 B8 轿车为例，介绍如何对左前 LED 前照灯进行调整。

检测和调节条件：车辆和前照灯调节装置必须处于同一平面上，确保轮胎充气压力正常，按压车辆前后使其弹簧弹跳下沉，前照灯灯罩不得损坏或脏污，反光罩和前照灯光源正常，将车辆与前照灯调节装置对齐，车辆无故障代码。

(1) 打开点火开关，对前照灯照明距离调节装置进行初始化。

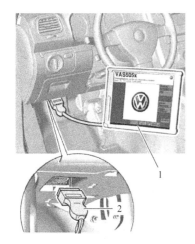

图 5-9　迈腾轿车诊断仪连接
1-诊断仪；2-诊断连接头

(2)连接车辆诊断仪,进行车辆识别,对前照灯照明距离调节装置进行基本设置,输入委托单数据或者选择"无任务"—控制单元—前照灯照明距离调节—引导型功能—基本设置,操作时遵循"引导型功能"的说明(图5-9)。

(3)在近光灯开启时,使用专用工具首先调整左侧前照灯高度调整螺钉2,根据需要调节侧面调整螺钉1,光照最深的水平明暗分界线应在检测面分隔线1处,明暗分界线的左侧水平部分与右侧上升部分之间的转折点2必须穿过垂直线中心标记3。为了简化转折点2的测定,盖住前照灯的左半部分(沿行驶方向看),然后再露出,进行多次交替调整。

(4)按照规定调整近光灯后,开启远光灯的光束中心必须位于中心标记3上。

一汽大众迈腾轿车前照灯调整位置如图 5-10 所示。右侧前照灯调整方法相同,使用图 5-10 镜像的图像进行调整。左前前照灯检测图如图 5-11 所示。

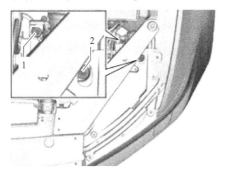

图 5-10　迈腾轿车左前前照灯调整位置
1-侧面调整；2-高度调整

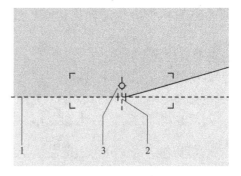

图 5-11　左前前照灯检测图
1-水平的明暗分界线；2-转折点；3-中心标记

4.带弯道灯的车辆前照灯调整

(1)待调整的前照灯需要关闭"城市灯光"模式,打开信息娱乐系统,按压信息娱乐按钮"CAR"—"设置"—"车灯",短促按压"动态随动转向灯"并勾选,调节前照灯后,必须重新激活动态随动转向灯。

(2)检测和调节条件同 LED 前照灯的一样,用车辆诊断仪对前照灯进行基本设置。

(3)正确对准前照灯调节装置的调整线,设置参数值,调节前照灯同时确保不会导致其他道路使用者产生眩目。

(4)在远光灯打开时,水平的明暗分界线应接触到检测面的分隔线1,检查明暗分界线的右侧水平部分与左侧上升部分之间的转折点2在垂直线上穿过中心标记3,光束的核心亮点必须位于垂线的左侧。

(5)在打开"乡村公路照明灯"模式时,调节近光灯,最深的水平明暗分界线必须与检测面的分隔线1接触,明暗分界处的左侧水平部分和右侧上升部分之间的转折点2,必须在垂直线上穿过中央标记。

(6)当左前照灯(靠右行驶)上没有看到明暗分界线的不对称部分上升,在市内行驶时则必须关闭"城市灯光",确保在以30km/h以内的车速不会造成对向车辆眩目。

左前动态远光灯检测图如图5-12所示,左前近光灯检测图如图5-13所示。

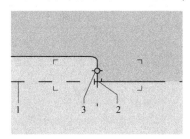 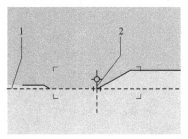

图5-12 左前动态远光灯检测图
1-水平的明暗分界线;2-转折点;3-中心标记

图5-13 左前近光灯检测图
1-水平的明暗分界线;2-转折点

三、评价与反馈

1. 自我评价

(1)完成本学习任务后,回答以下问题:

①车辆照明系统的组成是什么?

②车辆信号系统的组成是什么?

(2)迈腾B8车辆LED前照灯检测调整注意事项是什么?

(3)实训过程完成情况如何?

(4)你认为自己的知识和技能还有哪些欠缺?

签名:_____ ___年___月___日

2. 小组评价(表5-1)

小组评价表 表5-1

序 号	评 价 项 目	评 价 情 况
1	着装是否符合要求	
2	是否能合理规范地使用仪器和设备	
3	是否按照安全和规范的流程操作	
4	是否遵守学习、实训场地的规章制度	
5	团结协作情况	

参与评价的同学签名:_____ ___年___月___日

3. 教师评价

教师签名:_____ ___年___月___日

四、技能考核标准(表5-2)

技能考核标准表　　　　　　表5-2

项　目	操作内容	规　定　分	评分标准	得　分
前照灯的检查与调整	记录车辆信息	5分	记录信息全面	
	确认车辆前照灯类型	5分	正确确认	
	检查调整车辆状态	20分	按照标准要求操作	
	连接车辆诊断仪清除故障代码	5分	按照标准要求操作	
	对照明距离调节装置进行基本设置	10分	按照标准要求操作	
	选用合适调整模式	10分	按照标准要求操作	
	使用专用工具调节照明区域	30分	按照标准要求操作	
	调整后复查远近照明区域	10分	按照标准要求操作	
	场地5S管理	5分	正确进行此操作	
总分		100分		

学习任务2　照明系统检修

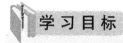

知识目标

1. 掌握照明系统的作用及工作原理；
2. 了解各种常见维修工具和检测仪器的使用方法和技术要求。

技能目标

1. 能正确分析照明系统的电路图；
2. 能熟练使用各种常见维修工具和检测仪器；
3. 能对照明系统常见故障进行诊断与排除。

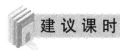

4课时。

一、理论知识准备

1. 新型灯光自动控制系统
1) 灯光自动控制系统概述

近年来,为了保证车辆行驶时照明的安全与方便,减轻驾驶员的劳动强度,出现了多种新型的灯光自动控制系统,目前已装配在用车辆的控制系统有前照灯自动开闭控制系统、前照灯水平与垂直照射范围调整(光束调整)系统、会车自动变光系统、延时关闭系统、随动转向前照灯系统(AFS)等。新型灯光自动控制系统的框图如图5-14所示。

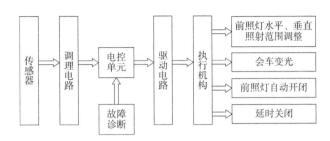

图5-14 新型灯光自动控制系统框图

新型灯光自动控制系统的基本功能如下。

(1)前照灯自动开闭控制。主要有以下功能。

①当外界光线不足时(如夜幕降临,夜间、白天过隧道,进入地下停车场等),影响驾驶员的正常操行,开启前照灯。

②当外界光线足够时(如黎明、白天、驶出隧道后等),关闭前照灯。

③为防止外界环境瞬间变亮而造成前照灯关闭,采取延时技术,即当周围的亮度持续明亮一段时间时,再关闭前照灯。

(2)停车后车灯的延时关闭。夜晚停车发动机熄火后,灯光自动控制系统会根据检测到的发动机状态和车门状态,使前照灯自动延时熄灭,为驾驶员及乘员提供方便。

(3)车辆在夜晚行驶转弯时,根据转向角和车速的变化自动调整前照灯的近光照射方向,照亮车辆即将行驶到的前方路面。

(4)当车辆前后载荷发生变化而使车身倾斜时,系统根据安装在前后车轴上的车身高度传感器所测得的信号进行判断处理,补偿车辆载荷的变化,实现照明距离的自动调节。

(5)车辆夜晚行驶在高速公路上时,如遇到上坡,根据车速、坡度以及汽车到坡的距离等信息自动调整前照灯的照射距离,实现远距离照明,增加前方路面的视野信息。

(6)车辆在夜晚行驶会车时,前照灯的远近光实现自动变光控制,即在会车时,灯光系统自动变为近光状态,会车完毕后又自动恢复到远光状态。

(7)车灯故障诊断。车辆行驶前以及行驶过程中,该系统对所有车灯进行实时的检测,如果出现故障,则报警提示相应故障。

2)新型灯光自动控制系统工作原理简介

新型灯光自动控制系统利用车速传感器、转向盘转角传感器、车身高度传感器、红外测距传感器、光电传感器(环境光照传感器)以及对发动机工作状态和车门状态的检测,来判断确定车辆的行驶状态、车辆行驶的道路状况和外界环境光线的强弱以及光线实时变化的情况,把各种信息转化为电信号,并输入到电控单元(单片机)中进行判断处理,进而发出相应的指令控制车灯作出相应的调整,从而实现车灯的自动控制。同时,灯光自动控制系统在车辆行驶前及行驶过程中,通过用检测各处车灯供电线路的反馈电流信号以及光电传感器检测输入的信号两种方法,来共同检测判断各个车灯工作是否正常。

3) 别克君威轿车前照灯自动控制电路

别克君威轿车前照灯自动控制电路(自动前照灯模块、环境光照传感器电路图)如图 5-15 所示。

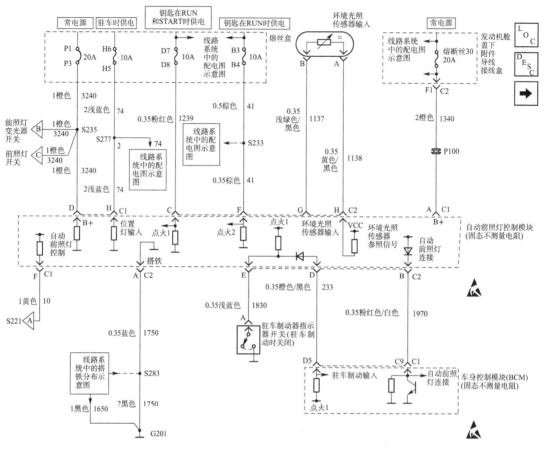

图 5-15　别克君威轿车自动前照灯模块、环境光照传感器电路图

(1) 前照灯自动开闭控制。当接通点火开关且关闭前照灯开关时,如果自动前照灯控制模块检测到光线足够暗且松开驻车制动器时,前照灯自动接通。只要符合自动前照灯开启条件,则无法手动关闭。如需车辆急速时临时关闭自动前照灯。可将点火开关从关闭(OFF)转到锁上(LOCK)位置,拉紧驻车制动器,然后起动发动机并怠速运行,自动前照灯将保持关闭,直到松开驻车制动器。自动前照灯工作且前照灯开关位于 OFF 位置时,自动控制模块还将开启驻车灯、侧灯、牌照灯和仪表板背景灯。

(2) 延时照明功能。关闭发动机后,自动前照灯会延迟约 90s,提供外部照明,称为照明回家功能。如果要立即关闭前照灯,可拉出再关闭前照灯开关。

延时照明功能可以自动设置或取消,方法是:关闭所有车门,点火钥匙位于 RUN,进行以下操作。

① 按下并保持锁定开关,同时接通和断开前照灯开关两次。

② 松开锁定开关。这些操作必须在 10s 内完成,下一步操作时间间隔不超过 10s。

③ 按下并保持开锁开关,同时接通和断开前照灯开关两次。

④松开开锁开关,这些操作必须在10s内完成。

如果听到一次钟鸣声,说明前照灯照明延时功能被取消;如果听到二次钟鸣声,说明前照灯照明延时功能已经启用。在断开车上蓄电池一年时间内,以上设定不会改变。

(3)环境光照传感器。如图5-16所示,环境光照传感器是一个光敏电阻,位于仪表板中部前方,靠近风窗玻璃处。当外界光照强度增加时,传感器电阻减小,自动前照灯控制模块通过检测传感器阻值决定是否启亮前照灯。自动前照灯工作时,通过电路10接通前照灯(图5-15)。同时,通过电路74接通驻车灯、侧灯和牌照灯。

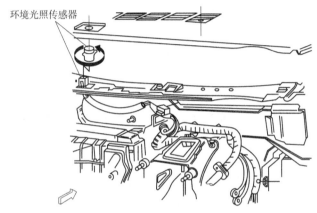

图5-16 环境光照传感器安装位置

当点火开关接通且自动前照灯控制模块检测到暗光线时,如果踩下驻车制动器,则前照灯不会点亮;松开驻车制动器后,前照灯自动点亮;自动前照灯点亮后,再踩下驻车制动器时前照灯不会熄灭。

4)随动转向前照灯系统

随动转向前照灯系统(Adaptive Front Lighting System,AFS)也称主动转向前照灯,它能够不断对前照灯进行动态调节,保持与汽车的当前行驶方向一致,以确保对前方道路提供最佳照明并对驾驶员提供最佳可见度,从而显著增强了黑暗中驾驶的安全性。是否有汽车随动转向前照灯系统(AFS)的比较如图5-17所示。

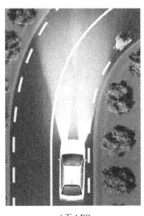 

a)无AFS　　　　　　　　b)有AFS

图5-17 是否有汽车随动转向前照灯系统的比较

通常，汽车上安装的普通前照灯具有固定的照射范围，当夜间汽车在弯道上转弯时，由于无法调节照明角度，常常会在弯道内侧出现"盲区"，极大地威胁着驾驶员夜间的安全驾车。AFS 系统能够根据行车速度、转向角度等自动调节前照灯的偏转，以便能够提前照亮"未到达"的区域，提供全方位的安全照明，以确保驾驶员在任何时刻都拥有最佳的可见度。

随动前照灯转向照明系统，主要是在车头前照灯组内后方或底座安装了转向电动机，当驾驶员转动转向盘时电控单元会收集转向盘的转向角度和车速的信号，然后发送控制指令给前照灯组内的转向电动机，令其随着车辆的实际转弯动态进行左右转动与实时的调整，让照明光束集中在行车的路线上，使驾驶员可清楚地看清车辆前方即将经过的弯道上的路况。

目前，宝马、大众迈腾、通用新君越、丰田凯美瑞等轿车配备的氙气随动转向前照灯装置包括弯道照明模式、高速公路模式、城镇照明模式等，使驾驶员能清楚地看到原本处于视野盲区的情况，有效提高了道路交通安全性。

2. 迈腾 B8 前照灯光系统原理

车辆前照灯中近、远光灯控制原理相近，但远光灯控制电路较近光灯控制电路复杂，以迈腾 B8 远光灯控制系统为例说明（图 5-18）。

1）迈腾 B8 远光灯的结构组成

迈腾 B8 远光灯控制系统通过车载电网控制单元 J519 集中控制，系统包含前照灯旋转开关 EX1、车灯变光开关 E2、左前远光灯 M30（在前照灯总成 MX1 内）、右前远光灯 M30（在前照灯总成 MX2 内）、转向柱电子装置控制单元 J527、数据总线诊断接口 J533、组合仪表板控制单元 J285、车载电网控制单元 J519 等元器件。

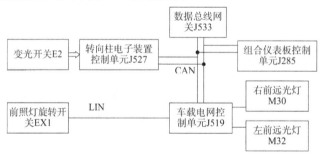

图 5-18　迈腾 B8 远光灯系统图

2）迈腾 B8 远光灯的工作过程

(1) 将灯光旋转开关旋至近光灯位置时，变光开关向下按动，开关内部接通远光灯控制触点，随即转向柱电子装置控制单元 J527 接收到远光灯开启的模拟信号。控制单元 J527 将这个模拟信号转换为数字信号，通过舒适 CAN 总线将数据发给车载电网控制单元 J519 和组合仪表板控制单元 J285。

控制单元 J519 接收到此信号后，接通左、右远光灯控制电路，所有远光灯点亮。组合仪表板控制单元 J285 接收到此信号后，点亮仪表板上的远光指示灯，提示驾驶员灯光开启状态。

(2) 任何时候将变光开关向上拉动时，开关内部接通超车灯控制触点，随即转向柱电子装置控制单元 J527 接收到超车灯开启的模拟信号。控制单元 J527 将这个模拟信号转换为数字信号，通过舒适 CAN 总线将数据发给车载电网控制单元 J519 和组合仪表板控制单元 J285。

控制单元 J519 接收到此信号后,接通左、右远光灯控制电路,所有远光灯点亮。组合仪表板控制单元 J285 接收到此信号后,点亮仪表板上的远光指示灯,提示驾驶员灯光状态。松开变光开关,左、右远光灯和仪表板上的远光指示灯熄灭。

迈腾 B8 远光灯电路如图 5-19 所示。

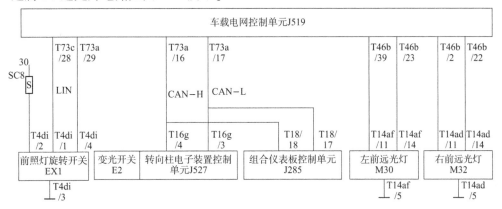

图 5-19 迈腾 B8 远光灯电路图

3. 迈腾 B8 雾灯系统原理

1)迈腾 B8 雾灯的结构组成

迈腾 B8 雾灯控制系统通过车载电网控制单元 J519 集中控制,系统包含前照灯旋转开关 EX1(前雾灯开关和后雾灯开关)、左前雾灯 L22、右前雾灯 L23、左后雾灯 L46、数据总线网关 J533、组合仪表板控制单元 J285、车载电网控制单元 J519 等元器件(图 5-20)。

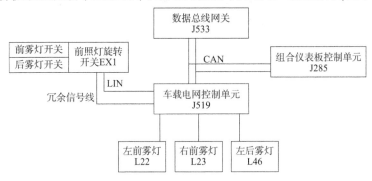

图 5-20 迈腾 B8 雾灯系统图

2)迈腾 B8 雾灯的工作过程

(1)将灯光旋转开关旋至示宽灯挡位置时,灯光旋转开关模块接收到示宽灯开启信号,模块将接收到的模拟电压信号转换为数字信号,通过开关模块 LIN 数据线将此信号发送至车载电网控制单元 J519。

(2)按压前雾灯开关按钮,灯光旋转开关模块接收到前雾灯开启信号,模块将接收到的模拟电压信号转换为数字信号,通过开关模块 LIN 数据线将此信号发送至车载电网控制单元 J519。车载电网控制单元 J519 处理前雾灯开启信号后,再对前雾灯输出控制信号,前雾灯被点亮。

(3)按压后雾灯开关按钮,灯光旋转开关模块接收到后雾灯开启信号,模块将接收到的模拟电压信号转换为数字信号,通过开关模块 LIN 数据线将此信号发送至车载电网控制单元 J519。

注意:前、后雾灯开启按照上面的顺序操作,否则对应的雾灯将不能点亮。

迈腾 B8 雾灯电路如图 5-21 所示。

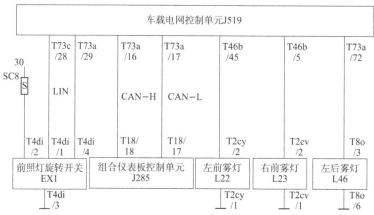

图 5-21　迈腾 B8 雾灯电路图

4. 迈腾 B8 示宽灯控制系统原理

1)迈腾 B8 示宽灯的结构组成

迈腾 B8 示宽灯控制系统通过车载电网控制单元 J519 集中控制,系统包含前照灯旋转开关 EX1、左前前照灯总成(左前驻车示宽灯 M1)、右前前照灯总成(右前驻车示宽灯 M3)、左后尾灯总成(左后驻车示宽灯 M4、M58、M21、M49)右后尾灯总成(右后驻车示宽灯 M2、M59、M22、M50)、数据总线网关 J533、组合仪表板控制单元 J285、车载电网控制单元 J519 等元器件(图 5-22)。

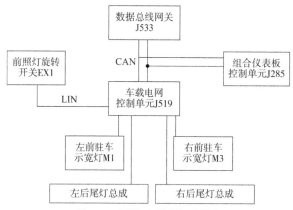

图 5-22　迈腾 B8 示宽灯系统图

2)迈腾 B8 示宽灯的工作过程

将灯光旋转开关旋至示宽灯挡位置时,灯光旋转开关模块接收到示宽灯开启信号,模块将接收到的模拟电压信号转换为数字信号,通过开关模块 LIN 数据线将此信号发送至车载电网控制单元 J519,车载控制单元 J519 处理收到的示宽灯开启信号,输出左前、右前、左后、右后示宽灯控制信号,车外所有示宽灯点亮。与此同时,控制单元 J519 将示宽灯开启信号通过舒适CAN总线发送至组合仪表、车门、空调等控制单元,室内操作控制装置背景照明灯被激活。

迈腾B8雾灯电路如图5-23所示。

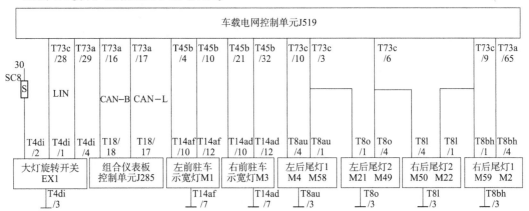

图5-23 迈腾B8雾灯电路图

二、任务实施——迈腾B8远光灯控制系统及检修

1. 准备工作

(1)将实训车辆停放在检测区域。

(2)检查实训室通风系统设备工作是否正常。

(3)准备车辆挡块、翼子板布、三件套等教学用具。

(4)准备诊断仪、前照灯调节装置等汽车诊断检测设备。

(5)相关维修资料。

2. 技术要求与注意事项

(1)依据维修手册进行操作。

(2)实训操作5S管理。

3. 操作步骤

迈腾B8在ON挡时,仪表文本框提示车辆照明故障,灯光开关EX1开启前照灯延时,在示宽灯、近光灯挡位时,示宽灯和近光灯能点亮,但前、后雾灯无法开启,且拔置远光灯挡时,右侧远光灯不亮,变光灯操作,右侧远光灯仍然不亮。

(1)车辆故障代码读取。

将点火开关置于ON挡时,用诊断仪读取灯光照明系统故障代码,如图5-24所示报"B126A29:灯光开关-不可信信号-主动/静态"的信息。故障代码指向前照灯开关部件,需读取前照灯开关数据流再进行判断。

(2)操作灯光开关EX1,用诊断仪读取前照灯开关工作状态信息数据,如图5-25所示显示"7.冗余信号线断开",需检查前照灯开关冗余信号线状态。

(3)查阅迈腾B8灯光开关电路图,检查前照灯冗余信号线J519端T73a/29与EX1端T4di/4之间线路情况(图5-26)。

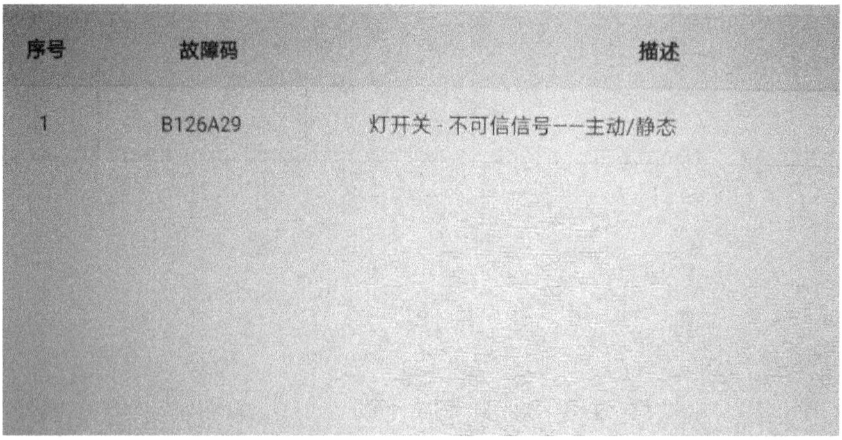

序号	故障码	描述
1	B126A29	灯开关 · 不可信信号——主动/静态

图 5-24 灯光开关故障码图

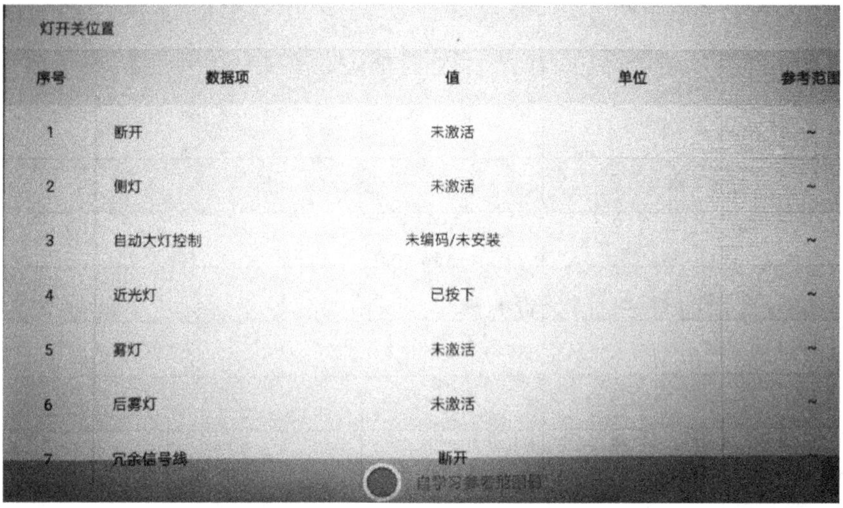

灯开关位置

序号	数据项	值	单位	参考范围
1	断开	未激活		~
2	侧灯	未激活		~
3	自动大灯控制	未编码/未安装		~
4	近光灯	已按下		~
5	雾灯	未激活		~
6	后雾灯	未激活		~
7	冗余信号线	断开		

图 5-25 读取灯光开关数据流图

(4)用示波器检测前照灯开关端 T4di/4 处有信号波形,J519 端 T73a/29 处波形异常,通过分析初步判断冗余信号线存在线路故障。

(5)关闭点火开关,断开蓄电池负极,拔下 J519 的 T73a 和 EX1 的 T4di 插接器,用万用表检测 J519 T73a/29 与 EX1 T4di/4 之间线路导通情况,实测阻值为无穷大,判定两端子之间线路存在断路故障。

(6)经维修后,车辆无故障代码,灯光开关开启正常,示宽灯,近光灯、前后雾灯正常点亮,操作变光开关和超车灯开关,仪表上远光指示灯显示正常,但右侧远光灯未点亮。

故障原因可能为:右侧远光灯 LED 自身、J519 右侧远光灯控制信号和 J519 右侧远光灯控制线路等存在故障。

(7)查阅迈腾 B8 远光灯电路图(图 5-27),在远光开启状态,用万用表先检测前照灯 MX2 处 T14ad/5 的工作电压为 0V,标准值应为 +B 电压。

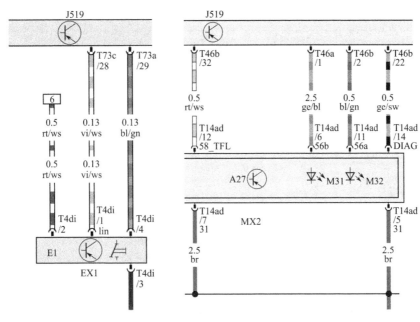

图 5-26 灯光开关电路图　　图 5-27 迈腾 B8 远光灯电路图

(8) 通过检查 J519 的 T46b/1 端子电压值为 +B，J519 输出电压信号正常。

(9) 测量 J519 的 T46b/1 端子与前照灯 MX2 的 T14ad/5 端子导通状态，实测值为无穷大，判定两端子之间线路存在断路故障。

(10) 修复后，右远光灯能正常点亮。

三、评价与反馈

1. 自我评价

(1) 完成本学习任务后，回答以下问题：

①迈腾 B8 灯光开关工作原理是什么？

②试分析迈腾 B8 车辆远光灯电路。

(2) 简述迈腾 B8 远光灯不亮的检修思路。

(3) 实训过程完成情况如何？

(4) 你认为自己的知识和技能还有哪些欠缺？

签名：_____　　____年____月____日

2. 小组评价（表 5-3）

小组评价表　　　　　　　　　　　　　　　　表 5-3

序　号	评价项目	评价情况
1	着装是否符合要求	
2	是否能合理规范地使用仪器和设备	
3	是否按照安全和规范的流程操作	
4	是否遵守学习、实训场地的规章制度	
5	团结协作情况	

参与评价的同学签名：＿＿＿＿＿＿　　＿＿＿年＿＿＿月＿＿＿日

3. 教师评价

_____

_____。

　　　　　　　　教师签名：＿＿＿＿＿＿　　＿＿＿年＿＿＿月＿＿＿日

四、技能考核标准（表 5-4）

技能考核标准表　　　　　　　　　　　　　　　表 5-4

项　目	操作内容	规　定　分	评分标准	得　分
迈腾 B8 远光灯控制系统及检修	车辆防护	5分	规范操作	
	观察故障现象	5分	故障描述全面	
	灯光开关电路原理图分析	5分	记录信息全面	
	读取故障代码	10分	正确按照标准要求操作	
	读取数据流	10分	合理	
	检查前照灯冗余信号线	10分	正确按照标准要求操作	
	排除故障点	10分	正确按照标准要求操作	
	前照灯电路原理图分析	5分	正确按照标准要求操作	
	检测 MX2 处 T14ad/5 电压	10分	正确按照标准要求操作	
	检查 J519 的 T46b/1 端子电压	10分	正确按照标准要求操作	
	测量 J519 的 T46b/1 端子与前照灯 MX2 的 T14ad/5 端子导通状态	10分	正确按照标准要求操作	
	排除故障点	10分	正确按照标准要求操作	
总分		100分		

学习任务3　信号系统检修

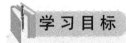

☞ 知识目标
1. 了解信号系统的作用及工作原理；
2. 掌握各种常见维修工具和检测仪器的使用方法和技术要求。

☞ 技能目标
1. 能正确分析信号系统的电路；
2. 能熟练使用各种常见维修工具和检测仪器；
3. 能对信号系统常见故障进行诊断与排除。

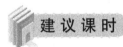

4 课时。

一、理论知识准备

汽车的信号系统主要有转向信号、制动信号、倒车信号及喇叭信号等装置。

1. 转向信号装置

在汽车起步、转弯、变更车道或路边停车时，需要打开转向信号灯以表示汽车的去向，提醒周围车辆和行人注意。当遇到紧急情况时，接通危险报警灯开关，所有转向信号灯同时闪烁，警示其他车辆避让。转向信号灯电路主要由转向信号灯、闪光器、转向灯开关等组成。

闪光器控制转向信号灯的闪烁，串联在转向信号灯电路中。常见的闪光器有热丝式、电容式、翼片式和电子式等。热丝式闪光器结构简单、成本低，但闪光频率不够稳定，寿命短，信号明暗不明显。电容式和翼片式闪光器闪光频率较为稳定，翼片式闪光器还具有结构简单，体积小，工作时伴有响声，可起监控作用等特点。电子式闪光器具有性能稳定和工作可靠的特点，目前已广泛应用。

1）电容式闪光器控制电路

电容式闪光器主要由一个继电器和一个电容器组成，是利用电容器充、放电延时特性，使继电器的两个线圈产生的电磁吸力时而相加、时而相减，使触点周期性地打开或关闭，形成转向信号灯闪烁（图5-28）。它由一只大容量电解电容器和双线圈继电器组成。其工作原理：接通转向灯开关（左或右）后，串联线圈经触点、转向信号灯构成回路，且电流较大。产生较强磁场，吸动衔铁，使触点张开。此过程中，串联线圈通电时间极短，转向信号灯不亮。

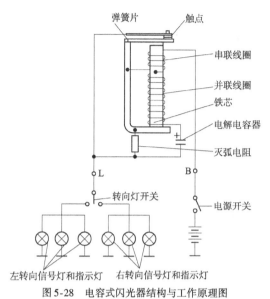

图 5-28　电容式闪光器结构与工作原理图

触点张开后电容器经串联线圈、并联线圈、转向灯开关、转向灯及转向指示灯构成充电回路。由于充电电流很小,此时转向灯与转向指示灯不亮。触点在串并联线圈的合成磁场(方向相同)作用下,仍保持张开状态。电容器充足电后,并联线圈电流消失,铁芯吸力减小,触点在复位弹簧作用下闭合,转向灯与转向指示灯亮。同时,电容器经并联线圈及触点放电,由于串联线圈与并联线圈磁场方向相反,铁芯吸力极小,触点保持闭合状态。当电容器放电结束后,并联线圈电流消失,在串联线圈磁场作用下,触点再次张开,转向灯与转向指示灯变暗,电容器再次充电。如此周而复始,转向灯与转向指示灯不停地以此频率闪烁。电容式闪光器具有监控功能,当一侧转向灯有一只或一只以上转向灯泡烧断或接触不良时,闪光器就使该侧转向灯接通时闪亮频率增加,以示该侧转向灯电路异常。

2)电子式闪光器控制电路

电子式闪光器一般指晶体管闪光器和集成电路闪光器,两者不同之处就是后者用集成电路 IC 取代了晶体管振荡器,都可分为有触点式与无触点式(图5-29)。以无触点式晶体管闪光器控制为例,其工作原理:接通转向灯开关,VT1 通过 R_2 得到正向偏置电压而导通饱和,VT2、VT3 则截止。由于 VT1 的发射极电流很小,故转向信号灯较暗。同时,电源通过 R_1 对 C 充电,使 VT1 的基极电位下降,当低于其导通所需正向偏置电压时,VT1 截止。VT1 截止后,VT2 通过 R_3 得到正向偏置电压而导通,VT3 也随之导通饱和,转向信号灯变亮。此时,电容 C 经 R_1、R_2 放电,使 VT1 仍保持截止,转向信号灯继续发亮。随着 C 放电电流减小,VT1 基极电位又逐渐升高,当高于其正向导通电压时,VT1 又导通,VT2、VT3 又截止,转向信号灯又变暗。随着电容 C 的充电、放电,VT3 不断地导通、截止,如此反复,使转向灯闪烁。

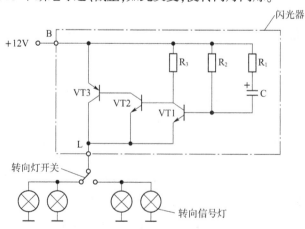

图 5-29　无触点式晶体管闪光器

2. 喇叭信号装置

1)汽车喇叭的类型与特点

汽车喇叭主要用于警告行人和其他车辆,以引起注意,保证行车安全。

喇叭按发音动力有气喇叭和电喇叭之分;按外形有螺旋(蜗牛)形、筒形、盆形之分,如图 5-30 所示;按声频有高音和低音之分;按接线方式有单线制和双线制之分。

a)螺旋(蜗牛)形喇叭　　　b)盆形喇叭　　　c)筒形喇叭

图 5-30　喇叭类型

气喇叭是利用气流使金属膜片振动产生声响,外形一般为筒形,多用在具有空气制动装置的重型载货汽车上。电喇叭是利用电磁力使金属膜片振动产生声响,其声音悦耳,广泛使用于各种类型的汽车上。

电喇叭按有无触点可分为普通电喇叭和电子电喇叭。普通电喇叭主要是靠触点的闭合和断开,控制电磁线圈激励膜片振动而产生声响的;电子电喇叭中无触点,它是利用晶体管电路激励膜片振动产生声响的。

在中小型汽车上,由于安装的位置限制,多采用盆形电喇叭。盆形电喇叭具有体积小、质量小、指向好、噪声小等优点(图 5-31)。

2)电喇叭的控制电路

为了得到较为和谐悦耳的声音,在汽车上一般装有高、低音两个电喇叭。由于电喇叭工作电流较大,为保护电喇叭按钮,一般在电喇叭电路中设有电喇叭继电器,电喇叭的控制电路如图 5-32 所示。

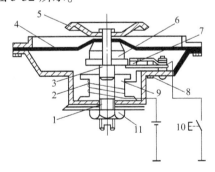

图 5-31　盆形电喇叭的结构与工作原理图
1-下铁芯;2-线圈;3-上铁芯;4-膜片;5-共鸣板;6-衔铁;7-触点;8-调整螺钉;9-电磁铁芯;10-按钮;11-锁紧螺母

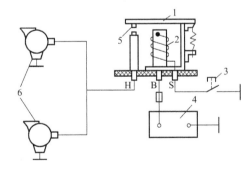

图 5-32　电喇叭的控制电路
1-触点臂;2-线圈;3-电喇叭按钮;4-蓄电池;5-触点;6-电喇叭

当按下电喇叭按钮时,线圈通电,产生的电磁力使触点闭合,接通电喇叭电路而使电喇叭发声。电喇叭电路为:蓄电池正极→熔断丝→接线柱 B→触点臂→触点→接线柱 H→

电喇叭→搭铁→蓄电池负极。电喇叭工作电流不经电喇叭按钮,从而保护了电喇叭按钮。

3. 迈腾 B8 转向灯、警告灯控制运行原理

1)迈腾 B8 转向灯、警告灯的结构组成

迈腾 B8 转向灯、警告灯控制系统通过车载电网控制单元 J519 集中控制,系统包含转向/变光开关 E2、警告灯开关 EX3、左前转向灯 M5、右前转向灯 M7、左后转向灯 M6、右后转向灯 M7、驾驶员侧警告灯 L131、前排乘客侧警告灯 L132、数据总线网关 J533、组合仪表板控制单元 J285、车载电网控制单元 J519、转向柱电子装置控制单元 J527、驾驶员侧车门控制单元 J386、前排乘客侧车门控制单元 J387 等部件(图 5-33)。

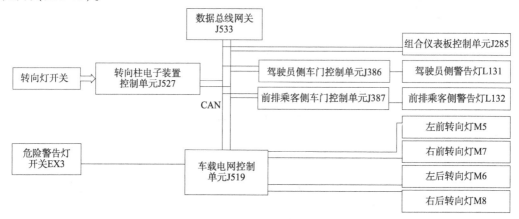

图 5-33 转向灯、警告灯组成结构图

2)迈腾 B8 转向灯、警告灯的工作过程

(1)以开启右转向灯为例,打开点火开关至 ON 挡,向前拨动转向开关,接通开关内部右转向灯开关触点,随即转向柱电子装置控制单元 J527 接收到右转向灯开启的信号。控制单元 J527 将这个模拟信号转换为数字信号,通过舒适 CAN 总线将数据发给车载电网控制单元 J519、组合仪表板控制单元 J285、前排乘客侧车门控制单元 J387。

转向灯、警告灯电路如图 5-34 所示。

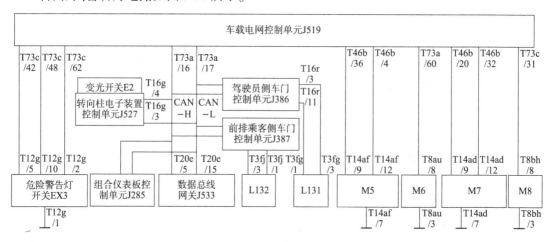

图 5-34 转向灯、警告灯电路图

车载电网控制单元 J519 接收到右转向灯开启的信号后,接通右侧转向灯。组合仪表板控制单元 J285 通过舒适 CAN 总线接收到此信号后,点亮控制单元 J285 内部的右转向指示灯,提示驾驶员转向灯状态。前排乘客侧车门控制单元 J387 通过舒适数据总线接收到此信号后,点亮右侧后视镜上的右转向指示灯来提醒行人以及外部车辆。

(2)任何时候按下危险警告灯开关,开关内部触点接通,随即车载电网控制单元 J519 就可接收到危险警告灯开关开启的信号。控制单元 J519 控制危险警告灯开关上的危险警告灯闪烁。同时,控制单元 J519 将这个模拟信号转换为数字信号,通过舒适 CAN 总线将数据传递给组合仪表板控制单元 J285、驾驶员侧车门控制单元 J386、前排乘客侧车门控制单元 J387。

车载电网控制单元 J519 接收到危险警告灯开关开启的信号后,接通所有转向灯。组合仪表板控制单元 J285 通过舒适 CAN 总线接收到此信号后,点亮控制单元 J285 内部的左转、右转向指示灯,提示驾驶员危险警告灯状态。驾驶员侧车门控制单元 J386、前排乘客侧车门控制单元 J387 通过舒适 CAN 总线接到此信号后,点亮左、右两侧后视镜上的转向指示灯来提醒行人以及外部车辆。

注意:在以上灯光启动的时候,车载电网控制单元 J519 实时监测控制线路上的电压或电流。如果线路上的电压或电流异常,则控制单元将记录相对应的故障代码或在仪表板中提示,同时转向灯闪烁频率将改变。

4.迈腾 B8 制动灯控制运行原理

1)迈腾 B8 制动灯系统的组成

迈腾 B8 制动灯控制系统通过车载电网控制单元 J519 集中控制,系统包含制动灯开关 F、发动机控制单元 J623、数据总线网关 J533、组合仪表控制单元 J285、车载电网控制单元 J519、左右后尾灯总成(含 4 组制动灯)、高位制动灯 M25 等部件(图 5-35)。

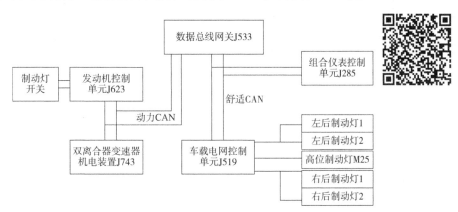

图 5-35 迈腾 B8 制动灯结构组成

2)迈腾 B8 制动灯的工作过程

当踩下制动踏板时,发动机控制单元 J623 检测到制动灯开关两个霍尔芯片发出的两个制动踏板状态信号,发动机控制单元 J623 通过驱动 CAN 总线将这一数据信息发送至双离合器变速器机电装置 J743、数据总线网关 J533,J533 将信息数据处理后,通过舒适 CAN 总线将这制动状态数据信息发送至车载电网控制单元 J519 和组合仪表控制单元 J285。J285 接收到此信息后控制仪表板上制动踏板状态指示灯熄灭；J519 接收到制动信息后，分别控制左后、右后尾灯总成中的 LED 制动灯以及高位制动灯点亮(图 5-36)。

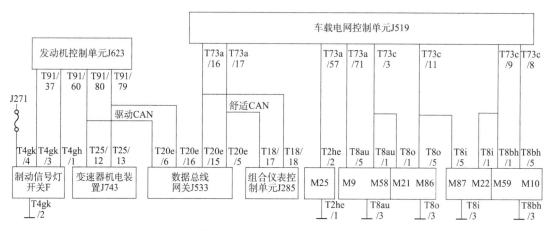

图 5-36　迈腾 B8 制动灯控制电路图

5. 迈腾 B8 倒车灯控制运行原理

当变速杆被置于倒挡位置时，变速杆控制单元 E313 收到变速杆位置传感器发出倒挡信号，同时点亮换挡杆控制面板上的倒车标志符号灯，变速杆控制单元 E313 通过驱动数据总线将该数据信息发送至发动机控制单元 J623、双离合器变速器机电装置 J743、数据总线网关 J533。数据总线网关 J533 将数据处理后，通过舒适 CAN 总线将该数据信息发送至车载电网控制单元 J519、组合仪表板控制单元 J285。组合仪表板控制单元 J285 接收到此信息后点亮仪表板上倒挡位置的挡位显示符号；J519 接收到此消息后，分别接通左后和右后倒车灯总成中的 6 个 LED 电源，LED(倒车灯)点亮(图 5-37)。

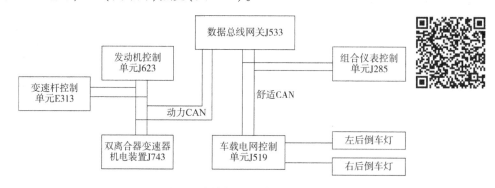

图 5-37　倒车灯组成结构图

二、任务实施

(一)迈腾 B8 转向、警告灯控制系统及检修

1. 准备工作

(1)将实训车辆停放在检测区域。

(2)检查实训室通风系统设备工作是否正常。

(3)准备诊断仪、示波器、万用表、教学车辆、车辆挡块、翼子板布、三件套等教学用具。

2.技术要求与注意事项

(1)依据维修手册进行操作。

(2)实训操作5S管理。

3.操作步骤

(1)故障症状描述。

2018款迈腾B8豪华版,遥控钥匙解锁,驾驶员侧后视镜警报灯闪烁但亮度偏暗。

(2)将点火开关置于ON位置,观察仪表板显示无异常。

(3)转向灯开关左转右转挡位置,左右转向灯正常闪烁,驾驶员侧后视镜警报灯闪烁但亮度偏暗,仪表板上转向指示灯正常闪烁;危险警告灯背景灯亮,按压危险警告开关,转向指示灯不亮。

(4)用诊断仪进行诊断,灯光舒适系统无故障代码,按下危险警告灯开关EX3,对其进行数据流读取,结果为开关未按下(图5-38)。

图5-38 危险警告灯开关数据流

(5)分析危险警告灯系统电路图,其不工作的可能原因有:危险警告灯开关EX3故障;车载电网控制单元J519故障;EX3与J519之间线路存在故障。

(6)未按压EX3,检测危险警告灯处T12g/5端子对搭铁电压为3.5~4.5V交替变换,为正常状态;按压EX3,检测危险警告灯处T12g/5端子对搭铁电压,应为0V,实测为3.5~4.5V交替变换,状态异常;检测危险警告灯处T12g/1端子对搭铁电压,应为0V,实测正常,则推断危险警告灯开关可能损坏(内部断路)。

(7)拆下EX3,进行EX3单件测试,按压EX3开关,检测EX3的T12g/5端子与T12g/1端子电阻为无穷大,确定EX3开关内部断路。更换新EX3,危险警告灯开启正常。

(8)查阅电路图,基于驾驶员侧后视镜警报灯L131偏暗,初步分析可能原因为:L131线路故障;L131自身故障;驾驶员侧门控制单元J386输出故障(图5-39)。

(9)当左转灯开启时,示波器测量L131处T3fg/1电压为3~5V交替变换,波形正常,测量T3fg/3电压应为0V,实测异常偏高为2.7V,则推断可能原因为:L131处T3fg/3至J386处T16r/3之间存在虚接和J386自身故障。

(10)检测J386处T16r/3信号电压,发现该线松动,修复线路。

(11)修复后测量J386处T16r/3信号电压为0V,L131正常闪亮,故障排除。

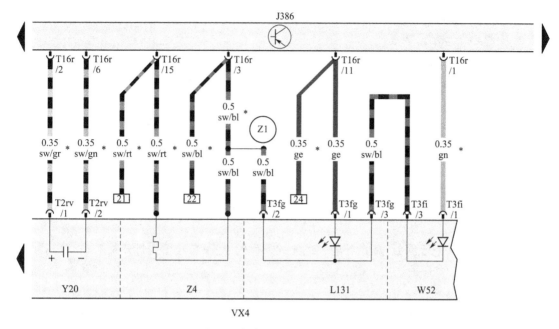

图 5-39　驾驶员后视镜警告灯电路图

(二)迈腾 B8 制动灯控制系统及检修

1. 准备工作

(1)将实训车辆停放在检测区域。
(2)检查实训室通风系统设备工作是否正常。
(3)准备诊断仪、示波器、万用表、教学车辆、车辆挡块、翼子板布、三件套等教学用具。

2. 技术要求与注意事项

(1)依据诊断维修手册进行操作。
(2)实训操作 5S 管理。

3. 操作步骤

2018 款迈腾 B8 豪华版,将点火开关置于 ON 位置,制动灯常亮,仪表板制动踏板状态指示灯不亮,只要按一下启动按钮 E378 就能启动。

(1)用诊断仪读取故障代码为"P057200:制动开关 A 电路低——主动/静态",对制动开关进行数据检测,结果为"通过 CAN 的制动灯信号——不可信"。依据制动灯控制系统原理分析故障代码,推测制动开关电源电路异常,可能原因有:SB6 熔断丝断路;制动开关及相关线路故障(图 5-40)。

(2)先检查 SB6 供电情况,测得 SB6 上游电压为 +B,而下游电压为 0V,熔断丝 SB6 损坏,更换正常熔断丝 SB6 后,故障现象仍旧存在。

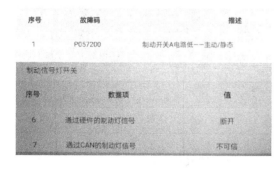

图 5-40　制动开关故障码和数据流

(3)检查制动开关 F 处 T4gk/4 的供电电压为 4.5V,正常值应为 +B,则熔断丝 SB6 至制动开关 F 处 T4gk/4 之间线路故障。

(4)用万用表检查熔断丝 SB6 至制动开关 F 处 T4gk/4 之间线路电阻为 1200Ω,正常值应小于 1Ω,说明线路存在故障(图 5-41)。

(5)线路故障排除后,车辆起动正常,制动灯点亮正常。

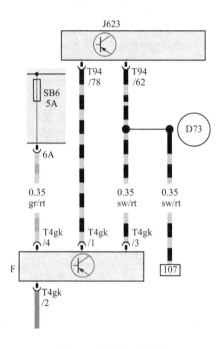

图 5-41 制动灯电路图

三、评价与反馈

1. 自我评价

(1)完成本学习任务后,回答以下问题:

①迈腾 B8 信号灯光开启方式及作用是什么?

_____

②迈腾 B8 危险警告灯工作原理是什么?

_____

(2)简述迈腾 B8 转向灯不亮的检修思路。

_____

(3)简述迈腾 B8 制动灯不亮的检修思路。

_____

(4)你认为自己的知识和技能还有哪些欠缺?

_____

签名:_____ ___年___月___日

2. 小组评价(表5-5)

小组评价表　　　　　　　　　　　　　　　　表5-5

序　号	评价项目	评价情况
1	着装是否符合要求	
2	是否能合理规范地使用仪器和设备	
3	是否按照安全和规范的流程操作	
4	是否遵守学习、实训场地的规章制度	
5	团结协作情况	

参与评价的同学签名：_____　　　___年___月___日

3. 教师评价

_____

_____。

教师签名：_____　　　___年___月___日

四、技能考核标准(表5-6)

技能考核标准表　　　　　　　　　　　　　　　表5-6

序　号	项　目	操作内容	规　定　分	评分标准	得　分
1	检查准备	车辆防护	5分	规范操作	
		观察故障现象	5分	故障描述全面	
2	迈腾B8转向、警告灯控制系统及检修	转向、警告灯原理图分析	5分	记录信息全面	
		读取故障代码,读取数据流	10分	正确按照标准要求操作	
		检测危险警告灯 T12g/5 端子	5分	正确按照标准要求操作	
		检测危险警告灯 T12g/1 端子	5分	正确按照标准要求操作	
		进行 EX3 元件测试	5分	正确按照标准要求操作	
		更换 EX3	5分	正确按照标准要求操作	
		检测 L131 及相关线路	5分	正确按照标准要求操作	
		检测 J386 处信号电压	5分	正确按照标准要求操作	
		排除故障点	10分	正确按照标准要求操作	
3	迈腾B8制动灯控制系统及检修	制动灯电路原理图分析	5分	正确按照标准要求操作	
		读取故障代码	5分	正确按照标准要求操作	
		检查 SB6 供电情况	5分	正确按照标准要求操作	
		检查制动开关 F	5分	正确按照标准要求操作	
		检查 SB6 至制动开关 F 间线路	5分	正确按照标准要求操作	
		排除故障点	10分	正确按照标准要求操作	
		总分	100分		

思考与练习

(一) 填空题

1. 前照灯灯泡中的近光灯灯丝应安装在反光镜的焦点_____。
2. 控制转向灯闪光频率的是_____。
3. 功率低、发光强度最高、寿命长且无灯丝的汽车前照灯是_____。
4. 对汽车前照灯照明的要求,最重要的是_____的功能。
5. 当转向开关打到某一侧时,该侧转向灯亮而不闪,故障可能是_____损坏。
6. 当转向开关打到左右两侧时,转向灯均不亮,检查故障时应首先做的事是检查_____。
7. 汽车侧转向信号灯光色为_____色。
8. 汽车信号系统的作用是通过_____和_____向其他车辆的驾驶员和行人发出警示、引起注意,确保车辆行驶的安全。
9. 前照灯在光束调整过程中,以_____光为主。
10. 喇叭继电器(三线接头式)接按钮的端子标记_____。
11. 后尾灯双丝灯泡中,两个灯丝分别为_____、_____。
12. 汽车制动灯灯泡一般为_____W。
13. 汽车近光所要求的明暗截止线主要与灯泡的_____有关。

(二) 判断题

1. 变光开关用于前照灯远、近光的转换。 ( )
2. 闪光器并联在转向电路中。 ( )
3. 四灯制前照灯安装时,装于内侧的一对灯为远光灯。 ( )
4. 灯光继电器的主要功能是保护灯光开关和灯泡。 ( )
5. 远光灯丝位于反射镜焦点上方。 ( )
6. 喇叭继电器的作用是控制喇叭电路的通断。 ( )
7. 前照灯灯丝在反光镜中的位置提供远近光的分布。 ( )
8. 倒车灯安装在汽车尾部,光色为红色,提醒后方车辆、行人注意安全。 ( )
9. 一般情况下,主转向灯的功率为20W,侧转向灯为5W,光色为琥珀色。 ( )
10. 电热式闪光器具有监控功能,一侧转向灯有一只以上转向灯泡烧断时,该侧转向灯只亮不闪,提示电路异常。 ( )
11. 前照灯光学系统主要由灯泡、反射镜和配光屏组成。 ( )
12. 前照灯继电器是用来保护变光开关的。 ( )
13. 前照灯防眩目的措施主要有采用双丝灯泡和Z形配光形式两种。 ( )
14. 弧光放电前照灯由弧光灯组件、电子控制器和升压器三大部件组成。 ( )
15. 照灯调整时双光束灯以调整远光光束为主。 ( )

(三) 简答题

1. 白炽灯泡要先从玻璃泡内抽出空气,然后充以约86%的氩和约14%的氮的混合惰性气体,其目的是什么?

2. 电喇叭在触点间并联了电容，其目的是什么？
3. 在用前照灯检测仪调整前照灯前，车辆必须要做的准备工作是什么？
4. 哪几种灯属于照明用的灯具？
5. 哪几种灯属于信号及标志用的灯具？
6. 倒车灯总成主要由哪些部件组成？
7. 前照灯的用途有哪些？
8. 对汽车前照灯有何照明要求？如何满足它的要求？
9. 转向信号灯的主要用途是什么？
10. 晶体管式闪光器具有哪些优点？

单元六　汽车仪表和报警系统构造与检修

学习任务1　仪表系统构造与检修

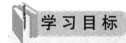

☞ **知识目标**

1. 了解汽车仪表的作用及安装位置；
2. 掌握数字仪表组成及工作原理；
3. 掌握迈腾 B8 车型组合仪表的组成和主要功能；
4. 了解数字仪表系统检修注意事项；
5. 了解 HUD 系统的组成和主要功能。

☞ **技能目标**

1. 能正确使用迈腾 B8 车型的组合仪表；
2. 能完成迈腾 B8 车型的组合仪表的更换作业。

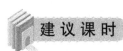

4 课时。

一、理论知识准备

为了使驾驶员随时掌握车辆的各种状况，并能及时发现和排除潜在的故障，在驾驶室的仪表板上装有各种检测仪表和信息显示装置。现代汽车大多采用组合仪表系统。组合仪表一般由面罩、边框、表芯、印刷线路板、插接器、报警灯及指示灯等组成。有些仪表还带有稳压器和报警蜂鸣器。

不同汽车组合仪表中的仪表个数不同，仪表板上一般有燃油表、冷却液温度表、发动机转速表和车速里程表等。仪表板上还有许多指示灯、报警灯、仪表灯等。

随着电子技术的飞速发展，电子数字显示及图像显示的仪表以多功能、高灵敏度、高精度、读数直观、显示模式的自由化等优点不断应用在新型汽车上，数字式仪表能够利用各种传感器传来的信号并根据这些信号进行计算，车辆的信息数据以数字或条形图形式显示出来，许多仪表集网络诊断和数字显示功能于一体，并具有带 ECU 智能化车载动态信息系统的故障自诊断、车辆定位动态显示、电子地图显示、导航等功能。

1. 数字式仪表的组成

一般情况下，电子仪表板包括几组由计算机控制的独立液晶显示器或指示器，分别用来显示车速、油耗、发动机转速、燃油存量、机油压力、冷却液温度、累计行驶里程及平均油耗等信息，同时还有一套指示灯系统，用来指示机油压力、冷却液温度、冷却液液面高度、蓄电池充电电压、制动蹄摩擦片磨损、灯泡故障及车门未关等异常情况，如图 6-1 所示。

图 6-1　迈腾轿车仪表板中的数字组合仪表
1-发动机转速表；2-信息模式显示；3-显示屏；4-复位/设置/显示按钮；5-车速表；6-数字车速表；7-燃油表；8-发动机冷却液温度表；9-挡位显示

电子仪表板的显示系统一般有三种显示方式：数字显示（包括曲线图显示）、模拟显示和指示灯亮灭显示。车速表和发动机转速表常用数字显示和曲线图显示，燃油表可用数字显示，也可用模拟显示。

电子仪表板的亮度调整，通常有两种方式：一种是由电子仪表中的光电池自动调整；另一种是像普通仪表照明一样，用灯光开关电路中的变阻器调整。

大多数电子仪表板都有自诊断功能，进行自诊断时，按下仪表板上的选择钮。当点火开关转到 ACC 挡或 RUN 挡时，仪表板便开始一次自检，检验时通常是整个仪表板发亮。与此同时，各显示器的每段字符段都发亮。在自检过程中，电子仪表板上用来监测各系统的 ISO 标准符号，一般都闪烁。检验完成时，所有仪表都显示当时的读数。若发现故障，便显示一个提醒驾驶员的代码。

2. 电子仪表的电控系统组成

电子仪表的电控系统原理如图 6-2 所示。电控系统接收不同传感器的模拟信号或数字信号，通过接口电路、中央处理器、输出驱动电路，最后控制电子仪表的显示器。为了简化电路、降低成本、节省空间，电子仪表的电控系统中，采用了多路传输技术。当汽车发动机起动后，发动机转速、冷却液温度、燃油液面高度等多种信号传输给仪表控制单元。仪表控制单元将处理后的所有信号有序地输送给相应的显示器，显示出相应的信息，如图 6-3 所示。

3. 迈腾 B8 车型仪表系统

如图 6-3、图 6-4、图 6-5 所示，迈腾 B8 车型组合仪表 KX2 集成了组合仪表控制单元 J285、燃油油量表 G1、车速表 G21、冷却液温度表 G3、发动机转速表 G5 和各种指示灯。迈腾 B8 车型装备的组合仪表有三种：单色（Medium）、彩色（Colour）和全液晶仪表（AID）。单色

(Medium)仪表装备黑白TFT中央显示屏,可显示发动机转速、车速、冷却液温度和燃油存量,多功能显示屏显示时间、行驶里程、车辆信息等。彩色(Colour)仪表包含Medium仪表的全部功能,采用彩色的TFT中央显示屏,图像转换具有动画效果。全液晶仪表(AID)装备31.24cm(12.3in)TFT显示屏,可以显示虚拟图像,在车速表和转速表中间区域根据视图需要,可以显示驾驶、导航和辅助功能的数据,中央显示屏除显示车辆信息外,还可以显示导航和媒体信息,显示导航信息时,车速表和转速表可以改变尺寸,可以进行放大和缩小。全液晶仪表(AID)结构如图6-6所示。

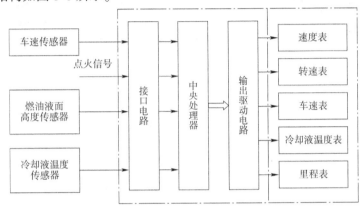

图6-2 电子仪表的电控系统原理图

图6-3 迈腾B8车型单色(Medium)仪表

图6-4 迈腾B8车型单色(Medium)仪表

图 6-5　迈腾 B8 车型全液晶(AID)仪表

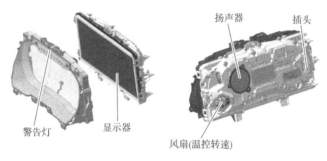

图 6-6　全液晶(AID)仪表结构

平视显示系统,简称 HUD,是英文 Head up Display 的缩写,也叫作抬头显示系统。如图 6-7 所示,这套系统可以将行车重要信息通过 HUD 显示屏投射到风窗玻璃上,再通过风窗玻璃反射给驾驶员。从而避免驾驶员在行车过程中频繁低头看仪表或者车载屏幕。尤其是在高速行车的时候,低头看仪表数据或者导航的一瞬,车辆已经行驶过很长一段距离,遇到突发情况很可能因为来不及采取行动而发生事故。同样,在夜间行车,视野较短,也会遇到同样的问题。平视显示系统可以很好地避免因为低头所造成的视野盲区,对于行车安全有着很好的辅助作用。

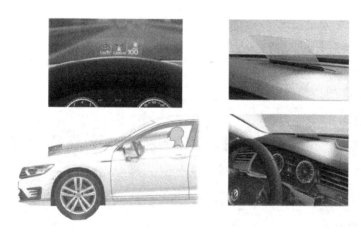

图 6-7　迈腾 B8 车型平视显示系统

如图 6-8 所示,迈腾 B8 车型平视显示系统可显示车辆车速信息、导航信息、定速巡航信息、车道保持信息和各类警告信息。平视显示系统可以通过操纵车灯开关处的风窗玻璃投影按钮 E736 来开启,按下 E736 按钮,启动或关闭显示屏。转动 E736 按钮,可以调整显示屏的垂直位置。

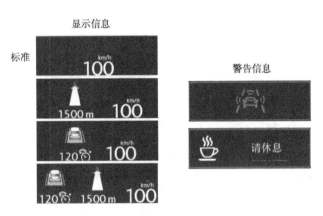

图 6-8　迈腾 B8 车型平视显示系统显示信息

4. 仪表系统检修注意事项

(1) 拆装仪表系统时,应先拆下蓄电池负极电缆。

(2) 拆卸装饰面板时,由于固定螺钉一般是隐蔽的,因此要仔细查找固定螺钉,否则强行拆卸将会损坏装饰面板。

(3) 拆装仪表系统时,应注意仪表板后面的线束插接器,一般都带有锁止机构,切忌强拆,安装时要确保到位。

(4) 从电路板上拆下仪表表芯、电源稳压器、照明及指示灯时,小心不要损坏印制电路。

(5) 单独更换表芯或仪表传感器时,注意仪表与传感器必须配套使用。

(6) 拆装仪表及传感器时,注意动作要轻,不要敲打。

(7) 仪表与传感器的接线、传感器的搭铁必须可靠。

二、任务实施——迈腾 B8 车型组合仪表的更换

1. 准备工作

(1) 将实训车辆停放在检测区域。

(2) 检查实训室通风系统设备工作是否正常。

(3) 准备拆装专用工具、教学车辆、车辆挡块、翼子板布、三件套等。

2. 技术要求与注意事项

(1) 组合仪表 KX2 中所有指示灯都安装了 LED 光源,LED 损坏时无法单独更换,必须更换组合仪表。

(2) 组合仪表 KX2 不能拆解,损坏时,必须整体更换。

(3) 拆卸组合仪表 KX2 时不需要拆下转向盘。

(4) 组合仪表的装配示意图见图 6-9。

(5) 组合仪表固定螺栓紧固力矩为 $1.5\text{N}\cdot\text{m}$。

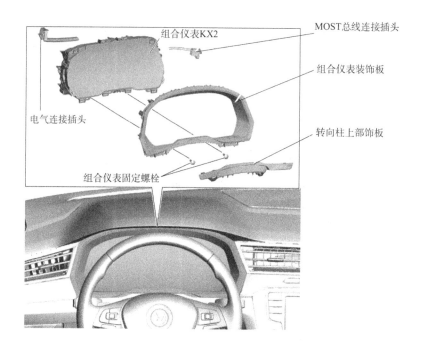

图 6-9　组合仪表装配示意图

3. 操作步骤

以迈腾 B8 车型为例,介绍组合仪表 KX2 更换的步骤。

(1)调整转向盘位置,将转向盘调整到向后和向下的极限位置。

(2)关闭点火开关,将点火钥匙放置在车外,以免意外接通点火开关。

(3)从组合仪表定位件中松开转向柱上部饰板的间隙盖板。

(4)如图 6-10 所示,在组合仪表挡板侧面,使用专用工具 T10383 从图中箭头 A、B、C 的位置从组合仪表中脱开,取下组合仪表挡板。

(5)如图 6-11 所示,拆卸组合仪表挡板 1,使用工具拧出仪表固定螺栓 3。

(6)向外拉出组合仪表(KX2)2,直至组合仪表紧贴转向盘。

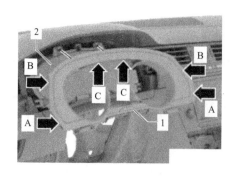

图 6-10　组合仪表挡板拆卸示意图

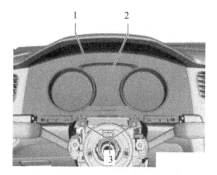

图 6-11　组合仪表拆卸示意图
1-挡板;2-组合仪表;3-固定螺栓

（7）如图 6-12 所示，按压组合仪表电气连接插头放松卡槽，沿箭头方向翻转固定卡箍，断开组合仪表电气连接插头。

（8）从转向盘和仪表板之间取出组合仪表 KX2。

（9）更换组合仪表，更换组合仪表时，需要拆下组合仪表挡板。

（10）按照与拆卸相反的顺序安装组合仪表。

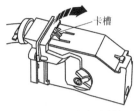

图 6-12　组合仪表电气插头拆卸示意图

三、评价与反馈

1. 自我评价

（1）完成本学习任务后，回答以下问题：

①简述数字仪表组成及工作原理。
_____。

②数字仪表系统检修注意事项有哪些？
_____。

（2）如何更换迈腾 B8 车型的组合仪表？
_____。

（3）实训过程完成情况如何？
_____。

（4）你认为自己的知识和技能还有哪些欠缺？
_____。

　　　　　　　　　　　　　　签名：_____　　___年___月___日

2. 小组评价（表6-1）

小组评价表　　　　　　　　　　　　　　表6-1

序　号	评 价 内 容	优	良	中	差
1	任务中 5S 管理执行情况				
2	合理规范地使用仪器和设备				
3	按照安全和规范的流程操作				
4	遵守学习、实训场地的规章制度				
5	团结协作情况				

参与评价的同学签名：_____　　___年___月___日

3. 教师评价

_____
_____。

　　　　　　　　　　　　　　教师签名：_____　　___年___月___日

四、技能考核标准(表6-2)

技能考核标准表　　　　　　表6-2

项　目	操作内容	规定分	评分标准	得　分
迈腾 B8 车型组合仪表的更换	车辆保护	5分	正确铺设翼子板布和前格栅布	
	调整转向盘位置	5分	正确进行此操作	
	关闭点火开关,将点火钥匙放置在车外	5分	正确进行此操作	
	松开转向柱上部饰板的间隙盖板	5分	正确进行此操作	
	取下组合仪表挡板	5分	正确进行此操作	
	拆卸组合仪表挡板	5分	正确进行此操作	
	拧出仪表固定螺栓	5分	正确进行此操作	
	断开组合仪表电气连接插头	5分	正确进行此操作	
	取出组合仪表 KX2	10分	正确进行此操作	
	安装组合仪表 KX2	5分	达到操作要求	
	连接组合仪表电气连接插头	10分	达到操作要求	
	安装仪表固定螺栓	10分	达到操作要求	
	安装组合仪表挡板	10分	达到操作要求	
	安装转向柱上部饰板的间隙盖板	10分	达到操作要求	
	打开点火开关,观察仪表工作情况	5分	达到操作要求	
	总分	100分		

学习任务2　报警系统构造与检修

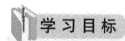

☞ 知识目标

1. 了解汽车报警系统的作用;
2. 熟悉迈腾 B8 车型主要报警装置的符号及含义;
3. 掌握迈腾 B8 车型组合仪表中指示灯电路组成及工作过程。

☞ 技能目标

1. 能完成迈腾 B8 车型组合仪表中指示灯电路分析;
2. 能完成迈腾 B8 车型组合仪表中燃油系统报警故障检修。

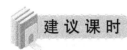

建议课时

4课时。

一、理论知识准备

1. 汽车报警系统

汽车报警系统主要通过仪表上的报警灯、指示灯及报警音来提醒和警示驾驶员。汽车仪表指示灯较多,一般分为三种类型:第一种是显示相应的功能,如转向指示灯、远光指示灯、近光指示灯,一般灯光颜色为蓝色或绿色;第二种是提醒相应系统出现故障,如发动机故障报警灯、燃油系统存量不足报警灯、制动偏磨损报警灯等,一般灯光为黄色,提醒驾驶员尽快进行处理,这类故障一般不影响车辆行驶;第三种为警示驾驶员,车辆出现影响行驶的故障或其他异常情况,如冷却液温度过高报警灯、ABS系统报警灯等,部分报警灯也会伴随有报警音来警示驾驶员,如安全带未系时,仪表中安全带未系报警灯会点亮(红色),"嘀嘀"的报警音也会响起,来警示驾驶员。

迈腾轿车主要警报灯/指示灯的符号及如表6-3所示。

迈腾轿车主要警报/指示灯符号及含义　　　　　　　　　　　表6-3

符　号	含　义
⚠	中央警报灯
(P)	电子驻车制动器处于打开状态
(!)	制动液液位偏低或制动系统发生故障
🌡	冷却液液位偏低,冷却液温度过高或冷却液液位系统发生故障
🛢	发动机机油压力报警灯,点亮:发动机机油压力偏低
🔔	转向系统故障报警灯,点亮:电动-机械转向系统失效;闪亮:转向系统发生故障
🧍	安全带未系报警灯,点亮:驾驶员或前排乘员未系安全带
🚗	预碰撞安全警报灯,点亮:撞车警告,车辆应制动或绕行
⊘	制动踏板未踩提示

续上表

符　号	含　义
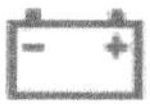	充电指示灯
	中央警报灯
	ESC 系统报警灯
	ESC 系统关闭
	ABS 系统报警灯
	电子驻车制动器（EPB）故障报警灯
	后雾灯状态指示
	车辆照明系统报警灯
	排放控制系统故障报警灯
EPC	发动机管理系统故障报警灯
	发动机转速受限
	EPS 系统故障报警灯
	胎压监测系统故障报警灯
	雨量光线传感器故障报警灯
	风窗刮水器故障报警灯
	风窗清洗液液位过低报警灯

续上表

符 号	含 义
	燃油存量不足报警灯
	发动机润滑系统报警灯,点亮:发动机机油液位偏低,闪亮:发动机润滑系统发生故障
	安全气囊(SRS)系统故障报警灯
	车道保持系统指示灯,已开启,未激活
	自适应巡航系统 ACC 故障报警灯
	预碰撞安全系统状态指示灯
	变速器故障报警灯
	自适应底盘调节系统(DCC)故障报警灯
	左右侧转向灯状态指示
	制动踏板状态指示,点亮:踩下制动踏板,闪亮:变速杆锁止按钮未啮合
	制动系统正在对轿车施加制动
	点亮:自适应巡航系统(ACC)或车速巡航控制系统(GRA)处于激活状态,闪亮:车速超过车速限制器设定的车速
	车道保持系统指示灯,已开启,已激活
	前照灯状态指示
	ACC 处于激活状态,前方未探测到任何车辆
	显示白色时:ACC 处于激活状态,探测到前方车辆,显示灰色时,ACC 未激活,系统处于打开状态,但未进行调节

续上表

符 号	含 义
 ≡A	远光灯调节或自动远光灯调节已启用
 🔧	维护周期提示器/下次维护即将到期
 🔋	移动电话电池电量
 ❄	薄冰警报,环境温度低于4℃
 Ⓐ	发动机自动起停系统处于可用状态
 Ⓐ̸	发动机自动起停系统处于不用状态
 eco	低消耗行驶状态
 📖	请注意阅读随车文件里的有关说明

2. 迈腾 B8 车型报警系统电路

迈腾 B8 车型仪表电路图如图 6-13 所示,装备的报警指示灯有远光灯指示灯 K1、发电机指示灯 K2、机油压力指示灯 K3、后雾灯指示灯 K13、驻车制动器指示灯 K14、燃油表指示灯 K16、安全带指示灯 K19、制动摩擦片指示灯 K32、机油液位指示灯 K38、ABS 指示灯 K47、安全气囊指示灯 K75、制动系统指示灯 K118、驻车制动器指示灯 K139、电子稳定程序和 ASR 指示灯 K155、轮胎压力监控指示灯 K220 等。其中,多数报警指示灯是由仪表控制单元 J285 通过总线(CAN、LIN、MOST)获得相应信息,如灯光开启情况、发电机工作情况、机油压力情况、各电控系统工作情况等,当需要开启相应指示灯进行报警时,J285 点亮相应指示灯,进行警示。如机油压力传感器采集发动机工作状态下机油压力,并将当前机油压力值传输至发动机控制单元 J623,J623 通过 CAN 将机油压力数据传输至数据总线网关 J533,J533 再将机油压力数据传输至组合仪表控制单元 J285,当机油压力值超出正常工作范围时,J285 控制组合仪表内机油压力指示灯 K3 点亮,警示驾驶员。燃油表指示灯 K16 的点亮,是由 J285 采集燃油表控制单元 GX1 中的燃油表传感器 G 的燃油存量信息决定,当燃油存量低于标准值时,J285 控制燃油表指示灯 K16 点亮,警示驾驶员。

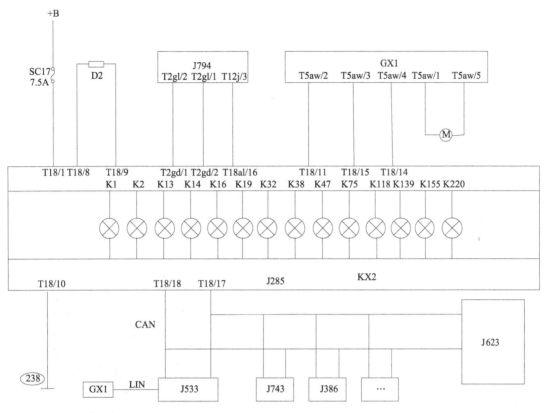

图 6-13 迈腾 B8 车型仪表电路图

K1-远光灯指示灯;K2-发电机指示灯;K13-后雾灯指示灯;K14-驻车制动器指示灯;K16-燃油表指示灯;K19-安全带指示灯;K32-制动摩擦片指示灯;K38-机油液位指示灯;K47-ABS 指示灯;K75-安全气囊指示灯;K118-制动系统指示灯;K139-驻车制动器指示灯;K155-电子稳定程序和 ASR 指示灯;K220-轮胎压力监控指示灯;D2-防盗锁止系统识读线圈;J285-组合仪表控制单元;KX2-组合仪表;GX1-燃油表控制单元;J533-数据总线诊断接口;J743-变速器控制单元;J386-驾驶员侧车门控制单元

燃油存量传感器 G 与燃油泵集成为一体,安装在后排座位下的燃油箱内,如图 6-14 所示,燃油存量传感器 G 通过 3 根导线与组合仪表控制单元 J285 连接,燃油存量传感器 G 本身为一个电阻式位置传感器,3 号和 4 号脚之间的电阻约为 340Ω,当燃油表内液位发生变化时,浮子上下移动,带动 2 号脚在电阻中发生移动,改变 2 号和 3 号、2 号和 4 号脚的电阻。燃油存量传感器 G 工作时,在组合仪表控制单元 J285 T18/15 号和 T18/11 号、T18/14 号和 T18/11 号中形成两个回路,由组合仪表控制单元 J285 内部从 T18/15 号和 T18/14 号发出脉冲电压信号,燃油存量传感器 G 的 2 号和 3 号、2 号和 4 号脚之间的电阻使两个回路形成压降,从而 T18/15 号和 T18/14 号反馈出两个电压脉冲信号,组合仪表控制单元 J285 通过监测 J285 从 T18/15 号和 T18/14 号管脚的电压脉冲信号,来判别当前油箱内浮子位置,通过燃油表指示燃油位置,当燃油达到油箱位置下限时,组合仪表控制单元 J285 控制燃油指示灯 K16 点亮,警示驾驶员。

组合仪表控制单元 J285 T18/15 号和 T18/14 号管脚的实时波形见图 6-15。

二、任务实施——燃油系统报警故障排除

1. 准备工作

(1) 将实训车辆停放在检测区域。

(2) 检查实训室通风系统设备工作是否正常。

(3) 准备万用表、示波器、车辆挡块、翼子板布、三件套等教学用具。

2. 技术要求与注意事项

(1) 燃油存量传感器为电阻式传感器,最大电阻约为340Ω。

(2) 燃油存量传感器集成在燃油泵总成内,如损坏,则需整体更换。

(3) 更换燃油泵总成时,需对燃油管路进行卸压,断开蓄电池负极,保证油箱周围整洁,防止发生火灾。

3. 操作步骤

以迈腾B8车型为例,介绍燃油系统报警故障排除的步骤。

(1) 打开点火开关,确认组合仪表中燃油系统报警故障,如图6-16所示。

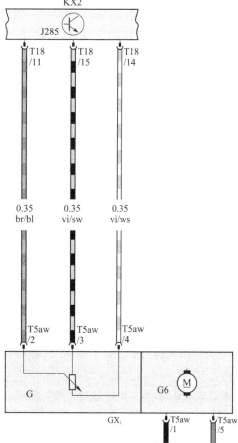

图6-14 燃油存量传感器电路图
G-燃油存量传感器;G6-燃油泵;KX2-组合仪表

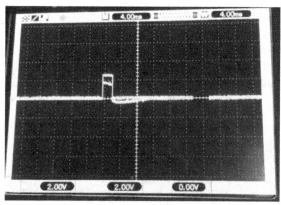

图6-15 燃油存量传感器实时波形

图6-16 燃油系统故障报警

(2)询问客户车辆使用情况,确认燃油箱燃油存量情况,也可向燃油箱内加入燃油,排除燃油油量不够因素。

(3)连接诊断仪,读取组合仪表控制单元 J285 故障代码,如图 6-17 所示,故障提示"B103E1B:燃油存量传感器 1-电阻太大——被动/偶发"。

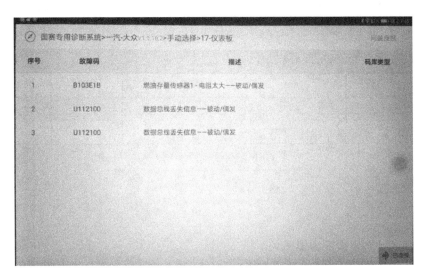

图 6-17　J285 故障代码

(4)关闭点火开关,拆下后排座位坐垫,打开燃油泵总成盖板,断开燃油泵插接器 T5aw,使用万用表电阻挡测量燃油泵总成侧 2 号和 3 号、3 号和 4 号、2 号和 4 号管脚之间的电阻。经测量,2 号和 3 号管脚电阻为 121.2Ω,2 号和 4 号管脚电阻为无穷大,3 号和 4 号管脚电阻为无穷大,说明燃油存量传感器异常。如图 6-18 所示,正常情况下燃油存量传感器 3 号和 4 号管脚电阻应为 340Ω 左右(图 6-18)。

(5)打开点火开关,使用万用表电压挡位检查燃油泵插接器 T5aw3 号和 4 号管脚供电电压,如图 6-19 所示,燃油泵插接器 T5aw/3 号和 4 号管脚供电电压均为 5V,线路供电正常。

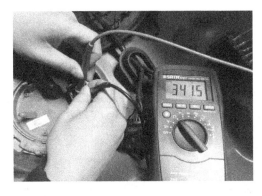 

图 6-18　燃油泵插接器 3、4 号管脚电阻　　图 6-19　燃油泵插接器 T5aw/3 电压

(6)更换燃油存量传感器,需更换燃油泵总成,更换前,应先断开蓄电池负极,将输油管

中燃油压力卸掉,使用抹布包裹,轻轻松开输油管。

(7)连接燃油泵总成插接器,安装座椅。

(8)起动车辆,故障排除。

三、评价与反馈

1. 自我评价

(1)完成本学习任务后,回答以下问题:

①汽车报警系统的作用是什么?

②迈腾 B8 车型主要的报警符号及含义是什么?

(2)如何排除燃油系统报警故障?

(3)实训过程完成情况如何?

(4)你认为自己的知识和技能还有哪些欠缺?

签名:_____   ___年___月___日

2. 小组评价(表6-4)

小 组 评 价 表　　　　　　　　表6-4

序 号	评价内容	优	良	中	差
1	任务中5S管理执行情况				
2	合理规范地使用仪器和设备				
3	按照安全和规范的流程操作				
4	遵守学习、实训场地的规章制度				
5	团结协作情况				

参与评价的同学签名:_____   ___年___月___日

3. 教师评价

教师签名:_____   ___年___月___日

四、技能考核标准（表6-5）

技能考核标准表　　　　　　　　表6-5

项　　目	操作内容	规　定　分	评分标准	得　　分
燃油系统报警故障排除	车辆保护	5分	正确铺设翼子板布和前格栅布	
	打开点火开关，确认故障现象	5分	正确进行此操作	
	排除燃油油量不够因素	5分	正确进行此操作	
	连接诊断仪，读取组合仪表控制单元J285故障代码	5分	正确进行此操作	
	关闭点火开关，拆下后排座位坐垫	5分	正确进行此操作	
	打开燃油泵总成盖板，断开燃油泵插接器T5aw	7分	正确进行此操作	
	测量燃油泵总成侧2号和3号管脚之间的电阻	7分	达到操作要求	
	测量燃油泵总成侧3号和4号管脚之间的电阻	7分	达到操作要求	
	测量燃油泵总成侧2号和4号管脚之间的电阻	7分	达到操作要求	
	打开点火开关，使用万用表电压挡位检查燃油泵插接器T5aw3号和4号管脚供电电压	10分	达到操作要求	
	更换燃油存量传感器（油泵总成）	20分	达到操作要求	
	连接燃油泵总成插接器	7分	进行此操作	
	安装后排座椅	5分	进行此操作	
	起动车辆，确认故障排除	5分	进行此操作	
总分		100分		

思考与练习

（一）填空题

1. 电子仪表板的显示一般有_____、_____、_____三种显示方式。
2. 电子仪表板的亮度调整通常有_____和_____两种方式。
3. 迈腾B8车型装备的组合仪表有_____、_____、_____三种。
4. 平视显示系统，简称_____，是英文_____的缩写。
5. 汽车报警系统主要通过仪表上的报警灯、_____及_____来提醒和警示驾驶员。

(二)判断题

1. 组合仪表一般由面罩、边框、表芯、印刷线路板、插接器、报警灯及指示灯等部件组成。有些仪表还带有稳压器和报警蜂鸣器。（　　）

2. 迈腾 B8 车型的燃油存量传感器安装在油箱内，可以单独更换。（　　）

3. 平视显示系统可以将所有仪表信息投射到风窗玻璃上。（　　）

4. 平视显示系统可以很好地避免因为低头所造成的视野盲区，对于行车安全有着很好的辅助作用。（　　）

5. 迈腾 B8 车型平视显示系统可以通过操纵车灯开关处的风窗玻璃投影按钮 E736 来开启，按下 E736 按钮，启动或关闭显示屏。（　　）

6. 迈腾 B8 车型组合仪表 KX2 中所有指示灯都安装了 LED 光源，LED 损坏时无法单独更换，必须更换组合仪表。（　　）

(三)简答题

1. 迈腾 B8 车型数字组合仪表主要显示哪些信息？
2. 迈腾 B8 车型更换仪表系统时应注意哪些事项？
3. 简述迈腾 B8 车型燃油存量报警电路的工作过程。
4. 汽车仪表指示灯有哪几种类型？各有什么特点？

单元七　汽车辅助电器构造与检修

学习任务1　风窗清洁装置构造与检修

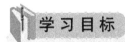

☞ 知识目标

1. 了解风窗清洁装置的组成和功用；
2. 了解风窗清洁装置的工作原理；
3. 掌握风窗清洁装置使用及系统控制原理；
4. 掌握迈腾 B8 车型风窗清洗装置的系统组成及工作过程。

☞ 技能目标

1. 能正确识读迈腾 B8 车型风窗清洗装置电路；
2. 能完成迈腾 B8 车型前风窗刮水系统功能失效故障排除工作。

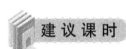

4 课时。

一、理论知识准备

1. 风窗刮水器

1）风窗刮水器的作用

风窗刮水器的作用是用来清除风窗玻璃上的雨水、雪或尘土，以保证驾驶员的良好视野。

2）风窗刮水器的组成

风窗刮水器在车上的位置如图 7-1 所示。

汽车的电动刮水器一般由直流电动机、蜗轮箱、曲柄、连杆、摆杆、摆臂和刮水器片等组成。电动机一般和蜗轮箱结合成一体组成刮水器电动机总成。曲柄、连杆和摆杆等杆件可以把蜗轮的旋转运动转变为摆臂的往复摆动，使摆臂上的刮水器片实现刮水动作。电动刮水器的结构如图 7-2 所示。

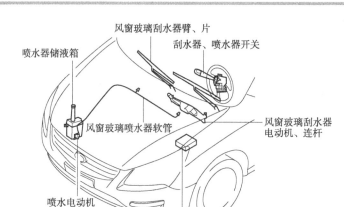

图 7-1 风窗刮水器在车上的位置

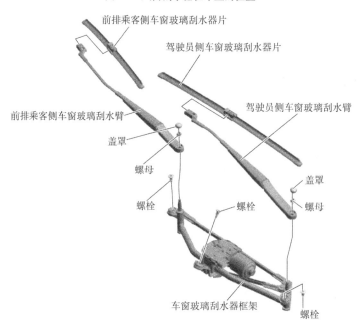

图 7-2 迈腾 B8 车型前风窗电动刮水器的组成

3）刮水电动机的结构和工作原理

（1）刮水电动机的结构。

刮水电动机一般有绕线式和永磁式两种。绕线式刮水电动机的磁极绕有励磁绕组，通电流时产生磁场，而永磁式刮水电动机的磁极用永久磁铁制成。

永磁式电动机体积小、质量小、结构简单，使用广泛。

永磁式电动机的结构如图 7-3 所示，主要由外壳、永久磁铁总成、电枢、电刷安装板及复位开关、蜗轮、蜗杆、输出臂等组成，通电时电枢转动，经蜗轮和输出齿轮及输出轴后，把动力传给输出臂。

（2）永磁式刮水电动机的工作原理。

永磁式刮水电动机是利用 3 个电刷来改变正、负电刷之间串联线圈的个数实现变速的，如图 7-4 所示。其原理是:刮水电动机工作时,在电枢内同时产生反电势,其方向与电枢电流的方向相反。如要使电枢旋转,外加电压必须克服反电势的作用。当电动机转速升高时,反电势增高,只有当外加电压等于反电势时,电枢的转速才能稳定。

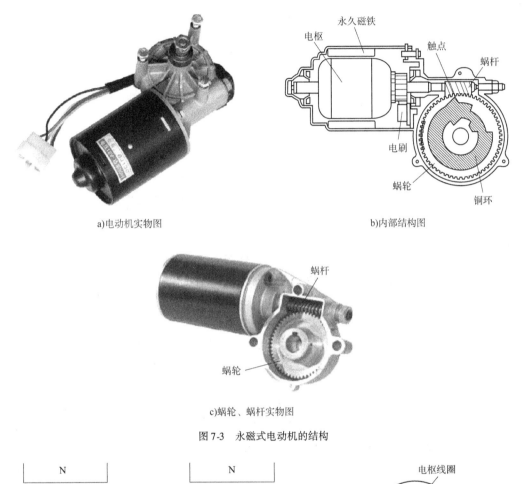

图 7-3　永磁式电动机的结构

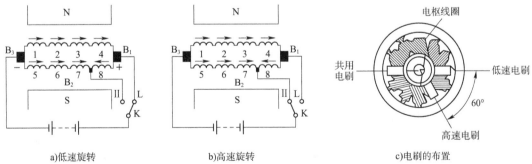

图 7-4　永磁式刮水电动机的工作原理图

三刷永磁式刮水电动机工作时,电枢绕组产生的反电势的方向如图 7-4a)中箭头所示。当将刮水器开关 K 拨向 L(低速)时,电源电压加在电刷 B_1 和 B_3 之间。在电刷 B_1 和 B_3 之间的两条并联支路中,每条支路中各有 4 个串联绕组,反电势的大小与支路中反电势的大小相等。由于外加电压需要平衡 4 个绕组所产生的反电势,故电动机转速较低。

如图 7-4b)所示,当将刮水器开关 K 拨向 H(高速)时,电源电压加在电刷 B_2 和 B_3 之间。绕组 1、2、3、4、8 同在一条支路中,其中绕组 8 与绕组 1、2、3、4 的反电势方向相反,相互抵消后,使每条支路变为 3 个绕组,由于电动机内部的磁场方向和电枢的旋转方向没有变化,所以各绕组内反电势的方向与低速时相同。但是外加电压只需平衡 3 个绕组所产生的反电势,因此,电动机的转速增高。

4)刮水电动机的控制电路及自动复位原理

永磁式电动机刮水器的自动复位装置的结构与工作原理如图 7-5 所示。

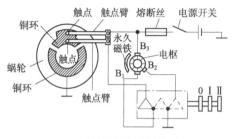 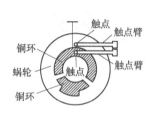

a)刮水器复位时铜环位置　　　　b)刮水器未复位时铜环位置

图 7-5　永磁式电动机刮水器自动复位装置的结构与工作原理图

当电源开关接通,将刮水器开关转到Ⅰ挡(低速挡)时,电流回路为:蓄电池正极→电源开关→熔断丝→电刷 B_1→电枢绕组→电刷 B_3→刮水器开关接线柱 b→刮水器开关接触片→刮水器开关接线柱 c→搭铁→蓄电池负极。

把刮水器开关拉到Ⅱ挡(高速挡)时,电流回路为:蓄电池正极→电源开关→熔丝→电刷 B_1→电枢绕组→电刷 B_2→刮水器开关接线柱 d→刮水器开关接触片→刮水器开关接线柱 c→搭铁→蓄电池负极。

如图 7-5b)所示,当开关推到 0 挡(停止)时,如果刮水器片没有停到规定位置时,由于触点与铜环接触,则电流继续流入电枢,其电路为:蓄电池正极→电源开关→熔断丝-电刷 B_1→电枢绕组→电刷 B_3→刮水器开关接线柱 b→刮水器开关接触片→刮水器开关接线柱 a→触点臂→铜环→搭铁→蓄电池负极。电动机以低速运转直至蜗轮旋转到图 7-5a)所示的位置时,触点通过铜环与触点连通,将电动机电枢绕组短路。

由于电枢的旋转惯性,电动机不能立即停止转动,电动机以发电机方式运行,此时电枢绕组通过触点臂,与铜环接通而短路,电枢绕组产生很大的反电动势,产生制动力矩,电动机迅速停止转动,使刮水片复位到风窗玻璃的下部。

5)迈腾 B8 车型风窗清洗装置电路

如图 7-6 所示,风窗清洗装置电路由车载电网控制单元 J519、刮水器电动机控制单元 J400、前照灯清洗装置泵 V11、车窗玻璃清洗泵 V5、雨量和光照识别传感器 G397、车窗玻璃清洗液液位传感器 G33、刮水器开关 E22、转向柱控制单元 J527 等部件组成。

当驾驶员操作刮水器开关至低速挡时,刮水器开关将信号传递至转向柱控制单元 J527,J527 通过 CAN 总线将信号传递至车载电网控制单元 J519,J519 通过 LIN 总线将控制信号发送至刮水器电动机控制单元 J400,J400 内部集成了刮水器电动机 V,J400 根据控制信号打开刮水器电动机,电动机带动刮水器片,刮动前风窗玻璃。

单元七　汽车辅助电器构造与检修

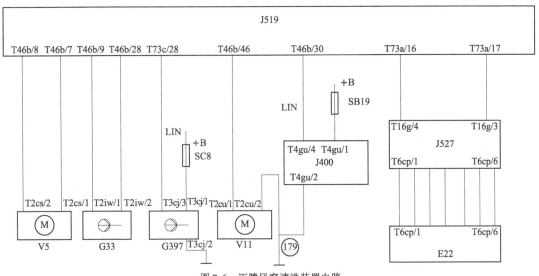

图 7-6　迈腾风窗清洗装置电路

当驾驶员操作刮水器开关至高速挡时,控制路线与低速挡一致,只是 J519 控制信号不同,从而 J400 控制刮水器电动机 V 工作电流发生改变,高速挡刮水器电动机通电电流大,速度快,低速挡刮水器电动机通电电流小,速度慢。

当驾驶员操作刮水器开关至间歇挡时,雨量和光照识别传感器 G397 感受车外雨量大小,G397 通过 LIN 总线将雨量信息传递至 J519,J519 将刮水器电动机工作控制信号发送至刮水器控制单元 J400,J400 控制电动机工作,此时间歇时间与当前雨量相关,雨量越大,间歇时间越短。

雨量和光照识别传感器 G397 安装在风窗玻璃上,如图 7-7 所示。

2. 风窗洗涤器

为了及时消除风窗玻璃上的尘土和污物,使驾驶员具有良好的视线,在汽车上还装有风窗洗涤器。如图 7-8 所示为汽车风窗洗涤器的组成示意图,它由储液罐、洗涤泵(直流电动机与泵)、输液管与喷嘴等组成。储液罐由塑料制成,其内装有洗涤液。洗涤液一般由水与适量的添加剂组成。添加剂有助于清洁或降低冰点,如在水中加入 5% 的氯化钠(食盐)可提高洗涤液的润湿与清洁能力。在寒冷地区,为了防止洗涤液冻结,可在水中加入 50% 的甲醇或异丙基酒精。

洗涤泵由一只微型永磁直流电动机和离心泵组成。该电动机是封闭式、短时定额工作的高速电动机。当风窗玻璃上有灰尘或污物时,先开动洗涤泵,将洗涤液以一定压力经喷嘴喷到刮片的上部,湿润玻璃。然后再开动刮水器,将风窗玻璃上的灰尘或污物刮掉。

使用洗涤器时,应注意开动洗涤泵时,洗涤泵连续工作的时间不得大于 5s,使用间歇时间不得少于 10s。无洗涤液时,不要开动洗涤泵。

迈腾 B8 风窗洗涤器工作过程:当驾驶员操作刮水器开关至洗涤挡位时,刮水器开关将信号输送至车载电网控制单元 J519,J519 直接控制车窗玻璃清洗泵 V5 工作,清洗泵通过管路将清洗液喷到玻璃上,同时 J519 控制刮水器电动机刮水一次。车窗玻璃清洗液液位传感器 G33 用来检测清洗液储液罐内清洗液液位。

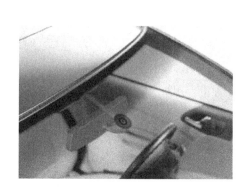
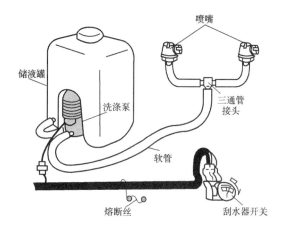

图 7-7　雨量和光照识别传感器 G397 安装位置　　　图 7-8　风窗洗涤器的组成

3. 前照灯清洗装置

汽车在夜晚或光线较暗的条件下行驶时,雨水和尘埃会减小前照灯的照明度,使驾驶员的视线受到严重影响,对行驶安全来说,存在较大的隐患。前照灯清洗装置就是在前照灯的下方设有一出水口,随时可以清洗前照灯的灰尘及污垢。越来越多的车型安装了此装置。

前照灯清洗液与前玻璃清洗系统共用一个储液罐,必须在前照灯打开的情况下,前照灯清洗装置才工作。

如图 7-9 所示,前照灯清洗装置可安装在汽车保险杠上,也可使用可伸缩的延伸喷嘴支架,使其隐藏在保险杠内,在不用时隐藏起来,在使用时再打开。其工作过程为:当前照灯打开、前风窗喷水清洗装置启用时,前照灯清洗器开始工作。清洗系统先将前照灯清洗器从保险杠中伸出来(打开出水孔),然后,水在压力作用下喷向前照灯,完成清洗去污。喷射完成后,喷头自动回缩。

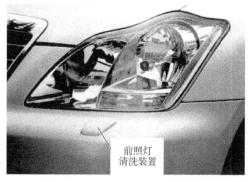

a)前照灯清洗装置安装位置　　　　　　　　b)清洗状态

图 7-9　前照灯清洗装置

二、任务实施——前风窗玻璃刮水系统功能失效故障排除

1. 准备工作

(1)将实训车辆停放在检测区域。

单元七 汽车辅助电器构造与检修

(2)检查实训室通风系统设备工作是否正常。

(3)准备故障诊断仪、示波器、万用表、车辆挡块、翼子板布、三件套等教学用具。

2.技术要求与注意事项

正确使用工具设备进行检测,拔插线束插接器时,需要关闭点火开关;拔插控制单元插接器时,不仅需要关闭点火开关,还需要断开蓄电池负极。

3.操作步骤

以迈腾 B8 车型为例,介绍前风窗玻璃刮水系统功能失效故障排除的步骤。

(1)打开点火开关,前照灯应急点亮,操作刮水器运行开关 E22(图 7-10),刮水器无动作、车窗清洗泵 V5 无动作。

(2)使用故障诊断仪读取 E22 数据流。

①使用诊断仪访问转向柱电子装置控制单元 J527,选择"数据流",选择子菜单"前刮水,前冲洗",如图 7-11 所示。

②操作 E22,观察诊断仪数据变化。

图 7-10 操作刮水器运行开关 E22　　图 7-11 转向柱电子装置控制单元 J527 数据流

③各项数据变化如下:

"挡风玻璃雨刮器"的数据随 E22 在关闭、点动、间歇、慢挡、快挡时分别显示未激活、刮水器声响、间歇性操作、第 1 级、第 2 级。

"挡风玻璃刮水器,间歇阶段"的数据随 E22 上雨量传感器灵敏度调节旋钮的位置分别显示:第 1 级、第 2 级、第 3 级、第 4 级。

"挡风玻璃清洗器系统"的数据随 E22 在非喷水挡时显示"未激活",在喷水挡时显示"激活"。

④说明间歇式刮水器运行开关 E22 正常。

(3)执行刮水器电动机控制单元 J400 动作测试。

使用诊断仪访问车载电网控制单元 J519,选择"动作测试",选择子菜单"前挡风玻璃雨刮器"(图 7-12),设置"起动参数",第 1 级或第 2 级,点击"开始",观察到刮水器片无动作,说明刮水器电动机控制单元 J400 及相关线路存在故障。

(4)J400 供电检测。

如图 7-13 所示,使用万用表电压挡,检测 J400/T4gu/1 与 J400/T4gu/2 间的电压,检测结果为:12.55V,说明 J400 供电正常。

图7-12 前风窗玻璃刮水器动作测试

图7-13 测试J400供电情况

(5) J400 LIN 总线检测。

使用示波器检测 J400/T4gu/4 的波形,测得波形如图7-14所示;说明J400LIN总线存在故障。

拔下J400线束插头,再次检测J400/T4gu/4的波形,测得波形如图7-15所示;波形正常,说明J519LIN信号输出及J519/T46b/30至J400/T4gu/4间线路正常,故障在刮水器电动机控制单元J400内部。

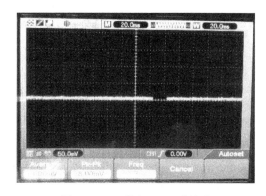

图7-14 J400线路T4gu/4的波形

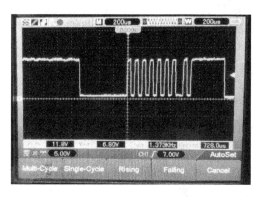

图7-15 J400端/T4gu/4的波形

(6) 实施维修。

更换刮水器电动机控制单元J400。

(7) 修复后功能测试。

观察前照灯应急功能消失,刮水器喷水功能正常,操作间歇式刮水器运行开关E22,刮水器各挡位恢复正常,前风窗玻璃刮水系统功能恢复,故障排除。

三、评价与反馈

1. 自我评价

(1) 完成本学习任务后,回答以下问题:

①风窗清洗装置由哪些部件组成?

②迈腾 B8 车型刮水器如何工作？
_____。

(2) 如何排除前风窗玻璃刮水器功能失效的故障？
_____。

(3) 实训过程完成情况如何？
_____。

(4) 你认为自己的知识和技能还有哪些欠缺？
_____。

签名：_____　　___年___月___日

2. 小组评价（表7-1）

小组评价表　　　　　　　　　　　　　　　　　　　表7-1

序　号	评价内容	优	良	中	差
1	任务中 5S 管理执行情况				
2	合理规范地使用仪器和设备				
3	按照安全和规范的流程操作				
4	遵守学习、实训场地的规章制度				
5	团结协作情况				

参与评价的同学签名：_____　　___年___月___日

3. 教师评价

_____
_____。

教师签名：_____　　___年___月___日

四、技能考核标准（表7-2）

技能考核标准表　　　　　　　　　　　　　　　　　表7-2

项　目	操作内容	规　定　分	评分标准	得　分
前风窗玻璃刮水系统功能失效故障排除	故障现象确认	10 分	发现故障症状	
	读取 J527 数据流	20 分	正确进行此操作	
	执行刮水器电动机控制单元 J400 动作测试	15 分	达到操作要求标准	
	J400 供电检测	15 分	达到操作要求标准	
	J400 LIN 总线检测	10 分	达到操作要求标准	
	更换刮水器电动机控制单元 J400	20 分	达到操作要求标准	
	功能测试	10 分	达到操作要求标准	
总分		100 分		

学习任务 2　中央门锁控制系统构造与检修

学习目标

☞ 知识目标
1. 了解中央门锁控制系统的主要功能；
2. 掌握中央门锁控制系统的组成及工作原理；
3. 掌握迈腾 B8 车型中央门锁控制系统组成及工作过程。

☞ 技能目标
1. 能正确识读中央门锁控制系统电路；
2. 能按照维修规范对中央门锁控制系统进行检修。

建议课时

4 课时。

一、理论知识准备

1. 中央门锁控制系统主要功能

1）内外开启与内外锁止功能

在车内开启和锁止车门时,由门锁控制开关来完成；在车外开启和锁止车门时,由钥匙转动控制开关来完成,或者由遥控钥匙控制完成。

2）中央控制锁止功能

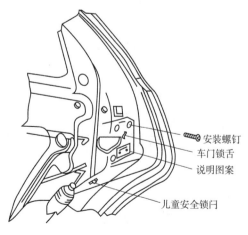

图 7-16　后车门安全锁止装置

操纵门锁总开关,即可使所有门锁或行李舱锁同时锁止。在配装车速感应式门锁控制器和车身电控单元控制式中央门锁控制系统的轿车上,当车速传感器信号检测车速达到 10~20km/h 时,所有门锁与行李舱锁自动锁止,防止发生意外和行李舱内物品丢失。

3）后车门安全锁止功能

中央门锁控制系统设置后车门安全锁止功能的目的是防止车内儿童擅自打开车门。只有当中央门锁控制系统处于"开锁"状态时,后车门安全锁闩才能退出,如图 7-16 所示。有的轿车上,当后车门安全锁闩拨到锁止位置时,在车内用内拉手不能开门,而在车外用外拉手才能打开车门。

4)防驾驶员侧车门误锁功能

在配装中央门锁控制系统的汽车上,当驾驶员侧车门关上后,内部锁止开关处于锁止位置并不能将该车门锁止,目的是防止车钥匙忘在车内而不能打开车门。有的汽车为了防止钥匙锁在车内,设置了钥匙开锁警报开关,安装在点火开关旁边,用其监测点火钥匙是否插进钥匙孔内。当钥匙插在钥匙孔内时,钥匙开锁警报开关电路接通发出警报信号;当钥匙离开钥匙孔时则取消警报。

2. 中央门锁控制系统的组成

迈腾 B8 车型中央门锁控制系统(以驾驶员侧为例)主要由:驾驶员侧门内上锁按钮 E308(图 7-17)、车门门锁闭锁单元(图 7-18,含门锁电动机 V56、门锁 Safe 功能电动机 V161、车门接触开关 F2、锁芯中的接触开关 F241、门锁 Safe 功能指示 F243)、驾驶员侧车门控制单元 J386(图 7-19)等组成。

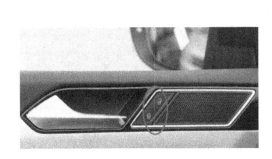

图 7-17 驾驶员侧门内上锁按钮　　图 7-18 车门门锁闭锁单元

整车共装备了 4 个车门控制单元,即驾驶员侧车门控制单元 J386、前排乘客侧车门控制单元 J387、左后门车门控制单元 J388、右后门车门控制单元 J389。如图 7-20 所示,J386 通过舒适 CAN 与 J387 通信,J388 通过 LIN 总线与 J386 通信,J389 通过 LIN 总线与 J387 通信。

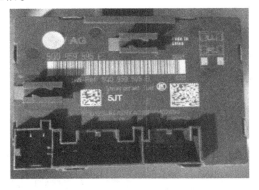

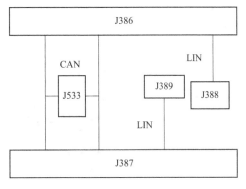

图 7-19 驾驶员侧车门控制单元 J386　　图 7-20 车门控制单元通信示意图

驾驶员侧中央控制门锁电路图如图 7-21 所示。当驾驶员按压驾驶员侧车门上的上锁按钮 E08 开锁键,驾驶员侧车门控制单元 J386 接收到开关 E308 的开锁信号,通过舒适 CAN 总线和 LIN 总线发送车门开锁信息,各个车门控制单元接收到信息后,接通门锁电动机供电电路,电动机工作,将中控锁开启,车门可以打开。车门闭锁原理与之相同。

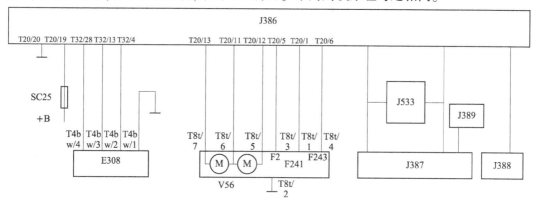

图 7-21　驾驶员侧中央控制门锁电路

二、任务实施——右前中控门锁失效故障排除

1. 准备工作

(1) 将实训车辆停放在检测区域。

(2) 检查实训室通风系统设备工作是否正常。

(3) 准备故障诊断仪、万用表、车辆挡块、翼子板布、三件套等教学用具。

2. 技术要求与注意事项

正确使用工具设备进行检测。拔插线束插接器时,需关闭点火开关;拔插控制单元插接器时,不仅需要关闭点火开关,还需要断开蓄电池负极。

3. 操作步骤

以迈腾 B8 车型为例,介绍右前中控门锁失效故障排除的步骤。

(1) 检查故障具体症状。

① 使用遥控器解锁、落锁(图 7-22)。

② 除右前门外其他车门正常,后视镜折叠正常。

③ 使用车内中控按钮解锁、落锁测试(图 7-23)。

④ 除右前门外其他车门解锁、落锁正常。

图 7-22　遥控钥匙　　图 7-23　中控按钮

（2）读取故障代码，执行动作测试。

①使用诊断仪访问前排乘客侧车门控制单元 J387，读取故障代码，故障代码如图 7-24 所示。

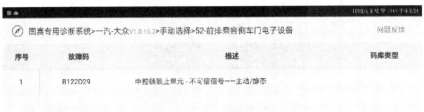

图 7-24　J387 故障代码

②故障代码为：B122D29，描述：中控锁锁止单元-不可信信号。

③使用诊断仪访问前排乘客侧车门控制单元 J387，选择"动作测试"、中控锁动作测试结果如图 7-25 所示。

④右前门既不能解锁，也不能落锁。

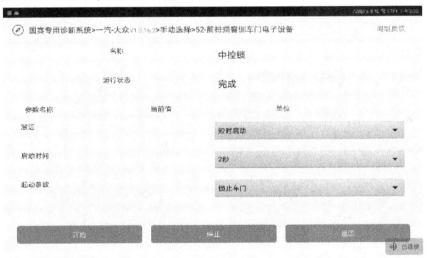

图 7-25　中控锁动作测试结果

（3）在 J387 处检测门锁电动机控制。

①在 J387 处，使用示波器检测 T20a/11 与 T20a/13 间的波形。

②使用中控按钮或遥控器实现解锁、落锁动作，使用专用示波器捕捉波形，波形正常（图 7-26）。

③说明 J387 能正常发出控制信号。

（4）在 VX22 处检测门锁电动机控制。

①在 VX22 处，使用示波器检测门锁电动机接脚 T8u/1 与 T8u/2 间的电压波形。

②使用中控按钮或遥控器实现解锁、落锁，捕捉波形为一条 0V 的直线，如图 7-27 所示。

③波形异常，首先检测 T20a/11 至 T8u/1、T20a/13 至 T8u/2 线束是否存在故障。

（5）检测线束电阻。

①使用万用表，检测 T20a/11 至 T8u/1 的电阻。

| 图 7-26　J387 控制信号波形 | 图 7-27　VX22 处信号波形 |

②阻值为 0.7Ω,说明导线正常。

③使用万用表,检测 T20a/13 至 T8u/2 的电阻。

④阻值为无穷大,说明导线断路。

(6)排查线路故障并修复线束。

①排查线束,发现门饰内 T20a/13 至 T8u/2 线束受挤压,导线断路,故障部位如图 7-28 所示。

②如图 7-29 所示,修复断路线束。

 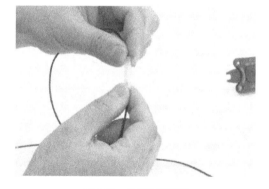

图 7-28　故障部位　　　　　　　　图 7-29　修复故障线路

(7)修复后功能测试。

①按压遥控器解锁、落锁,右前门锁功能正常。

②按压中控按钮解锁、落锁,右前门锁功能正常。

三、评价与反馈

1. 自我评价

(1)完成本学习任务后,回答以下问题:

①迈腾 B8 车型中控门锁由哪些部件组成?

②迈腾 B8 车型中控门锁如何工作?

(2)如何排除右前中控门锁失效故障?
_____。

(3)实训过程完成情况如何?
_____。

(4)你认为自己的知识和技能还有哪些欠缺?
_____。

　　　　　　　　　　　　　　　签名:_____　___年___月___日

2. 小组评价(表7-3)

小组评价表　　　　　　　　　　　　　　　表7-3

序　号	评价内容	优	良	中	差
1	任务中5S管理执行情况				
2	合理规范地使用仪器和设备				
3	按照安全和规范的流程操作				
4	遵守学习、实训场地的规章制度				
5	团结协作情况				

　　　　　参与评价的同学签名:_____　___年___月___日

3. 教师评价
_____
_____。

　　　　　　　　　　　　　　教师签名:_____　___年___月___日

四、技能考核标准(表7-4)

技能考核标准表　　　　　　　　　　　　　　　表7-4

项　目	操作内容	规　定　分	评分标准	得　分
右前中控门锁失效故障排除	车辆防护	5分	正确铺设翼子板布和前格栅布	
	确认故障现象	5分	正确进行此操作	
	读取故障代码	10分	正确进行此操作	
	进行执行器测试	10分	正确进行此操作	
	J387处检测门锁电动机控制线路	10分	达到操作要求	
	VX22处检测门锁电动机控制线路	15分	达到操作要求	
	检测线路电阻	20分	达到操作要求	
	排查线路故障并修复线束	15分	达到操作要求	
	修复后功能测试	10分	正确进行此操作	
	总分	100分		

学习任务 3　电动后视镜构造与检修

学习目标

☞ 知识目标

1. 了解电动后视镜的组成和功用；
2. 了解电动后视镜的工作原理；
3. 掌握电动后视镜的操作及系统控制原理；
4. 掌握迈腾 B8 车型电动后视镜的系统组成及工作过程。

☞ 技能目标

1. 能正确识读迈腾 B8 车型电动后视镜控制电路；
2. 能完成左前车外后视镜折叠功能失效故障的排除。

建议课时

4 课时。

一、理论知识准备

1. 电动后视镜的结构

汽车的电动后视镜一般由镜片、驱动电动机、控制电路及操纵开关等组成。在每个后视镜镜片的背后都有两个双向永磁电动机，可操纵其上下及左右运动。通常，上下方向的倾斜运动由一个永磁电机控制，左右方向的倾斜运动由另一个永磁电动机控制。通过改变电动机的电流方向，即可完成后视镜的位置调整。迈腾轿车电动后视镜的结构如图 7-30 所示。

为了使汽车能通过尽可能狭窄的路段，有的电动后视镜还带有折叠功能，由开关控制电动机工作，使两个后视镜整体折叠或伸展。

有些电动后视镜带有记忆功能，驾驶员操作存储和复位开关可将后视镜的调整位置存储起来，在需要的时候即可恢复到原来调整的位置。

迈腾 B8 车型电动后视镜开关如图 7-31 所示。电动后视镜开关由以下部分组成：后视镜调节开关 E43、后视镜调节转换开关 E48、后视镜加热按钮 E231、后视镜内折开关 E263。后视镜总成包括：后视镜水平、垂直调节电动机、后视镜折叠展开电动机、后视镜加热丝、后视镜转向灯、后视镜照明灯。

2. 电动后视镜的工作原理

迈腾 B8 车型电动后视镜控制电路如图 7-32 所示。

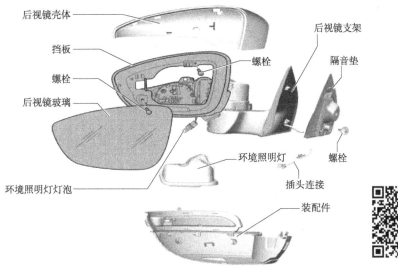

图 7-30　迈腾轿车电动后视镜的结构

左侧后视镜工作过程：打开点火开关，将后视镜开关选择在左侧后视镜调节位置，后视镜开关输出两个信号电压，控制单元 J386 接收到信号后，将信号与内部存储的数据进行比对，根据比对结果，J386 作出对左侧后视镜调节的指令，J386 直接驱动左侧后视镜里的垂直电动机或者水平电动机工作，机械机构带动后视镜向上下或者左右运动。

图 7-31　电动后视镜开关

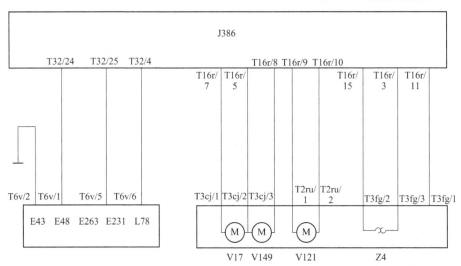

图 7-32　迈腾 B8 车型电动后视镜控制电路

右侧后视镜工作过程：打开点火开关，将后视镜开关选择在右侧后视镜调节位置，后视镜开关输出两个信号电压,控制单元 J386 接收到信号后,将信号与内部存储的数据进行比对,根据比对结果,J386 作出对右侧后视镜调节的指令,J386 将右侧后视镜调节指令通过舒适 CAN 总线传递至前排乘客侧车门控制单元 J387,J387 直接驱动右侧后视镜里的垂直电动机或者水平电动机工作,机械机构带动后视镜向上下或者左右运动。

二、任务实施——左前车外后视镜折叠功能失效故障排除

1. 准备工作

（1）将实训车辆停放在检测区域。

（2）检查实训室通风系统设备工作是否正常。

（3）准备故障诊断仪、示波器、车辆挡块、翼子板布、三件套等教学用具。

2. 技术要求与注意事项

（1）在调节后视镜时应先调节左侧后视镜位置,再调整右侧后视镜位置。

（2）正确使用工具设备进行检测,拔插线束插接器时,需关闭点火开关;拔插控制单元插接器时,不仅需要关闭点火开关,还需要断开蓄电池负极。

3. 操作步骤

以迈腾 B8 车型为例,介绍左前车外后视镜折叠功能失效故障排除的步骤。

（1）检查故障具体症状。

使用遥控器遥控车辆解锁、落锁,右前车外后视镜伸展、折叠正常,左前后视镜无动作,操作车外后视镜调节装置 EX11,使后视镜伸展、折叠,前车外后视镜伸展、折叠正常,左前后视镜无动作;操作车外后视镜调节装置 EX11,验证左右后视镜镜片调节功能;左右车外后视镜镜片调节功能均正常。

（2）读取故障代码,执行动作测试

①使用诊断仪访问驾驶员侧车门控制单元 J386,选择"故障码""读取故障码"（图 7-33）。

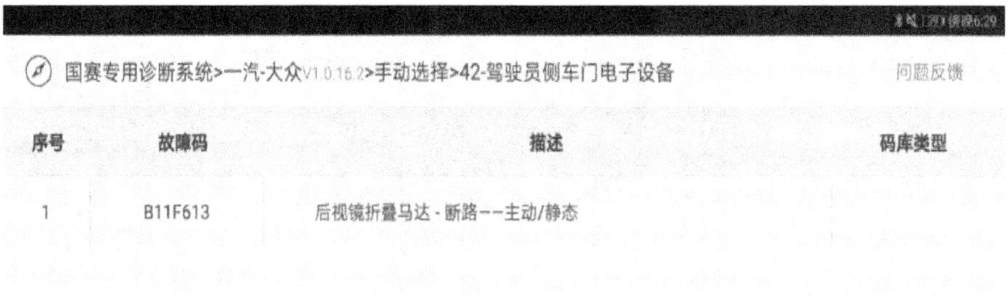

序号	故障码	描述	码库类型
1	B11F613	后视镜折叠马达-断路--主动/静态	

国赛专用诊断系统>一汽-大众V1.0.16.2>手动选择>42-驾驶员侧车门电子设备

图 7-33 J386 故障代码

②故障代码为:B11F613,描述:后视镜折叠马达-断路。

③使用诊断仪访问驾驶员侧车门控制单元 J386,选择"动作测试"—"后视镜折叠"（图 7-34）。

④设置"起动时间""起动参数",点击"开始"。

⑤右前后视镜折叠、伸展正常,左前后视镜无动作。

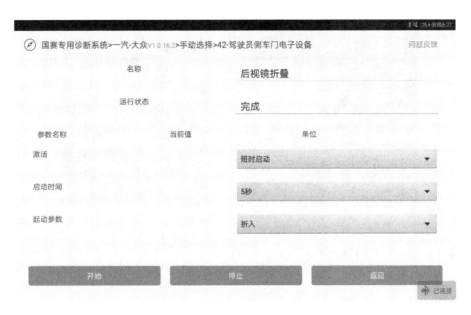

图 7-34　J386 后视镜折叠动作测试

(3) 在 J386 处检测左前车外后视镜折叠电动机供电。

①如图 7-35、图 7-36 所示,使用万用表直流电压挡,红表笔接 T16r/10、黑表笔接 T16r/9,操作车外后视镜调节装置 EX11 折叠、伸展后视镜,测量电压为:12.40V,正常。

图 7-35　折叠电压

图 7-36　伸展电压

②说明 J386 输出正常,故障在 V121 本身及线路。

(4) 在 J386 处检测 V121 线路电阻。

①如图 7-37 所示,使用万用表电阻挡,红黑表笔分别连接 J386/T16r/9 和 J386/T16r/10,进行测试。

②测得电阻值为无穷大。

③说明 J386/T16r/9 至 VX4/T2ru/2、J386/T16r/10 至 VX4/T2ru/1 线束存在断路或 V121 故障。

(5) 检测线束电阻。

①如图 7-38 所示,使用万用表,检测 J386/T16r/9 至 VX4/T2ru/2 的电阻。

图 7-37 测试 V121 线路电阻

图 7-38 检测线束电阻

②阻值为 0.7Ω,说明导线正常。
③使用万用表,检测 J386/T16r/10 至 VX4/T2ru/1 的电阻。
④阻值为无穷大,说明导线断路。
(6)排查线路故障并修复线束。
①排查线束,发现 J386/T16r/10 至 VX4/T2ru/1 导线断路。
②修复断路线束。
(7)修复后功能测试。
①按压遥控器解锁、落锁,左前车外后视镜功能正常。
②调节 EX11,左前车外后视镜各功能均正常。

三、评价与反馈

1. 自我评价
(1)完成本学习任务后,回答以下问题:
①迈腾 B8 车型电动后视镜由哪些部件组成?

②迈腾 B8 车型电动后视镜如何工作?

(2)如何排除车外后视镜折叠功能失效的故障?

(3)实训过程完成情况如何?

(4)你认为自己的知识和技能还有哪些欠缺?

签名:_____ ___年___月___日

2. 小组评价(表7-5)

小组评价表　　　　　　　　　表7-5

序　号	评价内容	优	良	中	差
1	任务中5S管理执行情况				
2	合理规范地使用仪器和设备				
3	按照安全和规范的流程操作				
4	遵守学习、实训场地的规章制度				
5	团结协作情况				

参与评价的同学签名：_____　___年___月___日

3. 教师评价

_____

_____。

教师签名：_____　___年___月___日

四、技能考核标准(表7-6)

技能考核标准表　　　　　　　　　表7-6

项　目	操作内容	规　定　分	评分标准	得　分
左前车外后视镜折叠功能失效故障排除	车辆防护	5分	正确铺设翼子板布和前格栅布	
	确认故障现象	5分	正确进行此操作	
	读取故障代码	10分	达到操作要求	
	进行执行器测试	10分	达到操作要求	
	在J386处检测左前车外后视镜折叠电机供电线路	15分	达到操作要求	
	在J386处检测V121线路电阻	10分	达到操作要求	
	检测线束电阻	15分	达到操作要求	
	排查线路故障并修复线束	20分	达到操作要求	
	修复后功能测试	10分	进行此操作	
	总分	100分		

学习任务4 电动座椅构造与检修

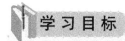

☞ 知识目标

1. 了解电动座椅的主要功能；
2. 掌握电动座椅的组成及工作原理；
3. 掌握迈腾 B8 车型电动座椅组成及工作过程。

☞ 技能目标

1. 能正确识读电动座椅控制电路；
2. 能按照维修规范对电动座椅进行检修。

4 课时。

一、理论知识准备

1. 电动座椅的组成及功用

电动座椅是指以电动机为动力，通过传动装置和执行机构来调节座椅的各种位置，使驾驶员和乘员乘坐舒适的座椅。通过座椅调节，还可以改变坐姿，减少乘员长时间乘车的疲劳。

座椅的调节正向多功能化发展，使座椅的安全性、舒适性、操作性日益提高。其种类很多，还可以有不同的组合方式。如具有 8 种调节功能的电动座椅，其动作方式有座椅的前后调节、座椅的上下调节、座位前部的上下调节、靠背的倾斜调节、侧背支撑调节、腰椎支撑调节、靠枕上下调节、靠枕前后调节。所有这些功能都必须由电动机带动传动机构来实现。

电动座椅一般由双向电动机、传动装置和座椅调节器等组成，如图 7-39 所示。电动机的数量取决于电动座椅的类型，通常两向移动座椅装有 1 个电动机，四向移动的座椅装有 2 个电动机，最多可达 6 个电动机。大多数电动座椅使用永磁式电动机，通过开关来操纵电动机按不同方向旋转。为防止电动机过载，大多数永磁式电动机内装有断路器。

2. 电动座椅传动机构的类型

为了达到更好的舒适性，电动座椅传动机构在工作时，应具有十分良好的平稳性，噪声要低。现代轿车的电动座椅的传动机构一般有蜗轮蜗杆传动、驱动钢丝传动等类型。

单元七　汽车辅助电器构造与检修

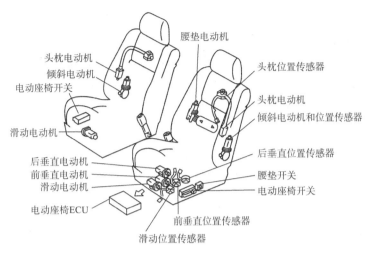

图 7-39　电动座椅的构造

1）蜗轮蜗杆传动方式

蜗轮蜗杆传动的传动部件有蜗杆轴、蜗轮、齿轴和齿条等。调整时，蜗杆轴在电动机的驱动下，带动蜗轮转动，从而将齿轴旋入或旋出，即座椅下降或上升。如果蜗轮又与齿条啮合，蜗轮转动将齿条移动，即令座椅前移或后移。6 向可调式电动座椅采用 3 个可以正反的电动机来操作座椅。

2）驱动钢丝传动方式

驱动钢丝传动方式电动座椅的机械部分由变速器、万向节、螺旋千斤顶及齿轮传动机构组成。开关接通后，电动机动力经齿轮、万向节、变速器、软轴等传至座椅调节器。当调节器到达行程终点时软轴停止运动，此时若电动机仍在运转，其动力将被橡胶万向节所吸收，以防电动机过载损坏。

座椅调节按钮设置在驾驶员方便操纵的地方，一般在驾驶员座椅的左侧面，如图 7-40 所示。有些轿车的控制部分还设有 ECU，有存储记忆能力，只要按下某一个记忆按钮，即可自动将电动座椅调整到 ECU 存储的位置上。

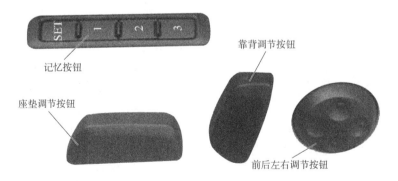

图 7-40　座椅调节按钮（8 方向调节）位置

3．电动座椅的工作原理

电动座椅的电动机采用永磁式结构，利用调整开关可控制电流流经电动机的方向。

迈腾 B8 车型电动座椅的控制电路如图 7-41 所示，其控制电路包括：左前座椅调节操作单元 EX33、驾驶员腰部支撑调节开关 E176、左前侧座椅靠背调节电动机 V495、左前腰部支撑高度调节电动机 V554、左前腰部支撑前后位置调节电动机 V556、左前侧座椅纵向调节电动机 V493、左前侧座椅倾斜度调节电动机 V497、左前部座椅高度调节电动机 V499。流过电动机的电流方向决定了电动机的旋转方向，而电流的流向则由调整开关决定。当驾驶员操作电动座椅开关(集成在操作单元一体)时，开关信号输送至电动座椅操作单元，操作单元控制根据驾驶员的意图，控制对应电动机的电流流向，实现电动机转动，完成座椅调整。

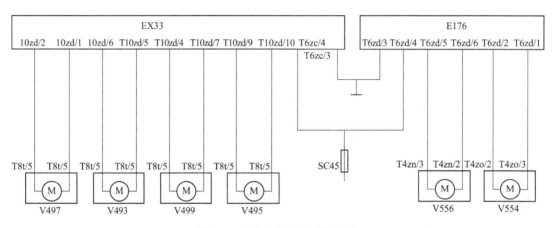

图 7-41　迈腾电动座椅的控制电路

二、任务实施——右前座椅前后调节功能失效故障排除

1. 准备工作

(1)将实训车辆停放在检测区域。

(2)检查实训室通风系统设备工作是否正常。

(3)准备故障诊断仪、万用表、示波器、车辆挡块、翼子板布、三件套等教学用具。

2. 技术要求与注意事项

正确使用工具设备进行检测，拔插线束插接器时，需关闭点火开关；拔插控制单元插接器时，不仅需要关闭点火开关，还需要断开蓄电池负极。

3. 操作步骤

以迈腾 B8 车型为例，介绍右前座椅前后调节功能失效故障排除的步骤。

(1)检查故障具体症状。

打开点火开关，操作右前电动座椅调节开关，右前电动座椅调节开关如图 7-42 所示，发现靠背倾斜调节正常，腰部支撑调节正常，座椅上下调节正常，座椅纵向调节时座椅没有动作。

(2)检测右前座椅纵向调节电动机 V493 供电。

如图 7-43 所示，使用万用表直流电压挡，红黑表笔分别连接 V493 接脚 T4zj/2 和 T4zj/1，点火开关置于 ON 挡，操作前排乘客侧座椅调节单元 EX33 中座椅纵向调节按钮，读取万用表示数，前后调节时，读数均为 0V，说明右前座椅纵向调节电动机 V493 供电异常。

图 7-42 右前电动座椅调节开关

图 7-43 测试右前座椅纵向调节电动机 V493 供电

(3)在 EX33 处,检测 V493 供电。

如图 7-44、图 7-45 所示,使用万用表直流电压挡,红黑表笔分别连接 EX34 接脚 T10zd/5 和 T10zd/6,点火开关置于 ON 挡,操作前排乘客侧座椅调节单元 EX34 中座椅纵向调节按钮,读取万用表示数,显示电压为 12.6V,说明右前座椅纵向调节开关本身及供电正常,故障存在于 EX33 与 V493 间的线路。

图 7-44 操作 EX34 前进时电压

图 7-45 操作 EX34 后退时电压

(4)检测 EX33 与 V493 间的线路。

使用万用表电阻挡,红黑表笔分别连接 EX33/T10zd/6 端子、V493/T4zj/1 端子,如图 7-46 所示,测得结果为 0.5Ω,说明线路正常,使用万用表电阻挡,红黑表笔分别连接 EX33/T10zd/5 端子、V493/T4zj/2 端子,如图 7-47 所示,测得阻值为无穷大,说明线路断路。

图 7-46 测试结果(EX33/T10zd/6、V493/T4zj/1)

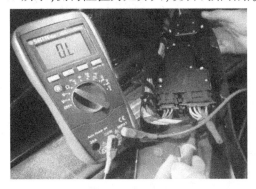
图 7-47 测试结果(EX33/T10zd/5、V493/T4zj/2)

(5) 排查线路故障并修复线束。

破开线束,查找断路点,修复断路线束,使用万用表直流电压挡,检测 V493/ T4zj/2 与 V493/ T4zj/1 间电压,操作前排乘客侧座椅调节单元 EX33 中座椅纵向调节按钮,测得结果如图 7-48、图 7-49 所示,电压正常,线路故障恢复。

(6) 修复后功能测试。

打开点火开关,操作右前电动座椅调节开关,各功能均正常。

图 7-48　操作 EX34 前进时

图 7-49　操作 EX34 后退时

三、评价与反馈

1. 自我评价

(1) 完成本学习任务后,回答以下问题:

① 迈腾 B8 车型电动座椅由哪些部件组成?

_____

② 电动座椅是如何工作的?

_____

(2) 如何排除右前座椅前后调节功能失效的故障?

_____

(3) 实训过程完成情况如何?

_____

(4) 你认为自己的知识和技能还有哪些欠缺?

_____

签名:_____　　___年___月___日

2. 小组评价(表 7-7)

小组评价表　　表 7-7

序　号	评价内容	优	良	中	差
1	任务中 5S 管理执行情况				
2	合理规范地使用仪器和设备				
3	按照安全和规范的流程操作				

续上表

序 号	评价内容	优	良	中	差
4	遵守学习、实训场地的规章制度				
5	团结协作情况				

参与评价的同学签名：_____　___年___月___日

3.教师评价

_____

_____。

教师签名：_____　___年___月___日

四、技能考核标准（表7-8）

技能考核标准表　　　　　　　　　　　　　表7-8

项　目	操作内容	规　定　分	评分标准	得　分
右前座椅前后调节功能失效故障排除	车辆防护	10分	正确铺设翼子板布和前格栅布	
	确认故障现象	10分	正确进行此操作	
	检测右前座椅纵向调节电机V493供电电路	10分	达到操作要求	
	检测V493供电线路	15分	达到操作要求	
	检测EX33与V493间的线路	15分	达到操作要求	
	排查线路故障并修复线束	20分	达到操作要求	
	修复后功能测试	20分	正确进行此操作	
	总分	100分		

学习任务5　电动车窗构造与检修

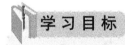

知识目标

1.了解电动车窗的主要功能；
2.掌握电动车窗的组成及工作原理；
3.掌握迈腾B8车型电动车窗系统组成及工作过程。

技能目标

1.能正确识读电动车窗控制电路；
2.能按照维修规范对电动车窗进行检修。

建议课时

4 课时。

一、理论知识准备

1. 电动车窗的作用

电动车窗是指以动力使车窗玻璃自动升降的车窗。它是由驾驶员或乘员操纵开关,接通车窗升降电动机的电路,电动机产生的动力通过一系列的机械传动,使车窗玻璃按需求进行升降。电动车窗由于其操作简便、可靠,在现代汽车上得到了广泛的应用。

2. 电动车窗的组成与分类

电动车窗控制系统主要由车窗、车窗玻璃升降器、电动机、控制开关(主控开关、分控开关)等组成,主要零部件在车上的位置如图 7-50 所示。

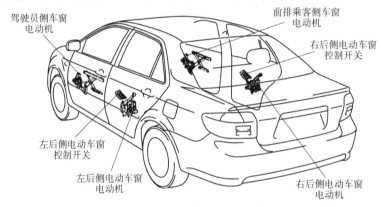

图 7-50　电动车窗部件在车上的位置

1)车窗玻璃升降器

车窗玻璃升降器常见的有交叉传动臂式和钢丝滚筒式两种,如图 7-51 和图 7-52 所示。

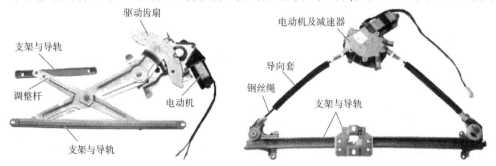

图 7-51　交叉传动臂式车窗玻璃升降器　　图 7-52　钢丝滚筒式车窗玻璃升降器

2)电动机

每个车窗安装有一个电动机。电动车窗控制系统采用双向转动的直流电动机,分为双向永磁式或双绕组串励式两种,电动机实物如图 7-53 所示。

永磁式电动机不直接搭铁,电动机的搭铁受开关或控制单元控制,通过改变电动机的电流方向改变电动机的转向,从而实现车窗的升或降;双绕组式电动机一端直接搭铁,电动机有两组磁场绕组,通过接通不同的磁场绕组,使电动机的转向不同,实现车窗玻璃的升或降。

3)控制开关

控制开关的作用是控制电动机的电流方向。控制开关(图7-54)一般有两套:一套为主控开关(总开关),装在驾驶员车门的内侧,用于驾驶员操纵每个车窗玻璃的升降;另一套为分控开关,分别安装在每个车门的中部或车门把手上,用于乘员操控车窗玻璃。

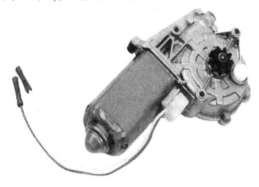

图 7-53 升降器电动机

图 7-54 电动车窗开关(驾驶员侧)

3. 迈腾 B8 电动车窗的控制电路及工作原理

迈腾 B8 车型驾驶员侧电动车窗的控制电路如图 7-55 所示,整体系统中包括:车载电网控制单元 J519、数据总线诊断接口 J533、车门控制单元(J386、J387、J388、J389)、玻璃升降电动机(左前升降电动机 V14)、玻璃升降开关(左前操作开关 E512)。

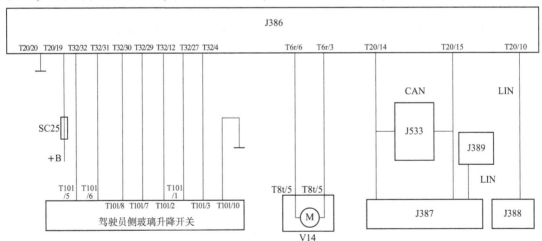

图 7-55 驾驶员侧电动车窗的控制电路

以在驾驶员侧操作前排乘客侧车窗玻璃升降为例,介绍系统工作过程:当驾驶员操作驾驶员侧玻璃升降开关 E512 上的前排乘客侧玻璃升降按钮时,开关将信号输送至驾驶员侧车门控制单元 J386,J386 通过舒适 CAN 总线将信号输送至前排乘客侧车门控制单元 J387,J387 控制前排乘客侧玻璃升降器电动机工作,玻璃开始升降。

车门侧开关操作车门玻璃升降(前排乘客为例):当乘客操作前排乘客侧玻璃升降按钮时,前排乘客侧车门控制单元 J387 接收信号后,J387 控制前排乘客侧玻璃升降器电动机工作,玻璃开始升降。

二、任务实施——左前电动车窗升降功能失效故障排除

1. 准备工作

(1)将实训车辆停放在检测区域。

(2)检查实训室通风系统设备工作是否正常。

(3)准备故障诊断仪、示波器、车辆挡块、翼子板布、三件套等教学用具。

2. 技术要求与注意事项

正确使用工具设备进行检测,拔插线束插接器时,需关闭点火开关;拔插控制单元插接器时,不仅需要关闭点火开关,还需要断开蓄电池负极。

3. 操作步骤

以迈腾 B8 车型为例,介绍左前电动车窗升降功能失效故障排除的步骤。

(1)检查故障具体症状。

打开点火开关,操作驾驶员侧车窗升降器操作单元 E512,驾驶员侧车窗无法降下,其他车门均正常。

(2)读取故障代码,执行动作测试。

使用故障诊断仪访问驾驶员侧车门控制单元 J386,选择"故障码",读取故障代码,系统内无相关故障代码,使用故障诊断仪访问驾驶员侧车门控制单元 J386,选择"动作测试"——"前车窗升降器/驾驶员侧",设置"启动时间""起动参数",点击开始,动作测试结果如图 7-56 所示,驾驶员侧车窗升降正常,说明驾驶员侧车窗电动机及相关线路正常。

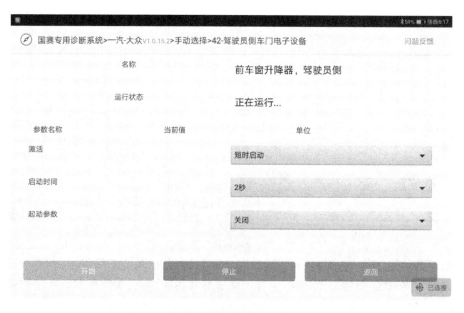

图 7-56　前车窗升降器/驾驶员侧动作测试结果

(3)读取驾驶员侧升降器操作单元 E512 数据流。

使用诊断仪访问驾驶员侧车门控制单元 J386,选择"数据流"—"前车窗升降器按钮/驾驶员侧",数据流如图 7-57 所示,显示"前车窗升降器按钮,驾驶员侧"数值不可信,说明驾驶员侧车窗升降器按钮存在故障。

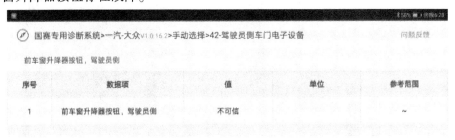

图 7-57　前车窗升降器按钮/驾驶员侧数据流

(4)检测驾驶员侧车窗升降器按钮信号。

使用示波器检测驾驶员侧车窗升降器按钮 E512 接脚 T10l/5 波形,打开点火开关,分别获取不操作按键、点动升、一键升、点动降、一键降 5 种状态的波形如图 7-58、图 7-59、图 7-60、图 7-61、图 7-62 所示,除图 7-58 波形正常外,其他波形幅值均比标准波形幅值低,判断 E512 的接脚 T10l/5 与 J386 的接脚 T32/32 间存在电阻。

(5)线路检测。

使用万用表电阻挡,检测 E512 的 T10l/5 端子与 J386 的 T32/32 端子间电阻,如图 7-63 所示,测得阻值为 29.9Ω,说明 E512 的 T10l/5 端子与 J386 的 T32/32 端子间虚接。

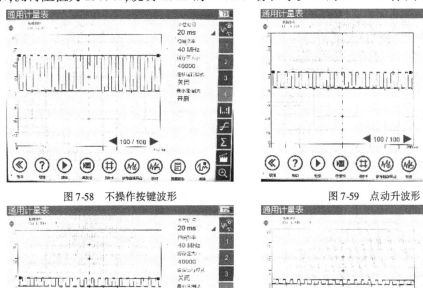

图 7-58　不操作按键波形　　　　　图 7-59　点动升波形

图 7-60　一键升波形　　　　　　　图 7-61　点动降波形

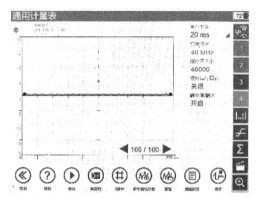

图 7-62　一键降波形

图 7-63　T10l/5 端子与 J386 的 T32/32 端子间电阻测量

(6) 排查线路故障并修复线束。

排查插头与线束,发现由于 E512 处接脚 T10l/5 线束侧插头锈蚀导致连接电阻增大,修复线束。

(7) 修复后功能测试

打开点火开关,操作驾驶员侧车窗升降器按钮 E512,驾驶员侧车窗升降功能恢复,故障排除。

三、评价与反馈

1. 自我评价

(1) 完成本学习任务后,回答以下问题：

① 迈腾 B8 车型玻璃升降器由哪些部件组成？

② 迈腾 B8 车型玻璃升降器如何工作的？

(2) 如何排除左前电动车窗升降功能失效的故障？

(3) 实训过程完成情况如何？

(4) 你认为自己的知识和技能还有哪些欠缺？

签名：_____　　___年___月___日

2. 小组评价(表 7-9)

小组评价表　　　　表 7-9

序　号	评价内容	优	良	中	差
1	任务中 5S 管理执行情况				
2	合理规范地使用仪器和设备				
3	按照安全和规范的流程操作				

续上表

序　号	评价内容	优	良	中	差
4	遵守学习、实训场地的规章制度				
5	团结协作情况				

参与评价的同学签名：_____　　___年___月___日

3. 教师评价

_____
_____。

教师签名：_____　　___年___月___日

四、技能考核标准（表7-10）

技能考核标准表　　　　　　　　　　　　　　　　　表7-10

项　目	操作内容	规　定　分	评分标准	得　分
左前电动车窗升降功能失效故障排除	车辆防护	5分	正确铺设翼子板布和前格栅布	
	确认故障现象	5分	正确进行此操作	
	读取系统故障	5分	正确进行此操作	
	执行动作测试	10分	正确进行此操作	
	读取驾驶员侧升降器操作单元 E512 数据流	10分	达到操作要求标准	
	检测驾驶员侧车窗升降器按钮信号	10分	达到操作要求标准	
	测试不操作按键波形	5分	正确进行此操作	
	测试点动升波形	5分	正确进行此操作	
	测试一键升波形	5分	正确进行此操作	
	测试点动降波形	5分	正确进行此操作	
	测试一键降波形	5分	正确进行此操作	
	线路检测	10分	达到操作要求	
	排查线路故障并修复线束	10分	达到操作要求	
	修复后功能测试	10分	达到操作要求	
	总分	100分		

思考与练习

（一）填空题

1. 电动车窗中的电动机一般为_____直流电动机。
2. 车窗继电器，1、3 端子间是线圈，如果用蓄电池将两端子连接，则 2、4 端子之间应_____。

3. 检查电动车窗左后电动机时,用蓄电池的正负极分别接电动机连接器端子后,电动机转动,互换正负极和端子的连接后,电动机反转,说明电动机_____。

4. 在电动座椅中,一般一个电动机可完成座椅的_____个方向的调整。

5. 每个电动后视镜的后面都有_____个电动机驱动。

6. 门锁位置开关位于门锁_____。

7. 门锁控制开关的作用是在驾驶员侧车门内侧实现_____和_____动作。

8. 电动刮水器由直流电动机、_____、_____、联动机构和_____组成。

9. 当汽车的某个电动车窗只能向一个方向运动,产生的原因可能是_____故障。

(二)判断题

1. 安装电动座椅既要满足驾驶员多种姿势下的操作安全要求,也要满足乘员的舒适性和安全性的要求。( )

2. 座椅调节过程中,若电动座椅调节电动机电路电流过大,过载保险就会熔断。( )

3. 电动座椅故障主要包括电路和机械两方面故障。( )

4. 当代汽车电动车窗的电动机一般有2个,分别控制玻璃的上升和下降。( )

5. 电动车窗的开关分为安全开关和升降开关,安全开关能控制所有车门上的车窗。( )

6. 使用车窗控制模块优点之一是便于模块间的通信。( )

7. 每个电动后视镜上有两套调整电动机和驱动器。( )

8. 电动后视镜折回电动机及驱动器由两个能够正反向旋转的电动机和两组齿轮组成。( )

9. 风窗玻璃加热器不工作,加热开关和定时器损坏的概率较大。( )

10. 如果刮水器片上有油污可用汽油进行清洗。( )

(三)简答题

1. 如何激活前风窗玻璃刮水器修理厂模式?

2. 使用风窗玻璃洗涤设备时,应注意哪些问题?

3. 中控锁可能有哪些常见故障?

4. 试分析迈腾电动后视镜控制电路。

单元八　汽车空调系统构造与检修

学习任务1　空调系统构造与维护

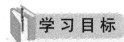

☞ 知识目标

1. 了解汽车空调系统的组成及功用；
2. 掌握汽车空调制冷系统的组成及工作原理；
3. 掌握汽车空调系统的正确使用方法；
4. 掌握汽车空调系统维护的相关知识。

☞ 技能目标

1. 能正确使用汽车空调系统；
2. 能完成更换粉尘及花粉滤清器滤芯作业；
3. 能正确拆装汽车空调系统主要总成部件；
4. 能运用所学知识和经验，为客户提供汽车空调系统日常维护的建议。

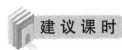

4课时。

一、理论知识准备

1.汽车空调基本知识

1）汽车空调系统的功用

汽车空调系统通过人为的方式创造一个对人体适宜的环境，即对车内的温度、湿度、气流速度进行调节，且具有净化空气的功能。除此之外，汽车空调还能在特殊气候季节除去风窗玻璃上的雾、霜、雪等，使驾驶员视野清晰，确保行车安全。

（1）调节车内温度。驾驶员根据气候的变化，通过调节或设定空调控制面板上的温度调节开关，调节或设定适宜的车内温度。

（2）调节车内湿度。通过空调系统去除空气中的水分，使车内湿度控制在50%~70%

的人体舒适范围之内。

(3)调节车内气流速度。根据人体生理特点,使空气流动方向形成上凉足暖的环境,且通过出风口位置、出风方向和鼓风机挡位来调节车内空气的流速。

(4)车内空气过滤和净化。车内空间小,乘客密度大,且发动机废气和道路上的粉尘都容易进入车内,容易造成车内空气污浊,严重影响乘员的舒适性和身体健康。因此,必须要求汽车空调具有补充车外新鲜空气、过滤和净化车内空气的功能。

(5)除霜、除雾功能。当车内外温差相差太大时,车窗玻璃上会出现霜或雾,进而影响驾驶员视线,可以利用空调相应模式予以去除。

2)汽车空调系统组成

汽车空调系统按其功能可分为制冷系统、暖风系统、通风系统、空气净化系统和控制系统5个基本部分。

(1)制冷系统。

对车内的空气或外部进入车内的新鲜空气进行冷却与除湿,使车内空气变得凉爽舒适。制冷系统主要由制冷循环装置和空气调节与控制装置两部分组成。

(2)暖风系统。

对车内或外部进入车内的新鲜空气进行加热,以提高车内空气的温度,同时还可以对前窗玻璃进行除霜、除雾。

(3)通风系统。

将外部新鲜空气吸进车内,起通风和换气作用。同时,通风对防止风窗玻璃起霜也起着良好作用。

(4)空气净化装置。

除去车内空气中的尘埃、臭味、烟气及其有毒气体,使车内空气变得清新。

(5)控制系统。

其作用是对制冷系统、暖风系统及通风系统的工作进行控制,同时对车内的空气温度、风量、流量进行调节,保证空调系统正常工作。

将上述全部或部分有机地组合在一起安装在汽车上,便组成了汽车空调系统。在一般的轿车和客、货车上,通常只有制冷系统、暖风系统、通风系统、空气净化装置和控制系统,在高级轿车和高级大、中型客车上,还有加湿装置。

3)汽车空调系统的分类

(1)按功能分类。

汽车空调按功能可分为冷暖分开型、冷暖合一型和全功能型。

①单一功能。制冷和采暖系统各自分开,一般用于大型客车。

②冷暖合一型。在暖风机的基础上增加蒸发器芯和冷气出风口,但制冷和采暖各自分开,不能同时工作。

③全功能型。集制冷、除湿、采暖、通风和净化于一体,其功能完善,提高了乘员的舒适性,越来越多的汽车空调采用了这种形式。

(2)按驱动方式分类。

汽车空调根据压缩机驱动形式的不同分为独立式和非独立式两种。

①独立空调。制冷压缩机由专门的空调发动机或电动机驱动,系统的制冷性能不受汽车发动机工况的影响,工作稳定,制冷量大。多用于大、中型汽车上。

②非独立空调。空调制冷压缩机由汽车本身的发动机驱动,系统的制冷性能受汽车发动机工况的影响较大,工作稳定性较差。多用于中、小型汽车上。

(3)按自动化控制程度分类。

按自动化控制程度可分为手动空调(MTC)和自动空调(ATC)两种。

①手动空调。在手动空调系统中,进气源、空气温度、空气分配及鼓风机速度等功能都是驾驶员通过旋钮或拨杆进行手动调节选择的,典型的手动空调控制面板如图8-1所示。

②自动空调。自动空调系统自动监控并调节温度、鼓风机速度和空气分配。自动空调又分为半自动空调和全自动空调。典型的自动空调控制面板如图8-2所示。

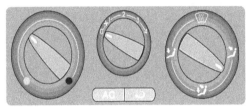
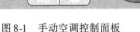

图8-1 手动空调控制面板

图8-2 全自动空调控制面板

(4)按送风方式分类。

汽车空调按送风方式不同可分为直吹式和风道式。

①直吹式。冷气或暖气直接从空调器送风面板吹出,主要用于非独立式空调系统。

②风道式。将空调器处理后的空气用风机送到塑料风道,再由车厢顶部或座位下的各风口送至车内,主要用于独立式空调系统。

(5)按布置形式分类。

按布置形式可分为整体式空调、分体式空调、分散式空调。

①整体式空调。将各部件安装在一个专门机架上,构成一个独立总成,动力源为副发动机,最终由送风管将冷风送入车内。主要用于独立式空调系统的布置。

②分体式空调。将各部件根据汽车具体结构,部分或全部分开布置,用管道相互连接。主要用于独立式空调系统的布置。

③分散式空调。将各部件分散安装于车上,主要用于非独立式空调系统的布置。

2. 汽车空调制冷系统

1)制冷系统的组成与工作原理

汽车空调制冷系统是通过制冷剂在系统内循环流动,由制冷工质的液态和气态转换过程,将车内的热量传递到车外,达到车内降温的目的。制冷工质此处称为制冷剂,目前空调系统多采用R134a。空调制冷循环系统是由压缩机、冷凝器、储液干燥器、膨胀阀、蒸发器、鼓风机和制冷管道等组成,如图8-3所示。各部件之间采用钢管(或铝管)和高压橡胶管连接成一个密闭系统。汽车制冷系统工作时,制冷剂以不同的状态在这个密闭系统内循环流动,汽车空调系统的制冷循环流程如图8-4所示,每个循环都有四个基本过程。

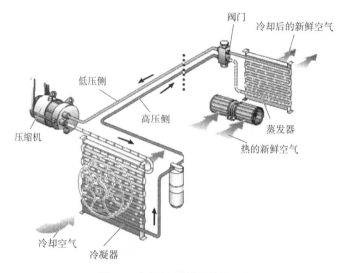

图8-3 汽车空调制冷系统的组成

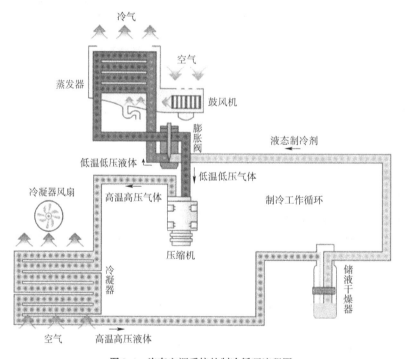

图8-4 汽车空调系统的制冷循环流程图

(1)压缩过程。

压缩机吸入蒸发器出口处的低温低压的制冷剂气体,把它压缩成高温高压的气体,经管道送入冷凝器。

(2)放热过程。

高温高压的过热制冷剂气体进入冷凝器(散热器)与大气进行热交换。由于压力及温度的降低,制冷剂气体冷凝成液体,并放出大量的热。

(3)节流过程。

高压高温制冷剂液体经膨胀阀节流降温降压,以雾状(细小液滴)排出膨胀装置。

(4)吸热过程。

经膨胀阀降温降压后的雾状制冷剂液体进入蒸发器,因此时制冷剂沸点远低于蒸发器内温度,故制冷剂液体在蒸发器内蒸发、沸腾成气体。在蒸发过程中大量吸收周围的热量,降低车内温度。而后低温低压的制冷剂气体流出蒸发器等待压缩机再次吸入。

上述过程周而复始地进行,便可使汽车内温度达到并维持在设定的状态。

2)空调压缩机

制冷压缩机是汽车空调制冷系统的心脏,其作用是维持制冷剂在制冷系统中的循环,吸入来自蒸发器的低温低压制冷剂蒸气,压缩制冷剂蒸气使其压力和温度升高,并将制冷剂蒸气送往冷凝器。

压缩机种类较多,大客车一般采用曲柄连杆式,轿车多采用斜盘式和涡旋式。

(1)曲柄连杆式。

曲轴连杆式压缩机主要由曲柄连杆机构、阀门组件、润滑装置和密封装置等组成,类似于汽车发动机。压缩机的工作可分为压缩、排气、膨胀、吸气等四个过程,如图8-5所示。

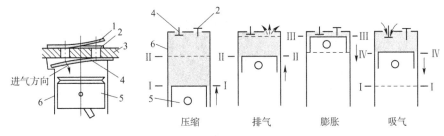

图8-5 曲轴连杆式压缩机工作原理
1-限位板;2-排气阀片;3-阀板;4-吸气阀片;5-活塞;6-气缸

(2)斜盘式压缩机。

旋转斜盘式压缩机的结构如图8-6所示,多采用往复式双头活塞。工作原理如图8-7所示。当主轴带动斜盘转动时,斜盘便驱动活塞做轴向移动,由于活塞在前后布置的气缸中同时做轴向运动,这相当于两个活塞在做双向运动。

(3)涡旋式压缩机。

涡旋式压缩机是一种新型的容积式压缩机,主要用于汽车空调,与往复式压缩机相比,具有效率高、噪声低、振动小、质量小、结构简单等优点,其结构如图8-8所示。

图8-6 旋转斜盘式压缩机结构

涡旋式压缩机有一个可动的和一个固定不动的涡壳,并有相对偏心运动。它们之间相互错开180°,当压缩机轴旋转时,可动涡壳将制冷剂压向固定涡壳即压缩机的中心,这种运动使制冷剂压力增加。涡旋式压缩机工作原理如图8-9所示。

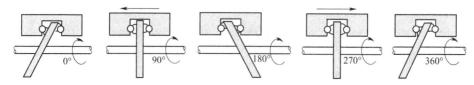

图 8-7　旋转斜盘式压缩机工作示意图

图 8-8　汽车空调涡旋式压缩机

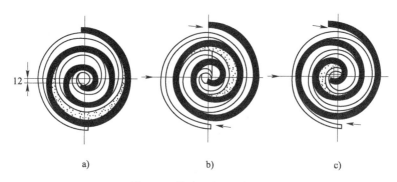

图 8-9　涡旋式压缩机工作原理

(4) 变排量压缩机。

变排量压缩机的主要优点如下：

① 消除了由于电磁离合器吸合和脱开引发的发动机转速的波动。

② 在某些工况下 (如低速、爬坡) 可防止发动机熄火。

③ 减少了空调系统制冷温度的波动。

④ 功率消耗减少，最大可减少 25%。

⑤ 根据发动机转速、车内温度，自动调节压缩机输出的制冷量。

现以斜盘式电控变排量压缩机为例说明其工作原理，电控变排量压缩机结构如图 8-10 所示，其内部有一个电磁阀，由空调 ECU 进行无级调节控制。

变排量压缩机工作原理如图 8-11 所示。在无电流状态下，调节阀阀门开启，压缩机高压腔和曲轴箱相通，压力达到平衡。满负荷时，阀门关闭，曲轴箱和高压腔之间通道被隔断，曲轴箱压力下降，斜盘的倾斜角度加大直至排量达到 100%；关掉空调或所需的制冷量较低时，阀门开启，曲轴箱和高压腔之间的通道被打开，斜盘的倾斜角度减小直至排量低于 2%。

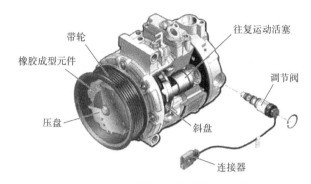

图 8-10 电控变排量压缩机结构(斜盘式)

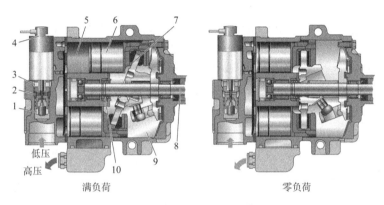

图 8-11 电控变排量压缩机工作原理

1-进气压力;2-高压;3-曲轴箱压力;4-空调压缩机调节阀 N280;5-压缩室;6-空心活塞;7-斜盘;8-驱动轴;9-曲轴箱;10-复位弹簧

(5)电磁离合器。

在汽车空调系统中,电磁离合器一般安装在压缩机前端面,成为压缩机总成的一部分。其作用是控制发动机与压缩机的动力传递。

电磁离合器由带轮、电磁线圈、弹簧板等主要部件组成。如图 8-12 所示,电磁线圈固定在压缩机外壳上。弹簧板与压缩机的主轴相连接。带轮通过轴承套在轴上,可以自由转动。

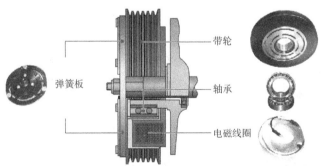

图 8-12 电磁离合器的结构

当空调开关接通时,电流通过电磁离合器的电磁线圈,电磁线圈产生电磁吸力,使压缩机的弹簧板与带轮结合在一起,将发动机的转矩传递给压缩机主轴,使压缩机主轴旋转。当断开空调开关时,电磁线圈吸力消失。在弹簧作用下,弹簧板和带轮分离,压缩机停止工作。

3）冷凝器与蒸发器

冷凝器和蒸发器是汽车空调系统中两个重要的部件。它们的作用是实现两种不同温度流体之间的热量交换，所以通常又称为热交换器。

冷凝器作用是：对压缩机排出的高温、高压制冷剂蒸气进行冷却，使其凝结为高压制冷剂液体。

汽车用冷凝器主要有管片式、管带式和平行流式，目前轿车多采用平行流式，如图8-13所示，大客车多采用铜管铝片式。

对于轿车，冷凝器一般安装在散热器之前，与散热器共用风扇。对于大客车，冷凝器多安装在车厢顶部，在冷凝器旁安装辅助冷却风扇，加速冷却。

蒸发器的作用是将膨胀阀出来的低温低压制冷剂蒸发并吸收车内空气的热量，从而达到车内降温的目的。多安装于汽车驾驶室仪表台下方。

蒸发器主要有管片式、管带式和层叠式。轿车上主要采用全铝层叠式蒸发器，如图8-14所示，大型客车上主要采用铜管铝片式蒸发器。

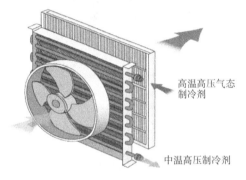

图8-13 平行流式冷凝器

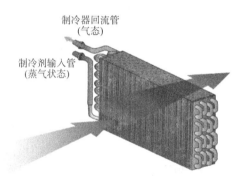

图8-14 层叠式蒸发器

4）节流膨胀装置

现代轿车用节流膨胀装置主要有热力膨胀阀和孔管节流阀等。

(1) 热力膨胀阀。

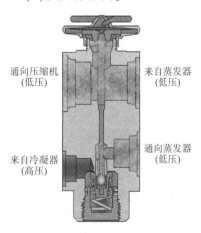

热力膨胀阀安装在蒸发器入口，作用是把来自储液干燥器的高温高压的液态制冷剂节流降压成低温低压的液态蒸气，同时可防止压缩机发生液击现象和蒸发器出口蒸气异常过热。

热力膨胀阀的结构形式有三种，分别为内平衡式膨胀阀、外平衡式膨胀阀和H型膨胀阀。目前轿车上多使用H型阀。以下主要介绍H型膨胀阀。

H型膨胀阀结构如图8-15所示。当蒸发器的温度高时，感温元件内部制冷剂压力增大，克服弹簧压力，球阀开度增大，制冷剂流量增加，制冷量增大。反之亦然。

图8-15 H型膨胀阀结构示意图

(2)孔管式节流阀。

孔管节流阀安装在蒸发器进口管中,它的作用是节流降压,但无法调节制冷剂流量。装有孔管的系统必须在蒸发器的出口和压缩机的进口之间安装一个集液器,实行气液分离,以防止液态制冷剂冲击压缩机。其结构如图8-16所示,节流管没有运动部件,具有结构简单、成本低、可靠性高、节能的优点。

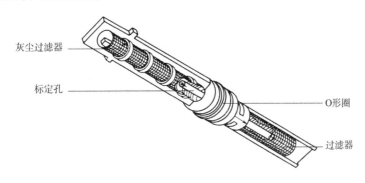

图8-16 孔管结构示意图

孔管节流阀失效的主要原因是节流元件堵塞,这通常是由于集液器内干燥剂滤网失效引起的。此时最好更换节流阀,同时更换集液器,不同车型的孔管不能互换。

5)过滤装置

汽车空调中按照节流装置的不同采用不同的过滤装置,主要有储液干燥器和集液器。

(1)储液干燥器。

储液干燥器用于膨胀阀式空调系统,安装在冷凝器与膨胀阀之间的管路上,在制冷系统中,它起到储液、干燥和过滤液态制冷剂的作用。

储液干燥器结构如图8-17所示。从冷凝器来的液态制冷剂,从储液干燥器进口处进入,经粗滤器过滤和干燥剂除去水分和杂质后从出口流向膨胀阀。

部分车型上的储液干燥器上装有易熔塞,在系统压力、温度过高时,易熔塞熔化,放出制冷剂,保护系统重要部件不被破坏。

注意:一旦空调系统的管路被打开,储液干燥器必须更换新品,在安装前储液干燥器的进出口尽可能保持密封,防止潮气进入。

(2)集液器。

集液器用于节流管式空调制冷系统中,一般安装在蒸发器出口与压缩机入口之间,结构如图8-18所示。

集液器的主要作用:一是过滤液态制冷剂,防止其进入压缩机;二是吸收制冷剂中的水分;三是过滤杂质。

6)制冷剂与冷冻油

(1)制冷剂。

在制冷系统中用于转换热量并且循环流动的物质称为制冷剂。

制冷剂的特性能直接影响制冷循环的技术经济指标。应根据不同制冷装置的特点,合理选择制冷剂,使制冷装置正常工作和安全运行。

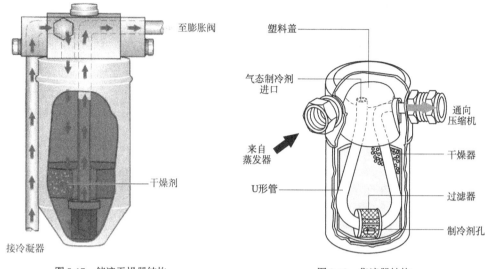

图 8-17 储液干燥器结构　　图 8-18 集液器结构

汽车空调制冷系统多数故障与制冷剂的泄漏有关,应注意检查,并按规定予以加注。

(2)冷冻油。

冷冻油也称为冷冻机油,是压缩机的专用润滑油,它用于保证压缩机正常运转、可靠工作和延长使用寿命。其在空调制冷系统中具有润滑、密封、冷却、降噪的作用。

选择冷冻油时,要充分考虑空调压缩机内部润滑油的工作状态。在使用时必须严格使用原车空调压缩机所规定的冷冻油牌号,或换用具有同等性能的冷冻油,不得使用其他润滑油代替;注意防潮;不能使用变质的冷冻油;加注时也不宜过量,否则会导致制冷效果不好。

3.汽车空调的正确使用

对于非独立式汽车空调,操作使用比较方便,正确使用与否,将对机组的性能及使用寿命、发动机的工作稳定性及功耗都会有较大的影响。为此,汽车空调使用时应注意以下几点。

(1)汽车空调在换季初次使用时,最好对汽车空调系统进行杀菌除臭处理。

(2)起动发动机时,汽车空调开关应处于关闭位置,熄火后,也应及时关闭汽车空调,以免蓄电池电量损耗,同时避免在下次点火瞬间汽车空调自动开启,加大发动机的负担。

(3)汽车空调的核心部件是压缩机,压缩机中的润滑油如果长时间不使用,就会凝结,再次使用的时候有可能会造成压缩机卡死。因此,在不使用汽车空调的季节,最好一个月运转一两次,每次 10min 左右。

(4)夏日应避免汽车在阳光下直接暴晒,尽可能把车停在树荫下。长时间停车后,车厢内温度会很高,应先开窗及通风,用风扇将车内热空气赶出车厢,再打开汽车空调,开汽车空调后车厢门窗应关闭,以降低热负荷。

(5)在车辆处于大负荷工况行驶时,应暂时关闭汽车空调,以免冷却液箱"开锅"。超车时,若汽车空调系统无超速自动停转,则也应先关闭汽车空调。

(6)使用汽车空调时,冷气温度不宜调得过低,一方面温度调得过低,会影响身体健康;另一方面易使蒸发器表面结霜,形成风阻,而造成压缩机液击现象。同时若风机开在低速挡,则冷气温度开关不宜调得过低。一般车厢内外温差在 10℃ 以内为宜。

(7)定期清洗冷凝器和蒸发箱,长时间使用空调,冷凝器、蒸发箱表面易被灰尘等脏物附着,造成汽车空调系统的制冷效果下降。

(8)定时清洁或更换过滤器(汽车空调的滤芯),这是因为空气中的灰尘等脏物会堵塞过滤器,直接影响汽车空调出风流量和制冷效果,并造成车厢内异味等问题。

(9)在汽车空调运行时,若听到汽车空调装置有异常响声,如压缩机响、风机响、管子爆裂等,应立即关闭汽车空调,并及时联系维修人员进行检修。

4.汽车空调的维护

1)汽车空调维护注意事项

(1)在检查和添加制冷剂时,或拆卸制冷系统管路时,要在通风良好的地方进行操作。

(2)操作时务必戴上防护眼镜和橡胶手套。不要让液体制冷剂接触到眼睛或皮肤上,如果眼睛或皮肤不小心接触到液态制冷剂,应立即用大量冷水清洗,千万不要擦眼睛或皮肤。然后在皮肤上涂抹干净的凡士林,并立即去医院接受治疗。

(3)要远离热源,不要把制冷剂存放在日光直射的场所或炉子附近。在充灌制冷剂时,对装制冷剂的容器加热,且应在40℃以下的温水中进行,而不可将其直接放在火上烘烤。否则,会引起内存的制冷剂压力增大,导致容器发生爆炸。

(4)不要将装制冷剂的钢瓶暴露在明火处。制冷剂不会燃烧和爆炸,但与明火接触时,会分解出对人体有害的气体(光气)。

(5)注意不要使存放制冷剂的容器掉落或受到冲击。

(6)如果制冷系统内的制冷剂不足时,不要运行压缩机。如果空调系统中制冷剂不足,则会缺少机油润滑,并且可能损坏压缩机。

(7)小心不要向系统中加注过量的制冷剂。如果制冷剂加注过量,会导致制冷不足、燃油经济性差、发动机过热等问题。

2)汽车空调系统的维护

平时做好空调系统的日常维护和定期维护工作是很重要的。由于在维护过程中能及时发现故障先兆,并积极采取措施消除隐患,所以能充分发挥空调的作用,保证系统正常运行。

(1)汽车空调系统的日常维护。

汽车空调系统的日常维护作业内容及要求见表8-1。

汽车空调系统的日常维护作业内容　　　　　　　　表8-1

序　号	项　目	具体内容及要求
1	压缩机	①在停用制冷系统后,每周起动压缩机工作5~10min。制冷剂在循环中可把冷冻油带至系统内的各个部分,从而可防止系统管路中各密封胶圈,压缩机轴封等因缺油干燥而引起密封不良和制冷剂泄漏,并使压缩机、膨胀阀以及系统内各活动部件的动作,不致结胶黏滞或生锈; 这项维护应在环境温度高于4℃时进行;环境温度过低会导致冷冻油因黏度过大而使流动性变差,当压缩机起动后不能立即将油带到需要润滑的部位而造成压缩机磨损加剧至损坏; ②检查制冷压缩机驱动带有无裂纹和老化情况; ③检查制冷压缩机驱动带的松紧程度。驱动带过紧会增加磨损,导致轴承损坏;过松则易使转速降低,造成制冷不足,甚至发出异常声响;如驱动带过紧或过松应及时调整; ④从压缩机的视镜中检查冷冻油量,看是否有泄漏

续上表

序号	项目	具体内容及要求
2	冷凝器	①检查冷凝器运行是否正常; ②检查冷凝器表面有无污物,散热片是否弯曲或阻塞;表面脏污时,应及时用压缩空气吹净或用压力清水清洗干净,以保持良好的散热条件; ③检查冷凝器和发动机散热器之间的缝隙是否堵塞,若堵塞,会造成发动机冷却液温度升高; ④检查冷凝器风扇是否有泥沙、石块等杂物,若有,应及时清理
3	蒸发器	①检查蒸发器通风口是否清洁,排水道是否畅通,鼓风机运转是否正常; ②检查蒸发器表面有无污物,散热片是否弯曲或阻塞; ③检查并清洁空调空气滤清器;如发现堵塞,应及时更换空调空气滤清器; ④检查通往蒸发器的发动机热水管路是否泄漏
4	系统接头	①检查各管路接头和连接部位、螺栓、螺钉是否有松动现象; ②检查各管路接头是否与周围机件相磨碰,传动机构的工作是否正常,胶管是否老化,进出翼子板孔处的隔振胶垫是否脱落或损坏; ③检查各管路接头是否有泄漏
5	其他	①检查电路连接导线、插头是否有损坏和松动现象; ②空调在运行中有无不正常的噪声、异响、振动和异常气味,如有应停止使用空调并及时检修; ③低速运转空调,从视液窗上察看是否有气泡出现;如出现气泡说明制冷剂不足,应及时进行检查修理或补充

(2)汽车空调系统的定期维护。

汽车空调系统除了一些日常维护和检查工作外,还应由汽车空调专业维修人员对空调系统各总成和部件做一些必要的定期维护和调整检查工作,这样做不但可以保证空调的性能和发挥空调的最佳效果,而且可以更好地保证汽车空调的使用寿命和工作可靠性,减少维修工作量。汽车空调的定期维护方法一般有两种:一种是与汽车的维护同步进行,另一种是按空调的维护周期独立进行。

二、任务实施——更换粉尘及花粉滤清器滤芯

1. 准备工作

(1)将实训车辆停放在检测区域。

(2)检查实训室通风系统设备工作是否正常。

(3)准备抹布、吸尘器、清洁挡板、车辆挡块、翼子板布、三件套、教学车辆等。

2. 技术要求与注意事项

(1)每行驶 10000km 或每一年需清洁粉尘及花粉滤清器壳体,更换滤芯。

(2)更换后的滤芯应按照车间环保要求处理。

(3)更换滤芯后,应检查杂物箱的安装情况。

3.操作步骤

以迈腾 B8 车型为例,介绍粉尘及花粉滤清器滤芯的更换步骤:

(1)将前排乘客侧杂物箱内物品清理干净,打开杂物箱盖板。

(2)如图 8-19 所示,沿着图中 A 的方向,用手向上压固定杂物箱盖板的止挡块 1,沿着图中 B 的方向,向外打开杂物箱盖板,缓慢从杂物箱缓冲元件中脱出缓冲元件的齿条。

(3)取出粉尘及花粉滤清器外隔音垫。

(4)如图 8-20 所示,松开内侧盖板卡扣(箭头所示),取下内侧盖板 1。

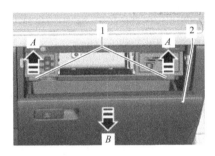 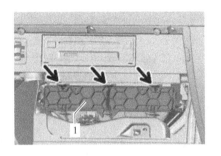

图 8-19 杂物箱拆卸示意图　　　　图 8-20 拆卸内侧盖板示意图
1-固定杂物箱盖板的止挡块;2-杂物箱盖板　　　　1-内盖板

(5)如图 8-21 所示,将合适的清洁挡板推到粉尘及花粉滤清器下部。

(6)将粉尘及花粉滤清器滤芯取出,检查滤芯脏污情况,如滤芯脏污程度较为严重,应更换滤芯。

(7)用吸尘器吸出盖板上的灰尘和杂物。

(8)取出盖板,安装新的滤芯,注意滤芯安装方向,如图 8-22 所示,箭头所示方向应向下,即空气由车外通道经滤芯,进入下方的鼓风机。

(9)粉尘及花粉滤清器滤芯安装到位后,安装滤清器内侧盖板。

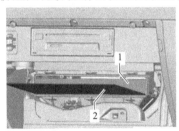 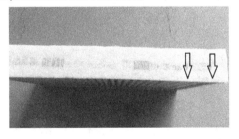

图 8-21 安装滤清器清洁挡板示意图　　　　图 8-22 粉尘及花粉滤清器滤芯示意图
1-空调滤清器;2-清洁挡板

(10)安装杂物箱盖板,安装时注意杂物箱侧缓冲元件,应缓慢将缓冲元件的齿条推入减振原件中,将杂物箱盖板关闭,直至止挡块卡住杂物箱盖板。

(11)更换完毕后,连续开关几次杂物箱,确保杂物箱固定良好。

三、知识拓展

一汽大众迈腾轿车采用的是全自动空调,其空调面板示意图见图 8-23,该车空调中主要按钮代表的信息见表 8-2,空调前部出风口见图 8-24。

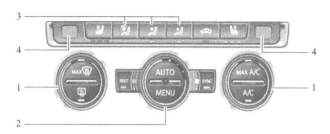

图 8-23　全自动空调操作面板示意图

1-温度旋钮,用左、右调节旋钮可分别调节车厢内左、右两部分的温度,将调节旋钮拧至所需位置即可;2-鼓风机旋钮,系统自动控制鼓风机转速,也可用调节旋钮手动调节鼓风机转速;3-空气分配旋钮,系统自动控制送风方向,也可用按钮手动切换送风方向;4-显示设定的车厢内左、右两部分的温度

迈腾汽车全自动空调主要按钮代表的信息　　表 8-2

按钮图标	代表信息
MAX	启动除霜功能。空气直接吹向前风窗
	空气通过仪表板上的出风口吹向乘员上身
	空气吹向脚部空间
	空气吹向前窗
	启动后风窗加热器,发动机运转时按压该按钮后风窗加热器方能起作用,约工作 10min 后加热器自动关闭
	座椅加热器按钮
	座椅加热和座椅通风按钮
A/C	按压该按钮即可启动或关闭空调制冷系统
MAX A/C	将调节旋钮拧至该位置,系统即输出最大制冷功率,空气内循环运转模式和制冷系统自动启动
SYNC	同步调节驾驶员侧和前、后排乘员侧的温度
AUTO	系统自动控制温度、鼓风机转速和空气分配

续上表

按钮图标	代表信息
MENU	按压该按钮即可打开信息娱乐系统里的空调系统显示及设置
(车图标)	启动空气内循环运转模式
REST	接通和关闭预热功能。在发动机处于热态且点火开关已关闭的情况下,可利用发动机的预热为车内保温。在30min后或轿车蓄电池电量较低时,该功能断开

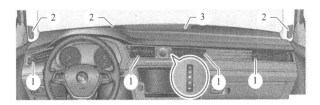

图8-24　迈腾轿车前部出风口

1-可调整式的出风口:按所需方向旋转滚轮即可打开和关闭出风口;2-不可调整式出风口;3-间接风出风口:通过全自动空调的自动运行模式控制间接风

四、评价与反馈

1. 自我评价

(1)完成本学习任务后,回答以下问题:

①汽车空调制冷系统由哪些部件组成？各有什么作用？

_____。

②如何正确使用汽车空调？

_____。

(2)如何更换粉尘及花粉滤清器滤芯？

_____。

(3)实训过程完成情况如何？

_____。

(4)你认为自己的知识和技能还有哪些欠缺？

_____。

签名:_____　　___年___月___日

2. 小组评价(表8-3)

小组评价表　　　　　　　表8-3

序　号	评价内容	优	良	中	差
1	任务中5S管理执行情况				
2	合理规范地使用仪器和设备				

续上表

序　号	评　价　内　容	优	良	中	差
3	按照安全和规范的流程操作				
4	遵守学习、实训场地的规章制度				
5	团结协作情况				

参与评价的同学签名：_____　　___年___月___日

3．教师评价

_____

_____。

教师签名：_____　　___年___月___日

五、技能考核标准（表8-4）

技能考核标准表　　　　　　　　表8-4

项　　目	操作内容	规　定　分	评分标准	得　　分
更换粉尘及花粉滤清器滤芯	打开杂物箱盖板	5分	正确铺设翼子板布和前格栅布	
	拆卸杂物箱	10分	正确进行此操作	
	取出粉尘及花粉滤清器外隔音垫	5分	正确进行此操作	
	拆卸内侧盖板	5分	正确进行此操作	
	安装清洁挡板	5分	正确进行此操作	
	取出粉尘及花粉滤清器滤芯	10分	正确进行此操作	
	检查滤清器滤芯	10分	达到操作要求	
	用吸尘器吸出盖板上的灰尘和杂物	10分	达到操作要求	
	取出盖板	10分	正确进行此操作	
	安装新的滤芯	10分	达到操作要求	
	安装滤清器内侧盖板	5分	正确进行此操作	
	安装杂物箱盖板	5分	正确进行此操作	
	检查杂物箱安装情况	10分	达到操作要求	
	总分	100分		

学习任务2　手动空调系统检修

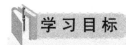

知识目标

1. 了解汽车空调系统维修工具设备的作用和种类；
2. 掌握汽车空调系统维修工具设备的使用方法；
3. 掌握汽车空调系统常用工作介质的种类和特性；
4. 掌握汽车空调系统检漏方法。

技能目标

1. 能正确使用汽车空调系统维修工具设备；
2. 能正确选用汽车空调系统常用工作介质；
3. 能完成汽车空调制冷剂加注与回收作业。

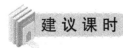

6课时。

一、理论知识准备

1. 汽车空调制冷系统专用维修工具

检修汽车空调故障时,需配备歧管压力表、制冷剂检漏仪、真空泵、制冷剂注入阀、制冷剂加注设备等专用工具设备。

1）歧管压力表

(1) 歧管压力表的作用。

歧管压力表组件是汽车空调系统维修必不可少的设备,空调系统维修的基本作业,例如充注制冷剂、添加冷冻油、系统抽真空等都离不了歧管压力表组件,汽车空调系统故障诊断与排除中也需要此设备。歧管压力表组件构造如图8-25所示。

(2) 歧管压力表的结构。

歧管压力表组件由两个压力表（低压表和高压表）、两个手动阀（高压手动阀和低压手动阀）、三个软管接头（一个接低压工作阀、一个接高压工作阀、一个接制冷剂罐或真空泵吸入口）组成,这些部件都装在表座上,形成一个压力表。

低压表用来检测系统低压侧压力,也称组合压力表,可以读出压力和真空度。压力表公制单位为kPa,英制单位为psi,1psi等于6.895kPa。低压表的真空度刻度从102～0kPa,压力刻度从0～827kPa。低压表的结构设计可以防止当压力达到1724～2413kPa时不损坏压力表,在空调系统工作时,低压表的压力一般不高于551.5kPa。低压侧系统工作压力一般为103~241kPa。

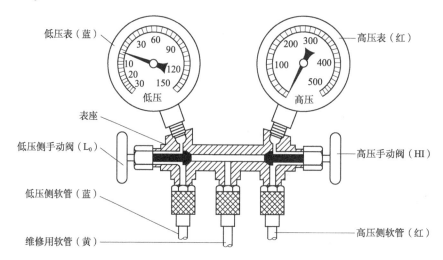

图8-25 歧管压力表组件

高压表用来指示系统高压侧压力。在正常情况下,高压侧压力很少超过2068kPa,但为了安全,高压表的最大刻度一般要远高于此值。高压表虽然在0kPa以下没有刻度,但抽真空时不会损坏。高压侧系统工作压力一般为1103~1517kPa。

这两个压力表都装在一个表座上,表座的两端各有一个手动阀。下部有三个通路接口,通过两个手动阀和三根软管的组合作用,使用时可使歧管压力表组件具有四种功能。

(3)歧管压力表的功能。

如图8-26所示,歧管压力表组件装置的功能如下:

①双阀关闭测压力:当高压手动阀B和低压手动阀A同时全关闭时,可以对高压侧和低压侧的压力进行检查。

②双阀打开抽真空:当高压手动阀B和低压手动阀A同时全开时,全部管连通。如果接上真空泵,便可以对系统抽真空。

③单阀打开做充注:当高压手动阀B关闭,而低压手动阀A打开时,可以从低压侧充注气态制冷剂;当低压手动阀A关闭,而高压手动阀B打开时,可由高压侧充注液态制冷剂。

④先高后低放排空:先打开高压手动阀,当压力下降到350kPa时,再打开低压手动阀,可使系统放空,排出制冷剂。

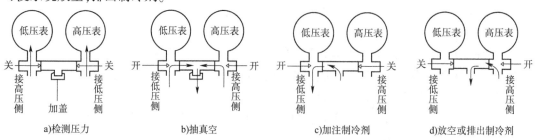

图8-26 歧管压力表的功能

使用时注意事项:
①歧管压力表是一件精密仪表,必须细心维护,不要损坏,且要保持清洁。
②不使用时,要防止软管中进入水分和脏物。
③使用时要把管内空气排尽。
④压力表接头与软管连接时,只能用手拧紧,不能用工具拧紧。

2)检漏仪
(1)电子检漏仪。
①电子检漏仪的结构:
实际使用中的电子检漏仪结构如图 8-27 所示。

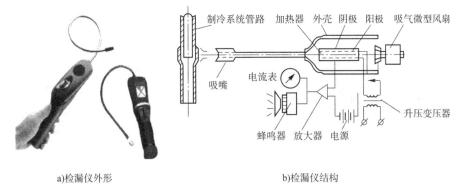

图 8-27 电子检漏仪的结构

②电子检漏仪的工作原理:
电子检漏仪是根据卤素原子在一定的电场中极易发生电离而产生电流的原理制成的。
电子检漏仪的工作原理如图 8-28 所示。

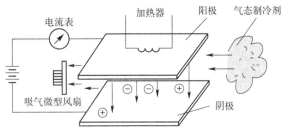

图 8-28 电子检漏仪的工作原理

有一对电极,加热由铂金做的阳极,并在它附近放一个阴极,这对电极放在空气中时,由于空气的电离度很低,检测电路不通,电流表没有电流指示。当有制冷剂气体流经阳极与阴极之间时,在催化下迅速电离,电路中有电流通过,制冷剂浓度越大,电离越大,电路中的电流越大。这些可以通过串联在回路中的电流反映出来,也可以由蜂鸣器的声音大小反映出来。由此检测出制冷剂气体的浓度,达到检漏的目的。

③电子检漏仪的使用方法:
旋转 ON/OFF 开关到 ON;调节灵敏度;调节平衡。调节平衡直到听到最大的警报声,再往回调节直至听到缓慢连续的嘀嗒声,且最下面的指示灯有一个闪亮;开始检测泄漏。搜索速率为 25 ~ 50 mm/s。探头应尽可能地靠近被搜索处而不要碰到。把探头伸到装置下,

围绕系统的底部开始检查泄漏(因为制冷剂比空气重);调节平衡,确定泄漏点。当接近有制冷剂的地方时检漏仪会发出警报声,此时让探头保持同一位置,向下调节平衡控制,当听到嘀嗒声后继续检查。如果有泄漏,需要调节几次平衡。

(2)荧光检漏仪(图8-29)。

荧光检漏仪将定量的紫外线敏感染料引入系统,汽车空调运行几分钟就能使染料在系统内流动,然后用一台紫外线灯照射,以确定泄漏的精确位置。虽然紫外线检漏法比较昂贵,但它能够精确确定微小的泄漏。

3)真空泵

真空泵是汽车空调制冷系统安装、维修后抽真空不可缺少的设备,以去除系统内的空气和水分等物质。常用的真空泵,有用油密封和用水密封的两种,用油密封的分滑阀式和刮片式两种,用水密封的有水环式。图8-30所示为常见真空泵外形。

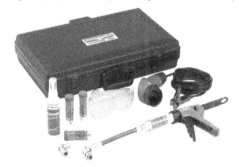

图8-29 荧光检漏仪

图8-30 真空泵实物图

(1)制冷系统抽真空。

首先将歧管压力计中间的黄色软管接真空泵接口,再打开歧管压力表高低压阀,并插上电源插头,然后打开电源开关起动真空泵,就可以对汽车空调制冷系统抽真空了。

(2)制冷系统加注冷冻油。

真空泵的操作方法与上述相同,将歧管压力表的另两根软管中的一根,插入盛装冷冻油的量瓶中,即可吸入冷冻油进入制冷系统。

4)制冷剂注入阀

制冷剂注入阀是打开小容量制冷剂罐的专用工具,它利用蝶形手柄前部的针阀刺破制冷剂罐,通过螺纹接头把制冷剂引入歧管压力表组件,如图8-31、图8-32所示。

图8-31 制冷剂注入阀实物图

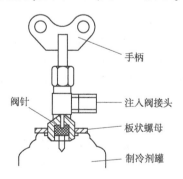

图8-32 制冷剂注入阀示意图

制冷剂注入阀使用法如下所述:

(1)在制冷剂罐上安装制冷剂注入阀之前,应按逆时针方向转动蝶形手柄,使其前端的针阀完全缩回;再逆时针转动盘形锁紧螺母,使其升高到最高位置。

(2)把注入阀装到制冷剂罐顶部的螺纹槽内,顺时针旋下盘形锁紧螺母,并充分拧紧,使注入阀固定牢靠,把注入阀接头与歧管压力表组件上的中间软管接头连接起来(歧管压力表组件事先与空调系统连接好)。

(3)确认歧管压力表组件上的两个手动阀均处于关闭状态。

(4)顺时针转动蝶形手柄,用针阀在制冷剂罐上刺一小孔。

(5)如果此时需要加注制冷剂,应逆时针转动蝶形手柄,使针阀收回,而且同时要打开歧管压力表组件的相应手动阀,让制冷剂注入汽车空调制冷系统。

2. 汽车空调常用工作介质

1)制冷剂

制冷剂是制冷系统中完成制冷循环所必需的工作介质。制冷剂的热力状态在制冷循环中是不断发生变化的,如在蒸气压缩式制冷循环中,制冷剂在蒸发器中吸收被冷却系统的热量而蒸发成为蒸气,在冷凝器中将热量传递给周围环境介质(空气、水等)而被冷却冷凝成液体。制冷机借助于制冷剂的状态变化,完成制冷循环,达到制冷的目的。

(1)对制冷剂的要求。

热力学方面的要求:在标准大气压下,制冷剂的蒸发温度要足够低;临界温度要高,在常温或普通低温范围内能够冷凝液化;在工作低温下,蒸发器中制冷剂的压力,最好接近或稍高于大气压力,以防止系统外部的空气或水分渗入系统内;在常温下冷凝压力不宜过高(小于1.5 MPa);制冷剂单位容积的制冷能力应尽可能大,以便提高制冷效率,减小制冷剂的循环量;应有较高的导热系数和放热系数,以提高热交换器的工作效能,减小热交换器的尺寸,提高传热效率。

物理化学方面的要求:制冷剂的化学稳定性要好,在高温条件下不易分解、不易燃烧,无爆炸危险;制冷剂的黏度和密度应小,以减小制冷剂在系统中流动时的阻力,从而减小压缩机的耗能量和缩小流通管径;制冷剂对金属和其他材料无腐蚀性和侵蚀作用;制冷剂与水有较大的亲和力,以避免导致系统冰堵现象;制冷剂易与润滑油混合,而不损害其制冷效果,并有助于压缩机件的润滑;制冷剂对机器缝隙的渗透能力应低。

安全、环境方面的要求:制冷剂对人的生命和健康不应有危害性,即不应有毒性、窒息性及刺激作用。与食物也不应有反应;制冷剂应符合环境要求,尽量减少对大气臭氧层的破坏作用,要求制冷剂对地球温室效应影响较小,对大气中臭氧没有破坏作用。

(2)汽车空调上使用的制冷剂与性质。

目前,作为制冷剂的物质已有近百种,并且新的制冷剂还在不断被发现和研制,但常用的制冷剂只有十几种。制冷剂的表示方法是用英文单词 Refrigerant(制冷剂)的首写字母 R 作为制冷剂的代号,在 R 后面用规定的数字及字母来表示制冷剂的种类和化学构成,如 R12、R22、R134a、R600a、R717 等,汽车空调上目前主要使用的制冷剂是 R134a。

R134a(图 8-33),又名四氟乙烷($C_2H_2F_4$)。R134a 是

图 8-33 R134a 制冷剂

中温中压制冷剂,其物理特性(相对分子质量、沸点、汽化潜热和临界参数)与 R12 相似。

R134a 传热性好,化学稳定性好,不燃烧。而且 ODP 与 GWP 值均较小,在替代 R12 制冷剂时制冷系统与设备只需要做少许改动,因此,R134a 被看作是 R12 的首选替代制冷剂。

R134a 渗透性高,对密封材料要求高,一般采用聚丁腈橡胶、二聚乙丙橡胶或氯丁橡胶等。

2)冷冻油

(1)对冷冻油的基本要求。

①冷冻油的凝固点要低,一般家用电冰箱和家用空调器采用凝固点低于 -30℃ 的冷冻油。

②要有适当的黏度,如果黏度太小,在摩擦面不易形成正常的油膜厚度,也会加速机械磨损,甚至发生拉毛气缸、抱轴等故障,机械密封性能也不好,制冷剂容易泄漏;如果黏度太大,润滑和密封性能虽好,但制冷压缩机的单位制冷量消耗的功率会增大,耗电量增加。

③有较好的黏温性能和较高的闪点。制冷压缩机在工作中,气缸等处的温度高达 130~150℃,所以要求冷冻油的黏度在温度变化时其变化要小,闪点要高。不会使冷冻油在温度高的情况下碳化。

④要有良好的化学稳定性和抗氧化安定性。冷冻油在制冷系统内与制冷剂经常接触,在全封闭式的制冷压缩机内,要求能够使用 10~15 年以上。

⑤不含水及酸之类杂质,要有良好的电气绝缘性能。在半封闭和全封闭式制冷压缩机中,电动机绕组要与冷冻油经常接触,所以要求冷冻油不能破坏电动机的绝缘物并有良好的绝缘性能。

(2)冷冻油的种类。

目前国产冷冻油分石油部标准(SYB)和企业标准两类。石油部标准有 13 号、18 号、15 号、30 号、40 号五种,其中 13 号冷冻油又有凝点 -40℃ 以下和 -25℃ 两种。凝点 -25℃ 的 13 号冷冻油主要用于蒸发温度较高的冷藏、空调制冷系统。18 号冷冻油的指标比其他牌号的冷冻油要高,主要用于对冷冻油要求较高的 R12 制冷压缩机,对其他制冷剂的压缩机也适用。

不同型号的冷冻油不能混合使用,但可以代用,代用原则是高牌号可以替代低牌号使用。

3.汽车空调制冷系统的检漏方法

汽车空调系统工作条件比较恶劣,极易造成部件、管道损坏和接头松动,使制冷剂发生泄漏,其泄漏的常见部位见表 8-5。

汽车空调系统泄漏的常发部位　　　　表 8-5

部　件	泄漏常发部位	部　件	泄漏常发部位
冷凝器	①冷凝器进气管和出液管连接处; ②冷凝器盘管	制冷剂管道	①高、低压软管; ②高、低压软管各接头处
蒸发器	①蒸发器进气管和出口管连接处; ②蒸发器盘管; ③膨胀阀	压缩机	①压缩机油封; ②压缩机吸排气阀处; ③前后盖密封处; ④制冷剂管道接头处
储液干燥器	①易熔塞; ②管道接口喇叭口处		

注意:在空调装置上进行作业时,制冷剂可能在压力的作用下溢出。皮肤或身体其他部位接触制冷剂可能会产生冻伤,在作业时需要戴上防护手套和防护眼镜。

汽车空调制冷系统常用的检漏方法有:外观检漏、肥皂泡检漏、荧光剂或染料检漏、电子检漏仪检漏、真空检漏、压力检漏等。

1)外观检漏

制冷剂泄漏部位往往会渗出冷冻油,若发现在某处有油污渗出,可进一步用清洁的白纸擦拭或用手直接触摸检查。如仍有油冒出,则可能有渗漏。

2)肥皂泡检漏

有些漏点局部凹陷,电子检测仪器很难进入,要想确定泄漏的准确位置,可采用肥皂泡检漏。首先,调好肥皂溶液,用肥皂粉(块)加水即可。溶液的浓度要黏稠到用刷子一抹就可形成气泡的程度;其次,将全部接头或可疑区段抹上肥皂液;最后观察肥皂泡的出现情况,泡形成处就是漏点所在,如图8-34所示。

3)荧光剂或染料检漏

将荧光剂加入空调(加注方法与加注冷冻油相同),使空调运转,打开荧光电筒,若空调系统有泄漏,可看见泄漏处有荧光。

也可用棉球蘸制冷剂专用着色剂检测,当这种着色剂一遇到制冷剂时,就会变成红色。据此可以判定泄漏点。目前有些制冷剂溶有着色剂,使用这类制冷剂时,系统一旦有泄漏,便在泄漏点显示鲜艳的着色剂,可以据此方便地检测出泄漏部位。

4)电子检漏仪检漏

使用专用仪器的探头在所有可能渗漏的部位附近移动(速度不要过快),当检漏装置发出报警时,即表明此处存在泄漏。因制冷剂挥发快,此种方法在小空间使用效果较佳,如蒸发器等部位。空调风机建议使用低挡转速。但仪器探头会受水分、油污等不利因素的影响,有时会产生误报,所以要注意使用技巧,电子检漏仪检漏见图8-35。

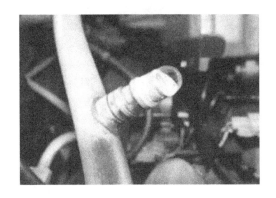

图8-34 肥皂泡检漏

图8-35 电子检漏仪检漏

5)真空检漏

应用真空泵进行,真空度应达到0.1MPa,保持2h内真空度没有显著升高即可。抽真空的目的有三个:一是抽出系统中残留的氮气;二是检查系统有无渗漏;三是使系统干燥。只有在系统抽真空后才能加注制冷剂。

6）压力检漏

压力检漏有充氮气压力检漏和充制冷剂检漏。

4. 制冷剂回收加注机

图8-36 制冷剂回收加注机（AC350C）

制冷剂回收加注机是目前汽车空调维修作业中最常用的设备，制冷剂回收加注机可以实现汽车空调系统制冷剂回收、制冷剂净化、抽真空检漏、系统清洗、加注冷冻油及加注制冷剂等作业项目。下面以制冷剂回收加注机（AC350C）为例（图8-36），介绍制冷剂回收加注机的结构和功能。

如图8-37所示，制冷剂回收加注机（AC350C）上装备有高、低压管路，高、低压管路与汽车空调系统高低压维修接头进行连接，废冷冻油排放瓶用于回收汽车空调系统内的废旧冷冻油。

如图8-38所示，制冷剂回收加注机面板上有电源开关、控制面板、高低压表、工作罐压力表，用以指示设备工作中的参数。

制冷剂回收加注操作流程如图8-38所示。

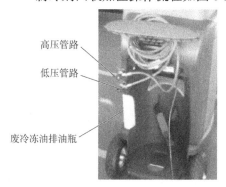

a）制冷剂回收加注机后面示意图

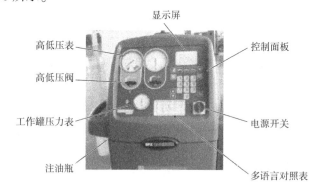

b）制冷剂回收加注机前面示意图

图8-37 制冷剂回收加注机

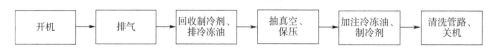

图8-38 制冷剂回收加注机操作流程

二、任务实施——空调制冷剂的回收与加注

1. 准备工作

(1) 将实训车辆停放在检测区域。

(2) 检查实训室通风系统设备工作是否正常。

(3) 准备电子检漏仪、制冷剂加注回收机、制冷剂、冷冻油、车辆挡块、翼子板布、三件套等教学用具。

2. 技术要求与注意事项

(1) 应按照车辆技术要求，添加符合要求的制冷剂。

（2）空调制冷系统检漏时,电子检漏仪应先调整灵敏度,探头距离测量物体约为1cm,且不能接触到物体。

（3）如检查空调制冷系统有泄漏,必须先修复故障部位。

3.操作步骤

（1）起动发动机,打开空调,预热车辆3min以上。

（2）使用电子检漏仪对空调制冷系统进行检漏,如图8-39所示,主要检查压缩机泵头、各管路接头。

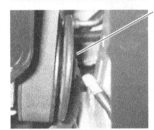

图8-39 空调制冷系统主要检漏部位

（3）打开制冷剂回收加注机电源开关,将高低压软管接头顺时针连接在回收机接口上,对回收机管路进行检漏。

（4）连接制冷剂加注回收机,如图8-40所示,将红、蓝色软管上的快速接头连接到汽车空调对应的接口上。

（5）打开控制面板上红、蓝色两个阀门。

（6）接通电源后,设备进入待机状态。如图8-41所示,按操作面板上的回收键,设备进入回收状态。

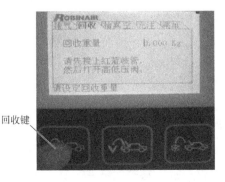

图8-40 连接高低压管路　　　　　图8-41 执行回收程序

(7) 按起动/停止键，设备开始回收，屏幕显示回收的制冷剂数量。

(8) 当蓝色低压表压力读数低于 0kPa 时，按下起动/停止键，回收停止。显示屏交替显示已回收的制冷剂数量。RECOVER XX.XXKG 和排油提示 DRAIN OIL，等待 1min，进入排油程序。

(9) 关闭面板上的红、蓝色阀门。

(10) 回收停止 2min 后，检查蓝色低压表，如果压力值上升到 0kPa 以上，重复进行回收，直到压力值回到 0kPa 以下，并保持 2min。

(11) 制冷剂回收完成后，进行旧冷冻油排出作业，排出冷冻油前应确保排油瓶已腾空。

(12) 打开控制面板上的排油阀。可观察到旧冷冻油流入排油瓶。排油时间大约需要 30s，或更长时间。

(13) 当没有旧冷冻油，以及其他杂质流入排油瓶时，排油过程结束，关闭排油阀。

(14) 根据排油瓶上的液面高度和瓶上的标尺，记录下排出的旧冷冻油总量。充注制冷剂前，空调系统将要加入相应数量的新冷冻油。

(15) 取下排油瓶，排空其中的旧冷冻油和杂质，清洁排油瓶，按开始/起动键，退到待机状态。

(16) 按下状态键，直到屏幕上出现抽真空状态 VACCUM，设备进入抽真空状态。

(17) 如图 8-42 所示，关闭设备控制面板上的红、蓝色高、低压两个阀门。

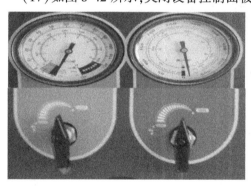

图 8-42 关闭高、低压阀门

(18) 通过观察蓝色低压表的压力值 5min，检查制冷系统的漏点，如果压力没有回升，说明系统没有漏点。

(19) 补充冷冻油：打开设备控制面板上的红、蓝色高、低压两个阀门，参照回收过程后的排油量，向注油瓶加入足够量的新冷冻油（加入量应大于排油量 30~60mL），数量由瓶中的液面高度和瓶上的标尺确定，按注油按钮，观察注油瓶中的液面高度，直到液面下降了所需加油量的高度为止。

(20) 充注制冷剂：参考汽车空调系统制造商提供的参数，确定要充注的制冷剂量，按控制面板上的状态键，直到屏幕上出现 CHARG，按上、下调整键，修改屏幕上的数值，设置新充注量，按起动/停止键充注开始，屏幕上显示已充注制冷剂的质量，如图 8-43 所示。

(21) 按起动/停止键，退回待机状态，关闭所有的阀门。

(22) 起动发动机，打开空调，将空调温度调到最低，鼓风机风量调到最大，观察设备控制面板上高、低压表。

(23) 关闭发动机，关闭空调开关，打开设备面板上的红、蓝色阀门。

(24) 当两个压力表相等后，关闭快速接头上的阀门，从汽车空调上拆下快速接头。

(25) 按下控制面板上的状态键，系统自动回收红、蓝色歧（胶）管中的剩余制冷剂。

(26) 关闭设备电源，将设备放置到指定位置。

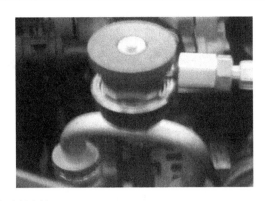

图 8-43 加注制冷剂

三、评价与反馈

1. 自我评价

(1) 完成本学习任务后,回答以下问题:

① 汽车空调系统维修常用的工具设备有哪些?

_____。

② 汽车空调系统常用的工作介质有哪些?

_____。

(2) 如何进行汽车空调制冷剂加注回收?

_____。

(3) 实训过程完成情况如何?

_____。

(4) 你认为自己的知识和技能还有哪些欠缺?

_____。

签名:_____ ___年___月___日

2. 小组评价(表 8-6)

小组评价表　　　　　　　　表 8-6

序 号	评价内容	优	良	中	差
1	任务中 5S 管理执行情况				
2	合理规范地使用仪器和设备				
3	按照安全和规范的流程操作				
4	遵守学习、实训场地的规章制度				
5	团结协作情况				

参与评价的同学签名:_____ ___年___月___日

3. 教师评价

_____

_____。

教师签名:_____ ___年___月___日

四、技能考核标准(表8-7)

技能考核标准表　　　　　　　　　　表8-7

项　目	操作内容	规定分	评分标准	得　分
空调制冷剂的回收与加注	车辆保护	4分	正确铺设翼子板布和前格栅布	
	起动发动机,打开空调,预热	4分	正确进行此操作	
	空调制冷系统进行检漏	8分	达到操作要求	
	连接制冷剂加注回收机	8分	达到操作要求	
	打开控制面板上红、蓝色两个阀门	8分	达到操作要求	
	回收制冷剂	8分	达到操作要求	
	排冷冻油	8分	达到操作要求	
	抽真空	8分	达到操作要求	
	检查空调系统真空状态	8分	达到操作要求	
	补充冷冻油	8分	达到操作要求	
	加注制冷剂	8分	达到操作要求	
	起动发动机,打开空调,检查空调工作状态	8分	正确进行此操作	
	回收管路中的制冷剂	4分	达到操作要求	
	清理设备,将设备放回原位	4分	正确进行此操作	
	清洁场地	4分	正确进行此操作	
总分		100分		

学习任务3　自动空调系统检修

学习目标

☞ 知识目标

1. 了解汽车自动空调系统的功能及组成;
2. 掌握汽车自动空调各传感器和执行器的安装位置及工作原理;
3. 掌握自动空调传感器与执行器的功用与工作原理;
4. 掌握自动空调典型故障的分析的方法。

☞ 技能目标

1. 能正确检修自动空调各传感器与执行器;
2. 能完成自动空调典型故障的诊断与排除。

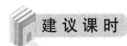

建议课时

4 课时。

一、理论知识准备

1. 自动空调的组成

汽车自动空调系统一般由制冷系统、暖风系统、配气系统和电子控制系统四大部分组成,有的还包括空气净化系统。其中,制冷系统和暖风系统均与手动空调相似。配气系统与手动空调相似,不同的是各风门的控制改由伺服电动机控制。

自动空调控制系统如图 8-44 所示,主要由传感器、执行器和空调控制单元(控制面板)组成,如图 8-45 所示。

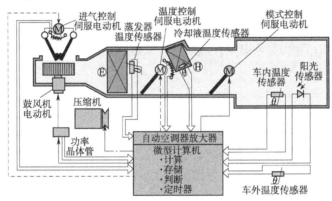

图 8-44 自动空调的电子控制系统

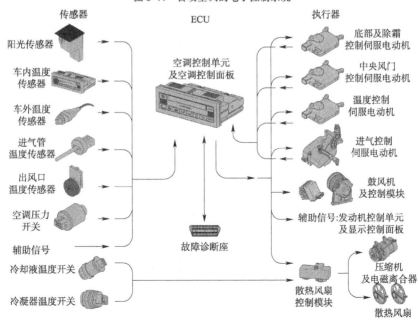

图 8-45 典型车型自动空调电子控制系统的组成

自动空调系统具有以下几种功能:

1)空调控制

包含温度自动控制、风量控制、运转方式控制、换气量控制等,满足车内对空调舒适性的要求。

2)节能控制

包括压缩机运转控制、换气量的最适量控制以及随温度变化的换气切换、自动转入经济运行、根据车内外温度自动切断压缩机电源等。

3)故障、安全报警

包括制冷剂不足报警、制冷压力高出或低出正常值报警、离合器打滑报警、各种控制器件的故障判断报警等。

4)故障诊断存储

汽车空调系统发生故障,空调ECU将故障部位用代码的形式存储起来,在需要修理时指示故障的部位。

5)显示

包括显示给定的温度、控制温度、控制方式、运转方式的状态等。

2. 自动空调系统传感器

在空调系统中,ECU是根据各种传感器的信号和设定的温度进行自动调节,以达到车内预定的温度。相关传感器主要有车内温度传感器、车外温度传感器、蒸发器温度传感器、出风口温度传感器、阳光传感器、冷却液温度传感器、空调压力传感器、压缩机转速传感器、风门位置传感器等。不同车型所用的传感器会有不同。

自动空调系统传感器在汽车上的安装位置如图8-46所示。

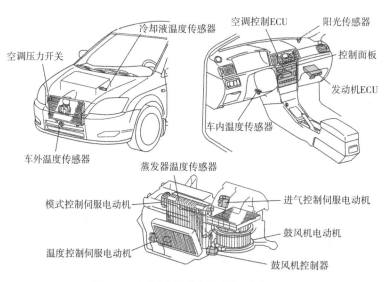

图8-46 自动空调系统各传感器的安装位置

1)温度传感器

汽车空调自动控制系统中使用了很多不同类型的温度传感器,但使用最多的还是具有负温度系数的热敏电阻,包括车内温度传感器、车外温度传感器、蒸发器温度传感器和冷却液温度传感器等。其特性是热敏电阻阻值随着温度的升高而减小;反之,则电阻变大。

(1)车内温度传感器。

车内温度传感器吸入车内空气,以确定车内的平均气温,用于确定温度风门的位置、鼓风机的转速、进气门的位置及模式风门的位置。

当车内温度传感器电阻发生变化时,空调控制器通过检测传感器两端电压降的变化来获得信号。传感器线路及特性如图8-47所示。

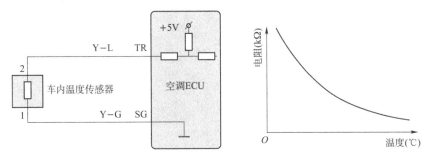

图8-47　车内温度传感器线路及特性

(2)车外温度传感器。

车外温度传感器也称外部温度传感器,是自动空调的重要传感器之一,它能影响到出风口空气的温度、出风口风量、模式风门和进气风门的位置等。一般安装在前保险杠内或散热器之前,如图8-48所示。

车外温度传感器也是一个负温度系数的热敏电阻,传感器线路及特性与车内温度传感器基本相同,如图8-49所示。

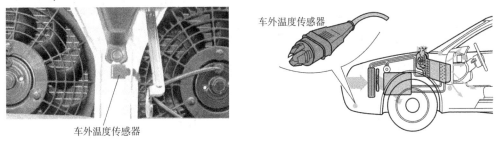

图8-48　车外温度传感器安装位置

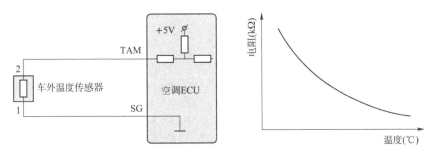

图8-49　车外温度传感器线路及特性

(3)蒸发器温度传感器。

蒸发器温度传感器一般安装在蒸发器翅片上,如图8-50所示,电路图如图8-51所示。

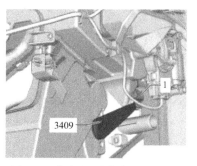
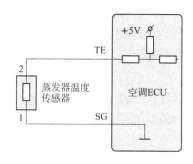

图 8-50 蒸发器温度传感器安装位置
1-蒸发器温度传感器;3409-拆装专用工具

图 8-51 蒸发器温度传感器线路

蒸发器温度传感器的作用是检测蒸发器表面的温度,一是用来修正空气混合风门位置,调节车内温度;二是控制鼓风机的转速;三是控制压缩机,防止蒸发器表面结冰。

(4) 左、右出风口温度传感器。

作用是检测左、右出风口温度,用来调节车内温度。

(5) 左、右侧脚部空间出风口温度传感器。

作用是检测左、右侧脚部出风口温度,用来调节车内温度。

2) 阳光传感器

阳光传感器也称太阳能传感器、日照传感器、阳光辐射传感器等。阳光传感器通过测量阳光的强弱来修正温度风门的位置与鼓风机的转速。当阳光增强时,温度风门移向"冷"侧,鼓风机转速提高;反之,当阳光减弱时,温度风门移向"热"侧,鼓风机转速降低。

阳光传感器一般安装在仪表台的上面,靠近前风窗玻璃的底部。其安装位置、结构及电路图如图 8-52 所示。

阳光传感器一般采用光敏电阻,当阳光照射越强时,其阻值越小;反之当阳光照射越弱时,其阻值就越大。

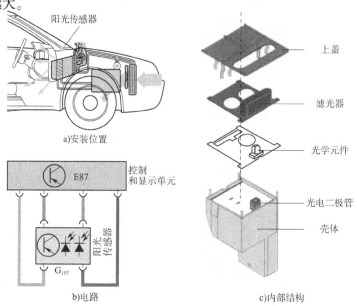

图 8-52 阳光传感器安装位置及结构示意图

3) 空调压力传感器

空调压力传感器将制冷剂高压管路的压力值转换为电压值,发动机 ECU 根据此信号控制冷却风扇低速或高速运转。空调压力传感器安装在发动机舱内空调高压管路上,如图 8-53 所示。当检测到空调制冷管路压力过低或过高时,控制系统停止对空调压缩机电磁离合器供电,压缩机停止运转,以免对空调系统造成损坏。当制冷剂压力达到一中等压力值时,散热器风扇高速运转,从而降低空调制冷剂压力。

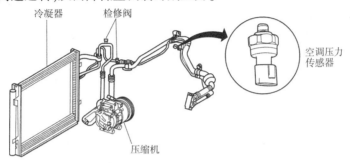

图 8-53 空调压力传感器

4) 空气质量传感器

空气质量传感器用于检测外界空气中的有害气体含量。如果空气中的有害物质超标,则通过关闭进气风门,使空调系统处于内循环模式来切断有害气体,以保护乘员的健康。

空气质量传感器检测的气体种类有 HC、CO 及 NO_x、SO_x 等。空气质量传感器的安装位置及控制电路如图 8-54、图 8-55 所示。

图 8-54 空气质量传感器的安装位置

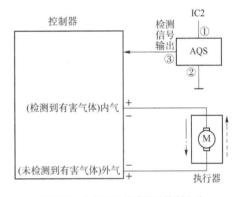

图 8-55 空气质量传感器的控制电路

5) 其他信号

(1) 车速信号。

检测车速,用来控制通风风门,此信号与发动机共用。

(2) 发动机转速信号。

检测发动机转速,用于控制压缩机在特殊工况下停止工作,此信号与发动机共用。

(3) 发动机冷却液温度传感器。

检测发动机冷却液温度,一是可以在冷却液温度过高时切断压缩机和接通冷凝器风扇电动机;二是控制热水阀的开度;三是在某些有辅助加热装置的车型中用于控制辅助加热装置的工作,此信号与发动机共用。

(4)各个风门伺服电动机反馈电位计的信号。

用于检测风门实际位置,用于反馈控制。

3. 自动空调系统执行器

汽车空调自动控制系统的执行器主要是对风机电动机、压缩机、风门伺服电动机等动作部件的控制。

1)温度控制伺服电动机

温度控制伺服电动机又称为空气混合伺服电动机,类型有多种,本文以大众迈腾轿车所用伺服电动机为例讲解,大多数轿车温度控制风门由一个伺服电动机控制,大众迈腾为双区独立空调,所以采用两个,即左侧温度控制伺服电动机和右侧温度控制伺服电动机,两个电动机结构与工作原理相同。

如图 8-56、图 8-57 所示为温度控制伺服电动机的位置与电路图,温度控制伺服电动机包括电动机、固定触点、电位计和活动触点等,它由 ECU 控制起动。由于直流电动机本身不能定位,空调 ECU 通过检测位置传感器的信号来确定温度控制伺服电动机的位置。

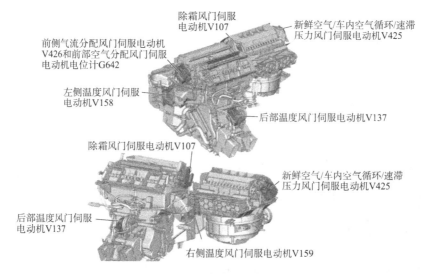

图 8-56 迈腾 B8 前部伺服电动机安装位置

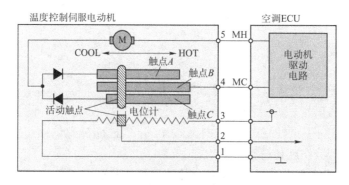

图 8-57 温度控制伺服电动机电路图

空调ECU首先根据驾驶员设定的温度及各传感器输送的信号,计算出所需要的出风温度,并控制温度控制伺服电动机顺时针或逆时针转动,改变温度风门的开启角度,从而改变冷、暖空气的混合比例,调节出风温度与计算值相符。

当需要提高温度时,MH端子为电源,MC端子搭铁。电流路径为:空调ECU端子MH→伺服电动机端子5→伺服动电机→触点A→活动触点→触点B→伺服电动机端子4→空调ECU端子MC→搭铁。伺服电动机转动,温度风门的开启角度变化,暖空气的混合比例增加,出风温度提高。

当需要降低温度时,MC端子为电源,MH端子搭铁。电流路径为:空调ECU端子MC→伺服电动机端子4→触点B→活动触点→触点C→伺服电动机→伺服电动机端子5→空调ECU端子MH→搭铁。伺服电动机转动,温度风门的开启角度变化,暖空气的混合比例减小,出风温度降低。

伺服电动机转动时,电位计的活动触点同步移动,将风门的实际位置转换成电信号并反馈回ECU。当风门达到要求的位置时,温度控制伺服电动机电流切断。

2)模式控制伺服电动机

自动空调出风模式有5种组合:吹脸(Face)、双层(B/L,同时吹脸和吹脚)、吹脚(Foot)、吹脚除霜(F/D)、除霜(Defrost)。在手动模式下,空调ECU可控制风门处于5种出风类型中的任一种;在自动模式下,空调ECU可控制风门处于吹脸、双层或吹脚。

大部分汽车模式风门的位置由一个伺服电动机控制,个别汽车如大众车系则将模式风门的位置分成多个伺服电动机来控制,分别称为底部及除霜控制伺服电动机、中央风门伺服电动机等。

模式控制伺服电动机又称为出风模式伺服电动机、送风模式伺服电动机、气流模式伺服电动机、通风模式执行器等。其电路图如图8-58所示。空调ECU根据所选定的出风模式以及目前风门的位置,确定电动机应转动的方向,之后控制电动机转动,驱动风门到达所选模式的位置。位置传感器向空调ECU反馈位置信号。

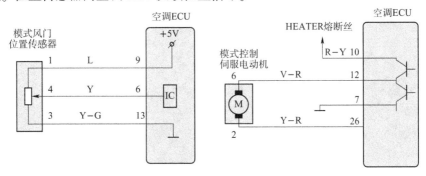

图8-58 模式控制伺服电动机和位置传感器电路图

3)进气控制伺服电动机

进气控制伺服电动机又称为内外气选择执行器、进风模式伺服电动机等。进气控制伺服电动机控制送风方式,如图8-59所示。

当按下"车外循环"键时,电流路径为:空调ECU端子5→伺服电动机端子4→触点B→活动触点→触点A→电动机→伺服电动机端子5→空调ECU端子6→搭铁。此时伺服电动机转动,带动活动触点、电位计触点及进气风门移动或旋转,新鲜空气通道开启。当活动触点与触点 A 脱开时,电动机停止转动,送风方式被设定在"车外循环"状态,车外空气被吸入。

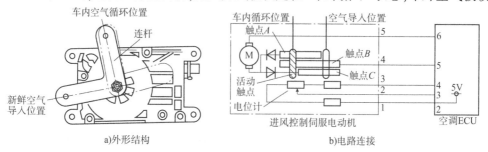

图 8-59 进气模式伺服电动机

当按下"车内循环"键时,电流路径为:空调 ECU 端子 6→伺服电动机端子 5→电动机→触点 C→活动触点→触点 B→伺服电动机端子 4→ECU 端子 5→搭铁。于是,电动机带动活动触点、电位计触点及进气风门向反方向移动或旋转,关闭新鲜空气入口,同时打开车内空气循环通道,使车内空气循环流动。

当按下"自动控制"键时,空调 ECU 首先计算出所需要的出风温度,并根据计算结果自动改变进气控制伺服电动机的转动方向,从而实现进气方式的自动调节。

4)鼓风机的控制

在自动空调控制系统中,鼓风机的控制主要有以下几种方式:

(1)晶体管与调速电阻组合控制。

鼓风机控制开关有自动(AUTO)挡和不同转速的人工选择模式,如图 8-60 所示。当鼓风机转速控制开关设定在 AUTO 挡时,鼓风机的转速由空调 ECU 根据车内外温度及其他传感器的参数控制。若按动人工选择模式开关,则空调电路取消自动控制功能,执行人工设定功能。

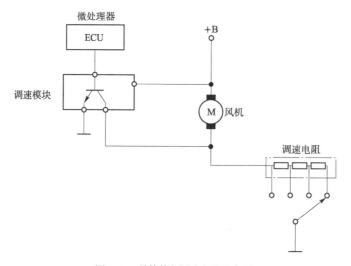

图 8-60 晶体管与调速电阻组合型

(2)晶体管减负荷工作型。

电路原理如图 8-61 所示。空调 ECU 根据车内温度、车外温度、阳光强度、设定温度等自动控制鼓风机的转速。一般来说,车内温度越高、车外温度越高、阳光越强,鼓风机转速就越高。

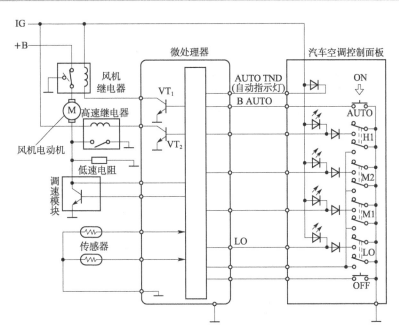

图 8-61 鼓风机转速控制电路

①低速运转。

空调 ECU 使晶体管 VT1 导通,鼓风机继电器常开触点闭合,风机电动机通过低速电阻构成回路,风机维持最低转速。电流方向为:蓄电池→鼓风机继电器→鼓风机电动机→低速电阻→搭铁。鼓风机电动机低速运转。空调起动时采用这种模式有利于鼓风机平稳工作并防止损坏调速模块。当车内温度与设定温度接近或者人工设定时,亦维持最低转速。

②高速运转。

当车内温度与设定温度差较大时,或者操作鼓风机高速开关时,空调 ECU 使晶体管 VT1、VT2 导通,高速继电器触点闭合。电流方向为:蓄电池→鼓风机继电器→鼓风机电动机→高速继电器→搭铁。鼓风机电动机以高速运转。

③自动运转。

在自动工作状态(或者人工设定)时,空调 ECU 根据环境温度与设定温度的参数,发出控制信号,使调速模块晶体管以不同的导通形式,鼓风机电动机无级变速,达到调节空气的目的。电流方向为:蓄电池→鼓风机继电器→鼓风机电动机→调速模块和低速电阻→搭铁。

(3)脉冲控制全调速型。

目前较先进的风机调速电路采用脉冲控制全调速型,原理如图 8-62 所示。

这种鼓风机转速控制系统是由空调 ECU 根据系统送风量的要求,控制内部脉冲发生器,提供不同占空比的导通信号。调速模块一般由大功率晶体管组成鼓风机驱动电路,完成对其转速的无级调速工作。

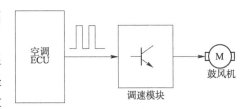

图 8-62 脉冲调速电动机工作原理

采用这类调速方式,既可以将功率损耗降至最低,又可以在一个很大范围内实现无级调速的功能,是新一代控制器件的典型应用。

4. 自动空调控制单元

自动空调控制单元也叫自动空调控制器、空调 ECU 等,是整个自动空调系统的控制中心。自动空调控制单元一般与空调控制面板集成一体,它根据输入的传感器信号及空调控制面板的操作输入信号来控制制冷系统和暖风系统的运行。它还同时向车身控制单元 BCM 输出信号,以控制后窗除霜器。

自动空调控制单元上的一体式控制面板包含系统控制输入开关和提供系统状态信息的液晶显示屏(LCD)。

5. 自动空调控制系统的控制内容

自动空调 ECU 一般与控制面板制成一体,对输入的各种传感器信号和功能选择键的输入指令进行计算、分析比较后,发出指令,控制各个执行元件动作,使车内温度、空气流动状况等始终保持在驾驶员设定的水平上。

自动空调控制系统的控制内容主要有:

1)鼓风机转速控制

(1)自动控制。

空调 ECU 根据车内温度、车外温度、阳光强度和设定温度等控制鼓风机转速。一般来说,室内温度与设定温度之差越大,鼓风机转速就越高。

(2)预热控制。

冬天当冷却液温度低于 30℃ 时停转。

(3)时滞控制。

夏季开空调,而此时蒸发器温度高于 30℃ 时,ECU 控制鼓风机关断 4s。

(4)起动控制。

起动时设置为低速运转,以降低起动电流,保护调速模块不被烧坏。

(5)车速补偿控制。

车速高时,迎面风冷却强度大,此时降低鼓风机转速。

(6)手动控制。

根据操作面板手动开关的信号,相应地控制鼓风机转速。

2)送风温度控制

空调 ECU 根据车内温度、车外温度、阳光强度和设定温度等计算所需的送风温度。再根据送风温度,向温度控制伺服电动机等执行元件发出控制信号,使温度风门处于相应的位置。

一般来说,车内温度越高、车外温度越高、阳光越强,温度风门就越处于"冷"的位置。例如当车内温度为 35℃ 时,温度风门处于最冷位置;若温度为 25℃ 时,温度风门处于 50% 的位置。

3)进气方式控制

在手动模式中,进气方式只有两种位置:车内循环和车外循环。在自动模式,很多车型有三种位置:即车内循环、车外循环和 20% 车外新鲜空气,空调 ECU 根据车内温度、车外温度、阳光强度和设定温度自动控制进风门的位置。例如,当车内温度为 35℃ 时,进气方式为车内循环;当车内温度为 30℃ 时,进气方式为 20% 车外新鲜空气;当车内温度为 25℃ 时,进气方式为车外循环。

4) 模式风门控制

在手动模式,模式风门有五种位置:吹脸、双层、吹脚、吹脚除霜和除霜。空调 ECU 可控制模式风门处于五种类型中的任一种。在自动模式中,模式风门一般只有三种位置:即吹脸、吹脚和双层。空调 ECU 根据车内温度、车外温度、阳光强度和设定温度自动控制模式风门的位置。例如,当车内温度为30℃时,模式风门处于吹脸位置;当车内温度为20℃时,模式风门处于双层位置;当车内温度为15℃时,模式风门处于吹脚位置。

5) 压缩机控制

空调 ECU 根据车内温度、车外温度、阳光强度和设定温度来决定压缩机是否工作。

(1) 低温控制。

在车外温度低于某值(如3℃或8℃)时压缩机停止工作。

(2) 高温控制。

在发动机冷却液温度超过某值(如120℃)时,压缩机不工作,以防止冷却液温度进一步升高。

(3) 低速控制。

在发动机转速过低(如低于600r/min)时,压缩机不工作。

(4) 高速控制。

在发动机转速超过某转速时压缩机不工作,以保护压缩机。

(5) 加速切断。

在发动机处于急加速工况时,为了提供足够的动力,压缩机会暂时停止工作。

(6) 低压和高压保护。

在制冷系统压力过低或压力过高时,压缩机停止工作。

(7) 打滑保护。

空调 ECU 比较发动机转速信号和压缩机锁止传感器传来的压缩机转速信号,若两种转速信号偏差率连续3s超过80%,ECU 则判定传动带打滑,于是停止压缩机工作。

6. 迈腾 B8 车型自动空调电路

迈腾 B8 车型汽车空调主要由制冷系统、暖风系统、通风配风系统、空气净化系统和电子控制系统五大部分组成,其中制冷系统、暖风系统及空气净化系统与手动空调相似,自动空调控制单元根据各传感器采集相关信息,来控制各个风门的伺服电动机来操纵风门开启或关闭,控制鼓风机转动速度,从而将车内温度调整至驾驶员要求的温度。

如图 8-63 所示,该车型装备的主要元件有:暖风/空调操作 EX1、全自动空调控制单元 J255、新鲜空气鼓风机控制单元 J126、新鲜空气鼓风机 V2、后部空调操作和显示单元 E265、空气质量传感器 G238、制冷剂循环回路压力传感器 G805、左侧温度风门伺服电动机 V158、左侧温度风门伺服电动机电位计 G220、右侧温度风门伺服电动机电位计 G221、新鲜空气/车内空气循环/速滞压力风门伺服电动机 V425、前部气流分配风门伺服电动机电位计 G642、前侧气流分配风门伺服电动机 V426、新鲜空气/车内空气循环/速滞压力风门伺服电动机电位计 G644、除霜风门伺服电动机 V107、除霜风门伺服电动机电位计 G135、后部温度风门伺服电动机 V137、后部温度风门伺服电动机电位计 G479、空调压缩机调节阀 N280、阳光照射光电传感器 G107、左侧出风口温度传感器 G150、右侧出风口温度传感器 G151、后部出风口温度传感器 G174、脚部空间出风口温度传感器 G192、蒸发器温度传感器 G308。

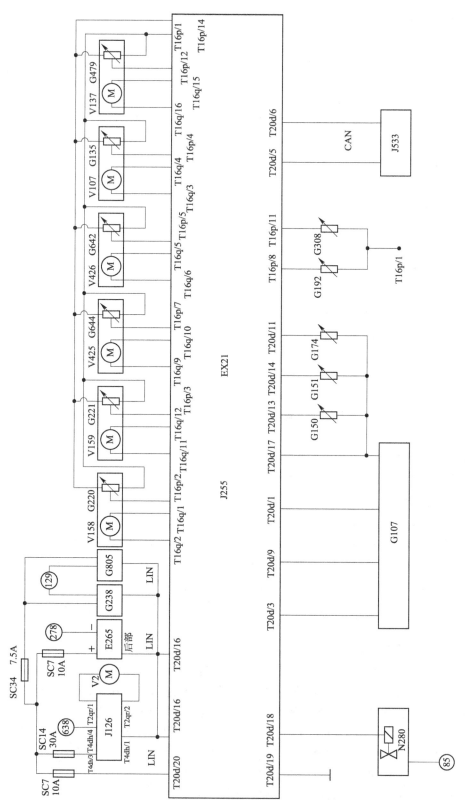

图 8-63 迈腾 B8 全自动空调电路图

迈腾 B8 车型汽车空调制冷剂循环回路主要部件位置图见图 8-64。

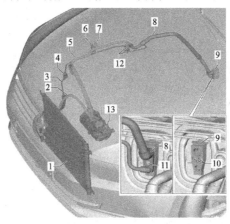

图 8-64　迈腾 B8 制冷剂回路主要部件示意图

1-冷凝器;2-制冷管路;3-高压侧制冷剂管路;4-高压维修接头;5-低压侧制冷剂管路;6-冷却液循环管路压力传感器 G805;7-低压维修接头;8-带内置热交换器的制冷剂管路;9-膨胀阀;10、11、12-连接螺栓;13-空调压缩机

迈腾 B8 车型全自动空调主要的传感器位置见表 8-8。

迈腾 B8 车型全自动空调主要的传感器　　　　　　表 8-8

序　号	传感器名称	安装位置
1	阳光照射光电传感器 G107	仪表板上
2	空气质量传感器 G238	右前侧进气格栅
3	车外温度传感器 G17	前保险杠上
4	空调器空气湿度传感器 G260	前风窗玻璃下
5	左侧出风口温度传感器 G150	左侧出风口
6	右侧出风口温度传感器 G151	右侧出风口
7	后部出风口温度传感器 G174	后部出风口
8	脚部空间出风口温度传感器 G192	驾驶员脚部空间

二、任务实施——迈腾 B8 车型鼓风机不能工作故障的排除

1. 准备工作

(1) 将实训车辆停放在检测区域。
(2) 检查实训室通风系统设备工作是否正常。
(3) 准备万用表、故障诊断仪、车辆挡块、翼子板布、三件套等教学用具。

2. 技术要求与注意事项

(1) 在空调系统作业时,需注意作业保护,应戴上防护手套、防护眼镜。
(2) 在发动机处于热态时,应注意防止烫伤。
(3) 如空调系统存在泄漏,应先找出损坏位置,进行维修。

3. 操作步骤

以迈腾 B8 车型为例,介绍鼓风机不能工作故障排除的步骤。

(1)起动车辆,打开空调开关,将空调温度调整到22℃,如图8-65所示,将鼓风机风量调整到最大,打开空调所有出风口开关,用手在各个出风口感受空调出风温度,发现各个空调出风口均无出风。

图8-65 迈腾空调面板

(2)关闭点火开关,连接故障诊断仪,选择空调/暖风电子装置,读取故障代码为:"B10BE31,前部新鲜空气鼓风机-没有信号——主动/静态";清除故障代码,再次起动空调后,读取故障代码,故障依然存在,如图8-66所示。

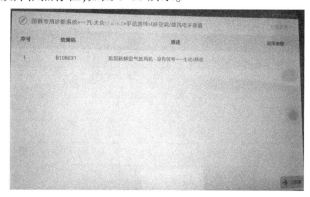

图8-66 空调故障显示

(3)读取空调/暖风电子装置数据流,数据显示如图8-67所示,鼓风机状态为测量值不存在,说明鼓风机不能工作。

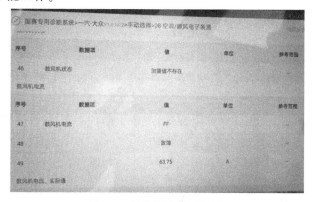

图8-67 读取空调系统数据流

(4)对前部新鲜空气鼓风机进行动作测试,如图 8-68 所示,空调面板鼓风机开度指示灯点亮,鼓风机不能工作。

图 8-68　鼓风机动作测试

(5)结合空调/暖风电子装置电路图分析,初步怀疑故障部位可能为新鲜空气鼓风机控制单元 J126、新鲜空气鼓风机 V2 及相关线路,图 8-69 所示为新鲜空气鼓风机控制单元 J126。

(6)打开点火开关,测试新鲜空气鼓风机控制单元 J126 上新鲜空气鼓风机插接器 T2qr/1 端子对搭铁电压,测量值为 0V,正常值应为蓄电池电压,初步判断新鲜空气鼓风机控制单元 J126 可能不工作。

(7)测量新鲜空气鼓风机控制单元 J126 供电情况,使用万用表测试 T4dh/3 端子对搭铁电压,测量值为 0V,正常应为蓄电池电压。

(8)测量新鲜空气鼓风机控制单元 J126 供电熔断丝 SC14(40A)工作情况,图 8-70 所示为 SC14 熔断丝位置,使用万用表测试 SC14 熔断丝上游电压,测量值为蓄电池电压,正常。使用万用表测试 SC14 熔断丝下游电压,测量值为 0V,关闭点火开关,取下 SC14 熔断丝,发现熔断丝已烧坏。

图 8-69　新鲜空气鼓风机控制单元 J126　　　　图 8-70　SC14 保险位置

(9)关闭点火开关,断开新鲜空气鼓风机控制单元 J126 插接器 T4dh,使用万用表电阻挡测试 SC14 熔断丝下游接线柱和新鲜空气鼓风机控制单元 J126 插接器 T4dh/3 端子对搭铁电阻,测量值为无穷大,说明供电线路没有对搭铁短路。

(10)更换供电熔断丝 SC14,装复插接器 T4dh,起动发动机,打开空调,故障依旧,新鲜空气鼓风机无法工作。

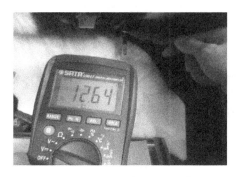

图 8-71 测试 V2 插接器 T2qr/1 端子

（11）打开点火开关，再次测量新鲜空气鼓风机 V2 插接器 T2qr/1 端子对搭铁电压，如图 8-71 所示测量值为 12.64V，供电正常。

（12）关闭点火开关，断开新鲜空气鼓风机 V2 插接器 T2qr，使用万用表电阻挡测量 V2 电动机电阻，测量值为无穷大，正常值应小于 1Ω，说明新鲜空气鼓风机 V2 损坏。

（13）更换新的鼓风机电动机，装复新鲜空气鼓风机 V2 插接器 T2qr，打开点火开关，起动发动机，打开空调，空调工作正常，故障排除。

三、评价与反馈

1. 自我评价

(1) 完成本学习任务后，回答以下问题：

① 迈腾自动空调系统有哪些传感器和执行器？

_____

② 汽车自动空调的控制内容有哪些？

_____

(2) 如何排除鼓风机不工作的故障？

_____

(3) 实训过程完成情况如何？

_____

(4) 你认为自己的知识和技能还有哪些欠缺？

_____

签名：_____　　___年___月___日

2. 小组评价（表 8-9）

小组评价表　　　　表 8-9

序　号	评价内容	优	良	中	差
1	任务中 5S 管理执行情况				
2	合理规范地使用仪器和设备				
3	按照安全和规范的流程操作				
4	遵守学习、实训场地的规章制度				
5	团结协作情况				

参与评价的同学签名：_____　　___年___月___日

3. 教师评价

_____

_____

教师签名：_____　　___年___月___日

四、技能考核标准（表8-10）

技能考核标准表　　　　　　　　　　　　　　　　表8-10

项　目	操作内容	规定分	评分标准	得　分
迈腾B8车型鼓风机不能工作故障的排除	车辆防护	5分	正确铺设翼子板布和前格栅布	
	打开汽车空调，验证故障现象	5分	正确进行此操作	
	读取故障代码	5分	正确进行此操作	
	读取数据流	5分	正确进行此操作	
	对鼓风机进行执行器测试	5分	正确进行此操作	
	测量T2qr/1端子对搭铁电压	10分	达到操作要求	
	测量J126供电T4dh/3端子对搭铁电压	10分	达到操作要求	
	测量SC14熔断丝	10分	达到操作要求	
	测量SC14熔断丝下游线路对搭铁短路情况	10分	达到操作要求	
	更换SC14熔断丝	5分	达到操作要求	
	测量T2qr/1端子对搭铁电压	10分	达到操作要求	
	测量鼓风机电动机电阻	5分	达到操作要求	
	更换鼓风机电动机	10分	达到操作要求	
	起动发动机，打开汽车空调，检查空调工作情况	5分	正确进行此操作	
总分		100分		

思考与练习

（一）填空题

1. 汽车空调系统由_____、_____、_____、_____、_____。

2. 制冷装置由_____、_____、_____、_____、_____、_____、_____等组成。

3. 暖风装置由_____、_____、_____、_____组成。

4. 通风装置将外部新鲜空气吸进车内，起_____和_____作用。同时，还可以防止风窗玻璃起雾。它由_____、_____、_____、_____、_____等组成。

5. 控制装置包括_____、_____、_____、_____、_____、_____、_____。

6. 视液镜可以看到_____的流动状态，若出现气泡和泡沫，则说明_____。

7. 汽车空调常用的制冷剂为_____。

8. 用_____来测量带轮与压盘之间的间隙。

9. 电磁离合器励磁线电阻常温下约为_____Ω。

10. 冷凝器出现_____、_____或_____故障时会使空调系统制冷不足或不制冷。

11. 检查管路是否脏污，若有，可用_____清洗。

(二) 判断题

1. 电子温度计用于测量空调出风口温度、湿度，与维修数据对比判定空调制冷效果是否合格。（   ）

2. 制冷剂纯度低于95%，进行净化作业。高于95%，不执行净化操作过程。（   ）

3. 抽真空时间一般不少于60min。（   ）

4. 从高压侧向系统注入制冷剂时，千万不能起动发动机，而且充注时不能拧开低压手动阀。（   ）

5. 检查冷凝器散热片表面是否脏物，若有，用高压压缩空气冲洗。（   ）

6. 检查蒸发器散热片表面是否脏物，若有，用软毛刷刷洗。不要用水清洗。（   ）

7. 检查蒸发器散热片表面有无变形、破损、裂纹等。若有变形、破损、裂纹，会影响制冷剂的汽化效果，引起吸热能力下降，使空调出风温度变高，则需更换蒸发器。（   ）

8. 检查管路接头处有无松动和泄漏，若有松动，应拧紧；若拧紧后还有泄漏，则必须更换管子。（   ）

9. 通风系统的作用是向车内提供温度适宜的干净空气。（   ）

10. 只有制冷回路高压侧压力在0.22~32MPa时，电磁离合器才处于接通状态，空调系统正常工作。（   ）

11. 当发动机的冷却液温度超过90℃时，冷却风扇以低速运转，冷却液温度超过105℃时，冷却风扇高速运转。（   ）

(三) 简答题

1. 简述汽车空调制冷系统的工作原理。
2. 说出空调各组成部件的安装位置。
3. 说出空调各组成部件的作用。
4. 简述电磁离合器的拆装步骤。
5. 简述电磁离合器的检修内容。
6. 简述冷凝器及蒸发器的检修内容。
7. 简述制冷系统管路的检修内容。

单元九　汽车电路分析

学习任务1　汽车电路分析

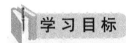

☞ 知识目标
1. 了解汽车电路的组成与特点；
2. 了解汽车上的各种电气设备；
3. 了解汽车电路图中常用图形符号、标识的具体含义；
4. 掌握汽车电路分析的方法。

☞ 技能目标
1. 能正确识读各种车型的汽车电路图；
2. 能分析典型汽车电路故障案例。

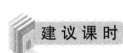

6课时。

一、理论知识准备

1. 汽车电路识图基础

汽车全车电路很复杂，为了能快速解读全车电路，应掌握全车电路的基本组成、汽车电路图的种类，然后再掌握解读电路图的基本方法。

1）汽车电路图的种类

（1）原理图。

原理图是用简明的图形符号，按照电路原理将每个系统由上到下合理地连接起来，再将每个系统排列而成。电路图中有清晰的高电位和低电位之分，电流的方向基本都是由上而下，交叉电路很少，布局合理，图面简洁明晰，图形符号易于识读。

（2）线路图。

线路图也称布线图，就是按照电器在车上的大致位置进行布线，具有整车的电器数量，导线走向清楚、有始有终,便于查找故障点位置。但图中导线密集、纵横交错、不易释读。

(3)线束图。

线束图就是将有关电器的导线会合在一起组成线束,便于维修人员检修和配线。线束图主要表明线束各用电器的连接部位、接线柱的标记、线头、插接器的形状及位置等,线束图一般不注明线束中的电路走向,而是突出装配记号,因此,易于安装、配线和检修。

2)整车电路的组成

电路图往往是错综复杂的,初学者想要看懂电路图,就要掌握其中的规律,首先要明白整车电路的组成。

整车电路是汽车电气设备的电路按照它们各自的工作性能及它们之间的内在联系,用导线连接起来构成的一个整体,下面主要介绍电源、起动、点火、照明、仪表报警系统、信号系统等电路。

(1)电源电路。

电源电路是由发电机、调节器、蓄电池、电流表及电源开关等组成的电路。发电机和蓄电池都是负极搭铁。

(2)起动电路。

起动电路是由蓄电池、起动机、起动继电器、安全开关及电源开关等部件组成的电路。根据起动的要求,线路电压降不能超过 $0.2 \sim 0.3V$。因此,蓄电池连接电起动机的导线和蓄电池的搭铁线都用粗线,并应连接牢固和接触良好。

(3)点火电路。

①电子控制点火电路。

电子控制点火电路主要由电源、点火线圈、点火控制器、内装信号发生器分电器、火花塞、点火开关等组成。

②微机控制点火电路。

微机控制点火电路主要由信号传感器、ECU、点火控制器、点火线圈、点火开关、火花塞等组成。

(4)照明电路。

车辆照明系一般由前照灯、示宽灯(位置灯)、尾灯(后示宽灯)、牌照灯、仪表灯、室内灯等组成。

(5)仪表报警系统电路。

仪表报警系统用于在车辆运行之中指示重要部位的技术状态参数或极限值。如发动机冷却液温度、燃油箱存油量、车辆行驶速度及里程、发动机转速、机油压力、充电电流、电系电压等。

(6)信号系统电路。

信号系统主要有转向信号、危险警告信号、制动信号、倒车信号、喇叭等,这些信号都是驾驶员根据道路交通情况向别的车辆和行人发出的,带有较强的随机性,一般只由自身开关控制。如制动信号多由制动踏板联动控制;倒车灯多由变速杆倒挡轴联动控制,不用驾驶员特意操作即可接通;喇叭多装在车辆前方,喇叭按钮多在转向盘上,驾驶员手不离转向盘即可发出信号。

3)电路图解读方法

(1)开始读图时必须先读电路图注,对照图注先弄清楚各电器部件的数量及功用,找出每一个电器部件的电流通路。

(2)读图时可以采用逐一分割法进行,也就是说将各部分电路根据需要逐一分析,再进行必要的分析。

(3)对于庞大复杂的电路,为了防止线路交叉错乱又使读图方便,大众奥迪车型在电路图下都标有"地址"码,在电路图中未连到所处位置的线头也标注有应到位置的对应"地址"码,只要两处地址码完全相同,即说明两处导线相连。

(4)读图时应从电源开始,先找到蓄电池、熔断丝盒、继电器盒、发电机等部件。

(5)找起动电路必须先找到起动机、起动继电器及点火开关控制电路。

(6)找点火电路时,先找点火控制器(或分电器)、点火线圈、点火开关及火花塞。

(7)找照明电路时,先找车灯控制开关、变光器、前照灯、示宽灯及各种照明灯。

2. 大众汽车电路图的识读

1)大众汽车电路图的特点

(1)大部分电路都纵向排列,垂直布置。

就某一条线路而言,从头至尾不超过所在篇幅纵向的3/4,相同系统的电路归纳在一起。基本电路从左至右按电源、起动机、点火系统、组合仪表、照明系统、信号与报警装置电路、刮水和洗涤装置电路、电动后视镜控制电路、中控门锁、空调电路、双音喇叭控制电路的顺序进行编排。

(2)采用断线代号解决电路交叉问题。

因有些电器的线路较复杂,大众汽车公司采用断线代号法来处理线路复杂交错的问题,例如,某一条线路的上半段在电路号码为10的位置上,下半段在电路号码为25的位置上,在上半段电路的中止处画一个标有25的小方格,即可说明下半段电路就在电路号码为25的位置上,下半段电路开始处也有一小方格,里面标有10,说明上半段电路就应在电路号码为10的位置上,通过10和25,上、下半段电路就连在一起了。使用这种方法以后,读再复杂的电路图,也看不到一根横线,线路清晰简洁,大大缩短了读图时间。

(3)全车电路图分为三部分。

最上面部分为中央配电盒电路,其中标明了熔断丝的位置及容量、继电器位置编号及接线端子号等。中间部分是车上的电气元件及连线。最下面的横线是搭铁线,上面标有电路编号和搭铁点位置;最下面搭铁线的标号实际上是不存在的,它是为了方便标明在一页画不完的连线的另一端在何处,而人为编制的。

(4)电源线与继电器。

在电路图的上方线路里一般有30、15、50、X等线。电路中经常通电的线路使用代号30,搭铁线的代号是31,受控制的大容量用电设备的电源线代号是X,受控制的小容量用电设备的电源线代号是15。

在继电器中,85号接脚用于搭铁线,86号接脚来自条件电源(如15号线或X线),30号接脚经常通电,87号接脚用于被控制件。当条件电源通电后,85、86号线导通,产生磁性,吸引30号与87号线路之间的触点闭合,使用电器通电。

(5) 在表示线路走向的同时,还表示出了线路结构情况。

汽车的整个电气系统以中央配电盒(又称熔断丝-继电器插座板)为中心进行控制,大部分继电器和熔断丝安装在中央配电盒的正面。接插器和插座安装在中央配电盒的背面。

2) 大众汽车电路符号

(1) 大众汽车电路符号说明如表 9-1、表 9-2 所示。

大众汽车电路符号 1   表 9-1

名 称	符 号	名 称	符 号
带电压调节器的交流发电机	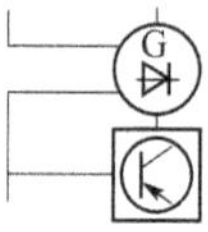	热敏开关	
起动机	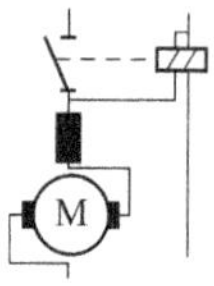	熔断丝	
继电器	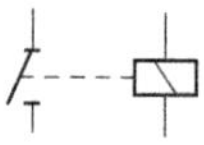	发光二极管	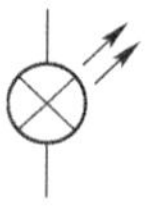
感应式传感器	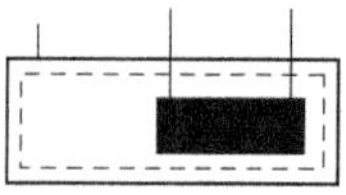	电阻	
压力开关	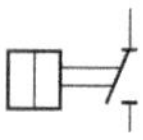		

大众汽车电路符号 2   表 9-2

名 称	符 号	名 称	符 号
电热丝		收音机	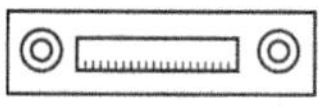
电动机		蓄电池	
电磁阀	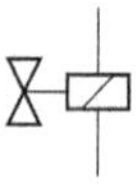	点火线圈	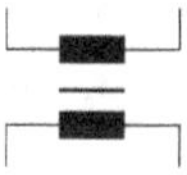
电子控制器	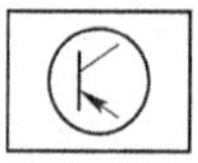	接线插座	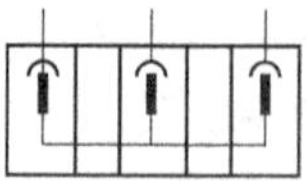

续上表

名 称	符 号	名 称	符 号
爆燃传感器	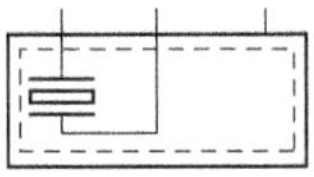	灯泡	
显示仪表		多功能显示器	
可变电阻		数字式时钟	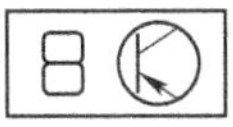
扬声器	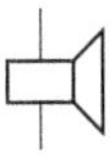	后窗除霜器	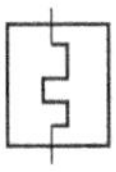
火花塞和火花塞插头		双丝灯泡	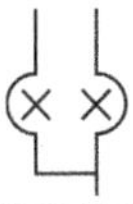
插头连接		电磁离合器	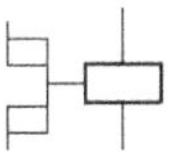
元件上多针插头连接		多挡手动开关	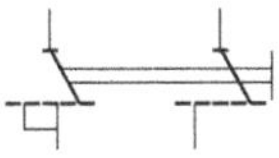
氧传感器	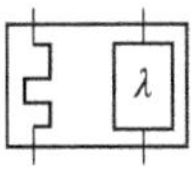	机械开关	
	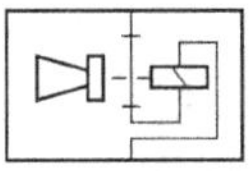	手动开关	
喇叭		按键开关	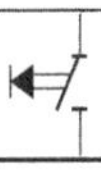

(2) 大众汽车电路接线代码说明如表9-3所示。

大众汽车电路接线代码说明 表9-3

端子	说 明	端子	说 明
1	点火线圈负极端（转速信号）	49a	转向信号输出端
4	点火线圈中央高压线输出端	50	起动机控制端，当点火开关在"ST"时有电
15	点火开关在"ON""ST"时的有电的接线端	53	刮水器电动机接电源正极端
30	接蓄电池正极的接线端，还用31a、31b、31c…表示	53a~e	其他刮水器电动机接线端
31	搭铁端，接蓄电池负极	54	制动灯电源端
49	转向信号输入端	56	前照灯变光开关正极端

续上表

端　子	说　　明	端　子	说　　明
56a	远光灯接线端	88a	继电器触点输出端
56b	近光灯接线端	B+	交流发电机输出端,接蓄电池正极
58	停车灯正极端	B−	搭铁,接蓄电池负极
61	发电机接充电指示灯端	D+	发电机正极输出端
67	交流发电机励磁端	D	同D+
85	继电器电磁线圈搭铁端	D−	搭铁,接蓄电池负极
86	继电器电磁线圈供电端	DF/EXC	交流发电机电磁电路的控制端
87	继电器触点输入端	DYN	同D+
87a	当继电器线圈没有电流时,继电器触点输出端	E/F	同DF
87b	当继电器线圈有电流时,继电器触点输出端	IND	指示灯
88	继电器触点输入端	+	辅助的正极输出

(3) 大众汽车电路图识图说明表9-4所示。

大众汽车电路图识图说明　　　　表9-4

代　号	接线说明	代　号	接线说明
①	搭铁点,在发动机控制单元旁的车身上	N31	第二缸喷嘴
A2	正极接线,在发动机线束内	N32	第三缸喷嘴
T8a	发动机线束与发动机右线束插头连接,8针,在发动机中间支架上	N33	第四缸喷嘴
C2	在发动机右线束内	T80	发动机线束,发动机右线束与发动机控制单元插头连接,80针,在发动机控制单元上
S123	喷嘴、空气流量计、AKF阀、氧传感器加热元件熔断丝	J220	发动机控制单元
N30	第一缸喷嘴	S5	燃油泵熔断丝

(4) 大众汽车导线颜色标码说明如表9-5所示。

大众汽车导线颜色标码说明　　　　表9-5

英文简写	导线颜色	英文简写	导线颜色	英文简写	导线颜色
sw	黑色	ge	黄色	li	紫色
br	棕色	gn	绿色	gr	灰色
ro	红色	bl	蓝色	ws	白色

3) 大众汽车电路图识读示例

如图9-1所示为大众捷达轿车电路图识读示例。

单元九 汽车电路分析

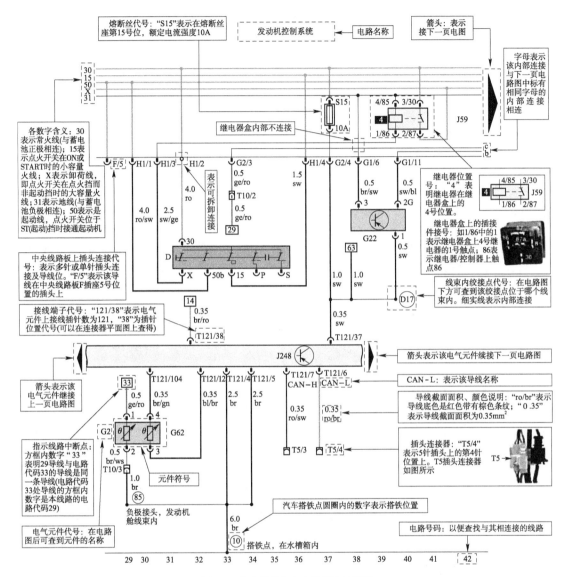

图 9-1 大众捷达汽车电路图识读示例

G2-冷却液温度传感器；G22-车速传感器(霍尔传感器,变速器上)；D-点火起动开关；J248-发动机控制单元；G62-冷却液温度传感器；S15-熔断丝；D17-正极连接,在发动机线束内；J59-X 触点卸荷继电器

3. 通用汽车电路图的识读

1)通用汽车电路图的特点

(1)电路图分类。

通用车系电路图通常分为四类,分别是:电源分配简图、熔断丝图、系统电路图和搭铁电路图,如图9-2～图9-5所示。

241

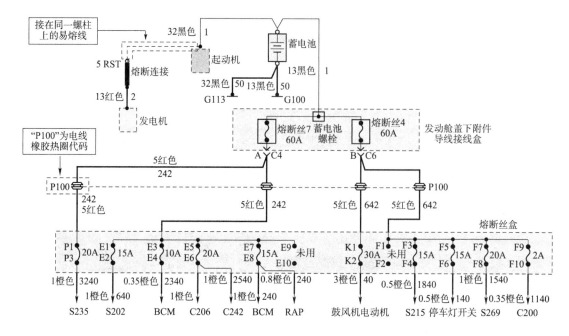

图 9-2 电源分配简图

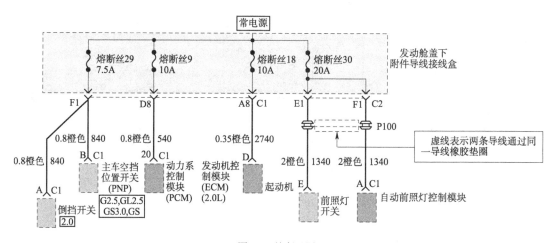

图 9-3 熔断丝图

(2)电路图标有电源接通说明。

系统电路图中电源线从上方进入,通常从熔断丝处开始,并于熔断丝上方用黑线框标注此处与电源之间的通断关系;用电器在中部,搭铁点在最下方。如果是由电子控制的系统,电路图中除该系统的工作电路外还会包括与该系统工作有关的信号电路(如传感器等)。

(3)电路圈中标有电路编号。

在电路图中各导线除了标明颜色和横截面面积外,通常还标有该电路的编码,通过电路编码可以知道该电路在汽车上的位置,以方便识图和故障查询。

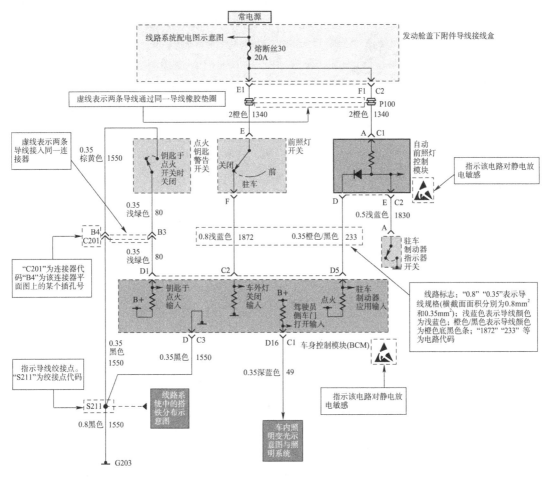

图 9-4 系统电路图

(4) 电路中标有特殊的提示符号。

通用汽车电路图中用黑三角内的图案表示电路中需要注意的地方,如表 9-6 所示。

提示符号　　　　　　　　　　　　　　　　表 9-6

名　称	图　标	功　用
对静电放电敏感图标		用于提醒技术人员,该系统含有对静电放电敏感的部件,在维修前首先触摸金属接地点放出身体中的静电,特别是在从车座上滑动后。在维修时,不要触摸或用工具接触裸露的端子;除非诊断程序特别需要,否则,不要将部件或接头跨接或搭铁;在打开部件的保护性壳之前首先将其搭铁;不得将零部件放在金属操作台、电视机、收音机或其他电气设备顶部
安全气囊图标		用于提醒技术人员,该系统含有附加充气式保护装置(SRS)部件,不规范的操作可能引爆安全气囊。检修时要先使安全气囊失效,检修完成后再恢复其功能,并对安全气囊诊断系统进行检查

续上表

名　称	图　标	功　用
车载诊断（OBDⅡ）图标	OBDⅡ	用于提醒技术人员，该电路主要用于OBDⅡ排放控制电路的正确操作，当该电路出现故障时，故障指示灯就会亮
重要注意事项图标	！	本图标用于提醒技术人员还有其他附加系统维修的信息

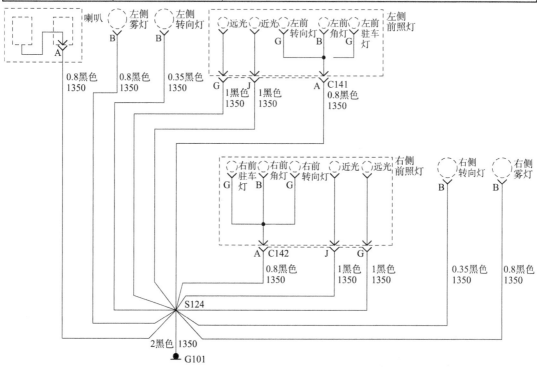

图 9-5 搭铁电路图

（5）车辆位置用代码进行分区。

如图 9-6 所示，电路图中，所有搭铁、直列式连接器、穿线护环和星形连接器都有与其在车辆上的位置相对应识别代码，图中对代码进行了说明。

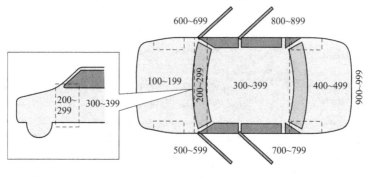

图 9-6

车辆位置分区代码	区位说明
100～199	发动机舱——仪表板前方的所有区域 备注:001～099 是发动机舱的备用编码,仅在 100～199 的所有编号已用完时才使用
200～299	仪表板区域内
300～399	乘客舱,从仪表板到后翼子板
400～499	行李舱,从后翼子板到车辆后端
500～599	左前门内
600～699	右前门内
700～799	左后门内
800～899	右后门内
900～999	行李舱盖或储物舱盖

图 9-6 分区代码

2)通用汽车电路图符号

(1)通用汽车电路符号说明如表 9-7、表 9-8 所示。

通用汽车电路符号1　　　　　表 9-7

符　号	说　明	符　号	说　明	符　号	说　明
 常电源 钥匙在RUN位置时供电 钥匙在START位置时供电 附件在ACC、RUN位置时供电 钥匙在RUN、START位置或检测时供电 钥匙在RAP(固定式附件电源)位置时供电	电压指示器框。示意图上的这些框格用于指示何时熔断丝上有电压	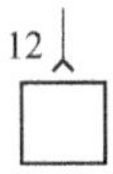 12	部件上连接的连接器	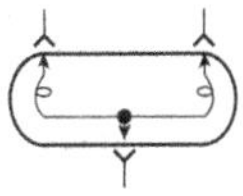	双丝灯泡
		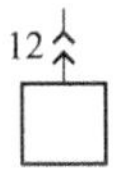 12	带引出线的连接器	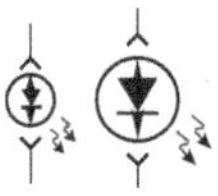	发光二极管
		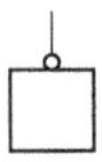	带螺栓或螺钉连接孔的端子		电容器
 (虚线框)	局部部件。当部件采用虚线框表示时,部件或导线均未完全表示	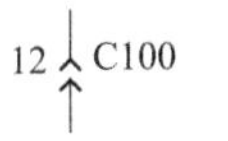 12 C100	直列线束连接器		蓄电池
		 S100	接头		可变蓄电池
 (实线框)	完整部件。当部件采用实线框表示时,所示部件或导线表示完整	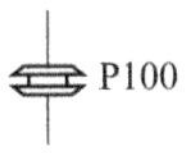 P100	贯穿式密封图		电阻器
 熔断丝		 G100	底盘搭铁		可变电阻器

续上表

通用汽车电路符号2　　　　　　　　　　　　　　　　　　　　　　　表9-8

符号	说明	符号	说明	符号	说明
	断路器		壳体搭铁		位置传感器
	可熔断连接		单丝灯泡		输入/输出电阻器
	输入/输出开关		电动机		屏蔽
	二极管		电磁阀		开关
	晶体		线圈		单极单掷继电器
	加热芯		天线		单极双掷继电器

（2）通用汽车导线颜色标码说明。

①单色导线示例图如表9-9所示。

单色导线示例　　　　　　　　　　　　　　　　　　　　　　　　　表9-9

颜　色		车　型					
		通用	荣誉	陆尊	新赛欧	君越	景程
黑	Black	BLK	BK	BLK	SW	BK	BK
棕	Brown	BRN	BN		BR		
棕黄			TN			TN	TN
蓝	Blue	BLU	BU	BLU	BL	BU	BU
深蓝	Dark Blue	DK BLU	D-BU	BLN DK		D-BU	D-BU
浅蓝	light Blue	LT BLU	L-BU	BLN LT		L-BU	L-BU
绿	Green	GRN	GN	GRN	GN	GN	GN
灰	Grey	GRY	GY	GRA	GR	GY	GY
白	White	WHT	WH	WHT	WS	WS	WS
橙	Orange	ORG	OG			OG	OG
红	Red	RED	RD	RED	RT	RD	RD
紫	Violet	VIO	PU	PPL		PU	PU
粉紫							
黄	Yellow	YEL	YE	YEL	GE		

续上表

颜 色		车 型					
		通用	荣誉	陆尊	新赛欧	君越	景程
褐	Brown	TAN		TAN		BN	BN
深绿	Dark Green	DK GRN	D-GN	GRN DK		D-GN	D-GN
橘黄							
粉红	Pink	PNK					PK
透明	Clear	CLR					
浅绿	Light Green	LT GRN	L-GN	GRN LT		L-GN	L-GN
紫红	Purple	PPL					

②双色导线示例图如表9-10所示。

双色导线示例图　　　　　　　　　　　　　　　　　　　表9-10

导线颜色	示意图中的缩写	导线颜色	示意图中的缩写
带白色标的红色导线	RD/WH	带白色标的深绿色导线	D-GN/WH
带黑色标的红色导线	RD/BK	带黑色标的浅绿色导线	L-GN/BK
带白色标的棕色导线	BN/WH	带黄色标的红色导线	RD/YE
带白色标的黑色导线	BK/WH	带蓝色标的红色导线	RD/BL
带黄色标的黑色导线	BK/YE	带蓝色和黄色标的红色导线	RD/BL/YE
带黑色标的深绿色导线	D-GN/BK		

3）通用汽车电路图识读示例

现以上海别克君威轿车自动变速器控制电路为例，说明通用汽车电路图的识读方法，通用车系的电源部分在电路图的上方，中间为元器件，下方是搭铁的部分，如图9-7所示。

4．丰田汽车电路图的识读

1）丰田汽车电路图的特点

(1)电路图中的电气元件通常用文字直接标注。

(2)把整个电路图作为一个总图，各系统电路按横轴方向逐个布置并在电路图上方标出各系统电路的区域和代表该电路系统的符号及文字说明。

(3)电路图中绘出了搭铁点，并标注代号与文字说明，可以从电路图了解电路搭铁点，直观明了。

(4)电路图中，有的还直接标出电路插接器的端子排列和各端子的使用情况，给识图和电路故障查询提供了方便。

2）丰田汽车电路符号

丰田汽车电路符号如表9-11、表9-12所示。

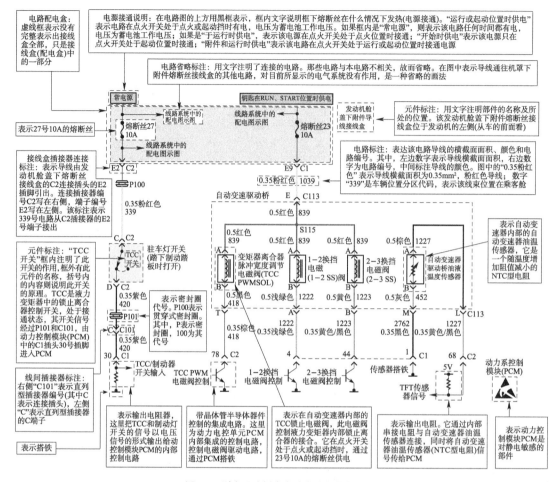

图9-7 别克君威轿车自动变速器控制电路

丰田汽车电路符号1　　　　　　　　　　　　　　　　　　表9-11

符　号	释　义	符　号	释　义
	蓄电池:储存化学能且能把化学能转变为电能,给汽车不同的电路提供直流电		继电器,双掷式:从一个接触位置或另一位置使电流通过的继电器
	电容器:一个临时储存电压的小存储单元		
	二极管:一个允许电流向一个方向流动的半导体		电阻:带有固定阻值的电气元件,在线路中降低电压得到一个规定值
	稳压二极管:一个允许电流向一方向流动且反向阻滞电压有一个规定值,超过这个电压将使超过的电压通过,可以看作一个简单的电压调节器	单灯丝 双灯丝	前照灯:电流通过引起前照灯变热且发光,前照灯可以有单灯丝或者双灯丝

续上表

符　号	释　义	符　号	释　义
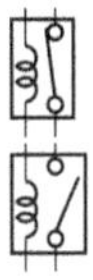 1.常闭 2.常开	继电器:通常指一个可常闭或常开的电控操纵开关电流通过一个小线圈产生磁场打开或关闭继电器开关		喇叭:发出高的声音信号的电气装置
			灯:电流通过灯丝引起灯丝变热且发光

丰田汽车电路符号2　　　　　　　　　　　　　　　　　　　表9-12

符　号	释　义	符　号	释　义
	发光二极管:通过电流此种二极管发光且相对于灯泡不产生热量	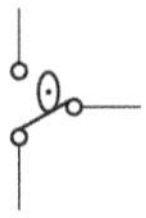	开关,刮水器凸轮:当刮水器开关在关闭时,自动运转刮水器到停止位置
	模拟表:电流激活磁性线圈引起指针移动,在刻度上提供一个相应的指示	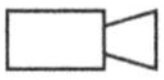	点烟器:一个电阻加热元件
FUEL	数字表:电流激活一个或多个LED、LCD或者荧光显示器提供一个相对的或数字的显示	 1.未连接 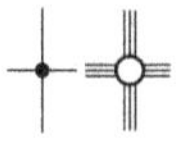 2.铰接	电线:电线在电路图中总是画成直线交叉线。 1. 在连接位置没有黑点标记; 2. 在交叉点有一个黑点或八角形(○)的交叉线表示连接
 M	电动机:把电能转换成机械能,特别是旋转运动的动力单元		
	扬声器:电流通过产生声波的电气装置	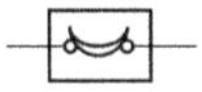	断路器:可重复使用的保险,断路器中通过大电流时,断路器变热并断开;当变冷时,有些会自动恢复,另外一些需要手动恢复
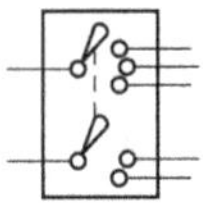	开关,点火:有几个位置的钥匙控制开关,控制不同的线路,特别是点火初级线路		光敏二极管:根据光照强度控制电流通过的半导体
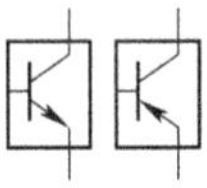	晶体管:根据基极提供的电压来断开或通过电流,被当作是电子继电器的一种典型的固态器件	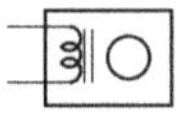	分电器,集成点火总成:将高压电从点火线圈分配到每个火花塞
	搭铁点:线束固定在车身上的点,给电路一个回路。没有搭铁点电流不能流过	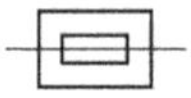	短插脚通常在接线盒内提供一个较好的连接

续上表

符　号	释　义	符　号	释　义
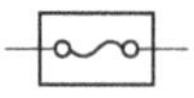 适用中等电流的熔断丝	熔断丝:当较高的电流通过会烧掉的一个细金属丝,因此会切断电流且保护电路避免危险		电磁阀:电流通过电磁线圈产生磁场去移动铁芯等
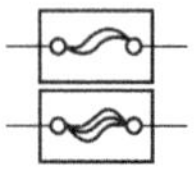 适用于大电流熔断丝或易熔线	易熔丝:一种粗线,放置在高压电流通过的电路中,当过载时烧毁以保护线路,数字表示线的横截面面积		电阻,分接式:提供两个或更多不同的固定阻值的电阻
1.常开　2.常闭	开关,手动式:打开或关闭电路,因此电流在常开1时断开,在常闭2时通过		电阻,可变式:阻值可变的可控制电阻,也称作电位计或变阻器
			点火线圈:把低压直流电转变成高压脉冲电流使火花塞点火
			传感器(热敏电阻):阻值随温度变化而改变的电阻
	开关,双掷式:从一个接触位置或者另一个位置连续流过电流		传感器,车速:用磁场脉冲去打开或关闭开关,产生一个信号去激活其他部件

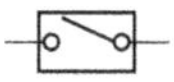

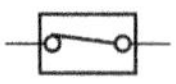

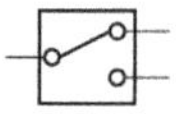

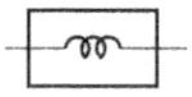

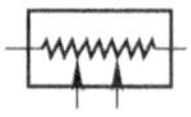

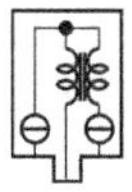

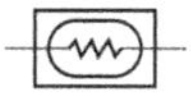

3)丰田汽车电路图识读示例

丰田汽车电路图识读示例如图9-8所示。

[A]:系统标题。

[B]:表示继电器盒。未用阴影表示,仅标示继电器盒号码以和接线盒加以区分。

示例:①表示1号继电器盒。

[C]:当车辆型号、发动机类型或规格不同时,用( )来表示不同的导线和连接器等。

[D]:表示相关联的系统。

[E]:表示用来连接两个线束的插头式和插座式连接器的代码。连接器代码由两个字母和一个数字组成。

连接器代码的第一个字母表示插座式连接器线束上的字母代码,第二个字母表示插头式连接器线束上的字母代码。

第三个数字是在存在相同线束组合时用来区别线束组合的序列号(如CH1和CH2)。

符号(∨)表示插头式端子连接器(图9-9)。连接器代码外侧的数字表示插头式和插座式连接器的针脚号码。

单元九　汽车电路分析

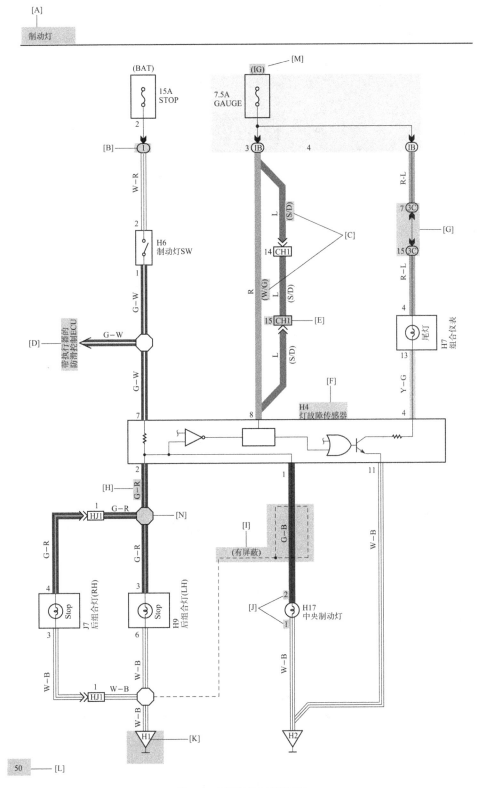

图 9-8　丰田汽车电路图识读

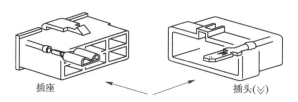

图9-9 连接器

[F]：代表一个零部件(所有零部件均以天蓝色表示)。该代码和零部件位置中使用的代码相同。

[G]：接线盒(圆圈中的号码为接线盒号码,连接器代码显示在其侧)。接线盒以阴影表示,用于明确区分于其他零部件。示例见图9-10。

[H]：表示接线颜色。

接线颜色以字母代码表示。

B=黑色、W=白色、BR=棕色、L=蓝色、V=紫色、SB=天蓝色、R=红色、G=绿色、LG=浅绿、P=粉红色、Y=黄色、GR=灰色、O=橙色。

图9-10 接线盒

第一个字母表示基本接线颜色,第二个字母表示条纹的颜色。示例见图9-11。

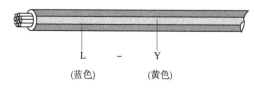

图9-11 接线颜色

[I]：表示屏蔽电缆(图9-12)：

图9-12 屏蔽电缆

[J]：表示连接器的针脚号码。插座式连接器和插头式连接器的编号系统各不相同。示例见图9-13。

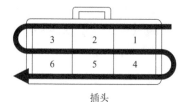

图9-13 针脚顺序

[K]:表示搭铁点。该代码由两位数组成:一个字母和一个数字。第一位代表线束的字母代码。第二位是当同一线束存在多个接地点时用来区别各接地点的序列号。

[L]:页次。

[M]:当向熔断丝供电时,用来表示点火钥匙位置。

[N]:表示线路接合点。示例见图9-14。

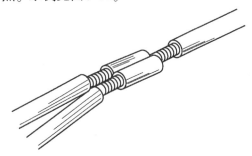

图9-14 接合点

5.汽车电路检修基本技能

1)电压检查

(1)建立在检查点存在电压的条件(图9-15)。

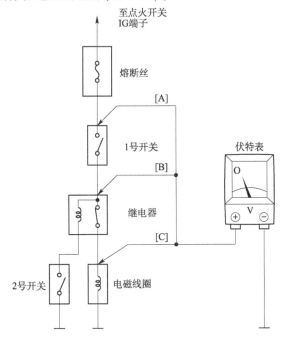

图9-15 电压检查

示例:

[A]:点火开关打开时可以测得电压。

[B]:点火开关和1号开关打开时可以测得电压。

[C]:点火开关、1号开关和继电器打开(2号开关断开)时可以测得电压。

(2)用万用表将负极引线与良好搭铁点或蓄电池负极端子连接,将正极引线与连接器或元件端子连接。检查时可用测试灯代替万用表。

2)导通性和电阻检查(图 9-16、图 9-17)

(1)断开蓄电池接线或导线连接,使待测量位置断开电路连接。

(2)将欧姆表的两根引线分别连接检查点。

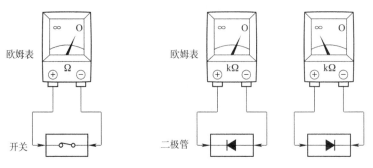

图 9-16　导通性和电阻检查 1　　　　图 9-17　导通性和电阻检查 2

如果电路有二极管,应对换两根引线再次检查。将负极引线和二极管正极连接,正极引线和二极管负极连接时,应导通。如果将两根引线对换,应不导通。

(3)用高电阻的伏特／欧姆表(最低 10kΩ/V)对电路进行故障排除。

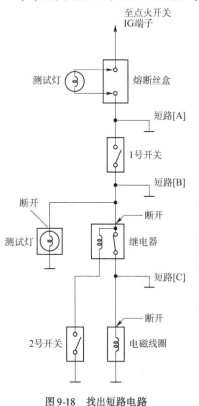

图 9-18　找出短路电路

3)找出短路电路(图 9-18)

IG:点火开关至于 ON 挡时。

(1)拆下熔断丝,断开熔断丝的所有负载。

(2)在熔断丝处接上测试灯。

(3)建立能够使测试灯亮起的条件。

示例:

[A]:点火开关打开。

[B]:点火开关和 1 号开关打开。

[C]:点火开关、1 号开关和继电器打开(连接继电器)以及 2 号开关断开(或断开 2 号开关)。

(4)断开并再次连接连接器的同时观察测试灯。在测试灯保持亮起的连接器和测试灯熄灭的连接器之间存在短路。

(5)沿主线束轻轻摇动故障导线,找出短路的确切位置。

4)如何更换端子

(1)准备专用工具。

提示:如需连接器上拆下端子,请使用专用工具(图 9-19)。

(2)断开接线器。

(3)脱开次级锁止装置或端子固定器。

①必须在松开端子锁止夹将端子从接线器上拆下来之前,脱开锁止装置。

②用专用工具或端子夹具来解锁次级锁止装置或端子固定器。带端子固定器或次级锁止装置见图9-20。

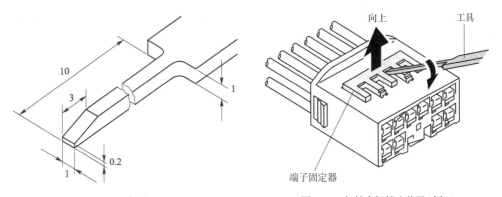

图9-19 专用工具 图9-20 解锁次级锁止装置(例1)

注意：不要从连接器主体上拆下端子固定器。

针对非防水型连接器。

提示：连接器形状不同,其针脚插入位置也不同(端子数量等),因此在插入之前须检查位置。

例1 将端子固定器抬起至临时锁止位置,如图9-21所示。

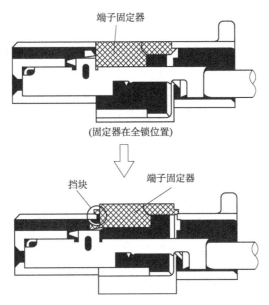

图9-21 固定器抬起至临时锁止位置

打开次级锁止装置,如图9-22所示。

针对防水型连接器(图9-23)。

提示：不同的连接器主体,其端子固定器的颜色也不同。

将端子固定器往下按至临时锁止位置。

从端子上松开锁止吊耳,从后面将端子拉出(图9-24)。

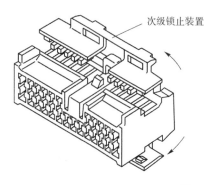 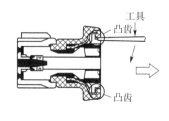 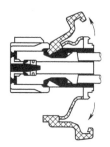

图 9-22 打开次级锁止装置(例 2)

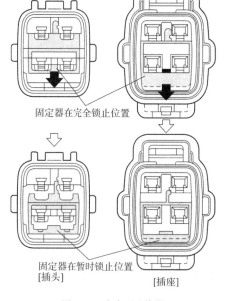 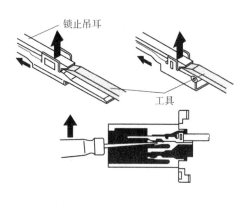

图 9-23 防水型连接器　　　　　图 9-24 端子拉出

(4)将端子安装到连接器上。

①插入端子(图 9-25)。

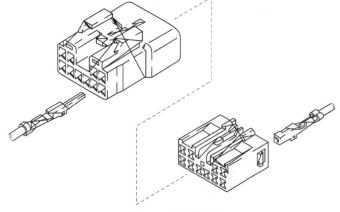

图 9-25 插入端子

提示：

A.确保端子的位置正确。

B.插入端子直到锁止吊耳牢牢锁住。

C.将带有端子固定器的端子插入到临时锁止位置。

②将次级锁止装置或端子固定器推入至完全锁止的位置,如图 9-26 所示。

(5)连接连接器。

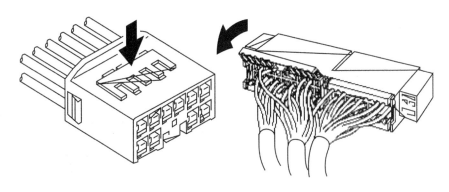

图 9-26　推入至完全锁止

二、任务实施

(一)丰田威驰电路故障分析

故障描述：一台一汽丰田威驰汽车,在做丰田 4 万 km 维护时,因车辆亏电,使用蓄电池辅助起动过程中接头装反,瞬间蓄电池桩头火花直冒。断开蓄电池稍做处理后,正确连接蓄电池,车辆无法起动。

1.准备工作

(1)将实训车辆停放在维修区域。

(2)检查实训室通风系统设备工作是否正常。

(3)准备车辆维修手册、电路图、万用表、车辆挡块、翼子板布、三件套等教学用具。

2.技术要求与注意事项

(1)断开和恢复线路插接器,需关闭点火开关。

(2)如需拆卸控制单元,需关闭点火开关,断开蓄电池负极,装复时,先安装控制单元插接器,再装回蓄电池负极。

3.操作步骤

1)车辆故障确认

确认故障现象,对车辆进行检查发现如下故障现象：

(1)点火开关至于 START 挡(起动挡),起动机正常转动,发动机无起动迹象。

(2)点火开关至于 ON 挡,仪表正常点亮,但发动机故障指示灯未点亮(正常车辆现象：①发动机未起动,指示灯点亮；②发动机起动,如无故障指示灯熄灭)。

(3)点火开关至于 ON 挡,诊断仪车辆无法通信。

2)故障初步分析

初步进行故障分析认为,可能是发动机控制模块(ECM)出现问题,初步分析如下:

(1)ECM 供电故障。

(2)ECM 搭铁故障。

(3)ECM 本身故障。

3)故障诊断排除原则

先易后难、先外后内、先电源搭铁、最后替换配件。

4)维修过程

(1)先易后难,从车辆最容易入手的地方下手。

①检查发动机舱熔断丝盒,如图 9-27 所示为发动机熔断盒。

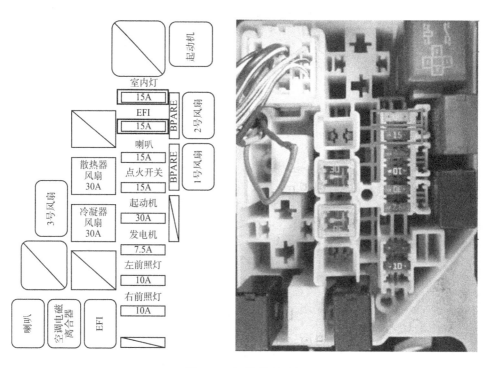

图 9-27 发动机熔断丝盒

②使用万用表检查 EFI 熔断丝时,发现 15A EFI 和 15A 室内灯熔断丝烧毁。

说明:本次测试主要目的是测试 15A EFI 熔断丝,在检查熔断丝时顺便把其他熔断丝进行测试,因此发现室内灯熔断丝烧断。

③排除熔断丝线路上无对负极短路后,更换两个 15A 熔断丝。随后试车,发现故障依旧。

(2)按照故障排除规则,检查 ECM 供电线路。

①检查 15A EFI 熔断丝两端电压,均为 12.3V(正常)。如图 9-28 所示为测试 ECM 供电线路。

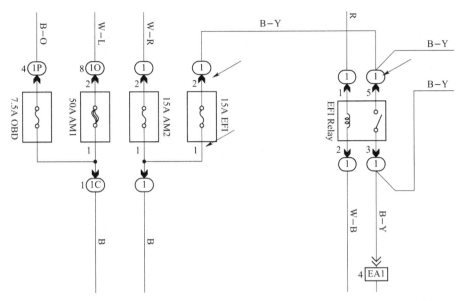

图 9-28 测试 ECM 供电线路

②检查 ECM VC 5V 供电,点火开关至于 ON 挡,测量真空传感器连接器 V1 的 3 号端子(VC)对搭铁电压,0V(标准为 4.7~5V),说明 ECM 线路或 ECM 存在故障,如图 9-29 所示为真空传感器 V1 连接器。

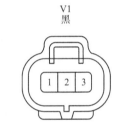

图 9-29 真空传感器 V1 连接器

③检查 ECM BATT 常电,点火开关 OFF 挡,ECM 连接器 E4 的 1 号端子电压,为 0V(标准为 12V),存在问题,如图 9-30 所示。

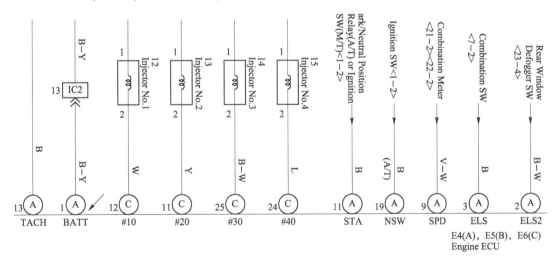

图 9-30 ECM BATT 常电

④检查 EFI 继电器电压,经测量:1 号端子有电压 12V(ON 挡时),正常;5 号端子 0V,异常。

⑤关闭点火开关,断开蓄电池负极,使用万用表测试 EFI 熔断丝 2 号端子—EFI 继电器 5 号端子电阻,测量值为:∞(标准:≤1Ω)。确认故障点。

（3）故障排除。

拆卸熔断丝盒发现 EFI 熔断丝 2 号端子脱出,重新安装后故障排除。

(二)通用科鲁兹电路故障分析

故障描述:一台 2018 年款科鲁兹,车主反映踩下制动踏板时制动灯不亮,如图 9-31 所示。

图 9-31　制动灯不亮

制动踏板位置传感器用于检测驾驶员操作制动踏板的动作。制动踏板位置传感器提供一个模拟电压信号,当踩下制动踏板时该信号将增大。车身控制模块（BCM）向制动踏板位置传感器提供一个 0V 参考电压信号和一个 5V 参考电压。当可变信号达到指示制动器接合的电压阈值时,车身控制模块将向左、右制动灯控制电路、发动机控制模块（ECM）和中央高位制动灯控制电路提供蓄电池电压,如图 9-32 所示制动灯系统电路图。

1. 准备工作

(1) 将实训车辆停放在维修区域。

(2) 检查实训室通风系统设备工作是否正常。

(3) 准备车辆维修手册、电路图、万用表、车辆挡块、翼子板布、三件套等教学用具。

2. 技术要求与注意事项

(1) 断开和恢复线路插接器,需关闭点火开关。

(2) 如需拆卸控制单元,需关闭点火开关,断开蓄电池负极,装复时,先安装控制单元插接器,再装回蓄电池负极。

3. 操作步骤

(1) 确认故障现象。

(2) 使用诊断仪进行系统检查。

①观察现象,发现制动灯不亮。

②将点火开关置于 ON 位置。

③连接诊断仪,进入模块诊断功能,选择车身控制模块,选择故障诊断 DTC 功能。

④经检查发现故障代码 C0277:制动踏板传感器电路,如图 9-33 所示。

单元九 汽车电路分析

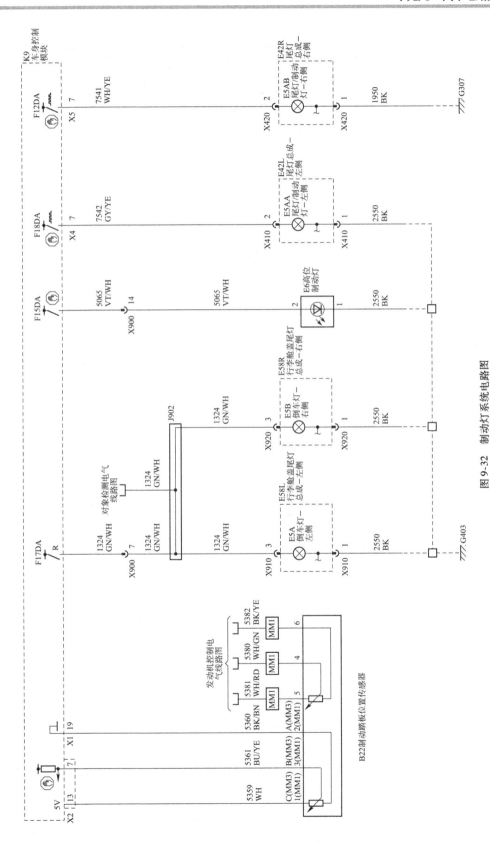

图 9-32 制动灯系统电路图

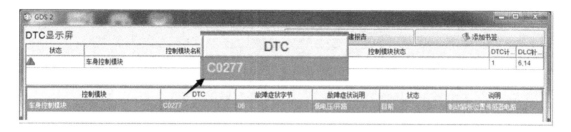

图 9-33 故障代码 C0277:制动踏板传感器电路

⑤踩下并释放制动踏板时,确认故障诊断仪"Brake Pedal Applied(制动踏板踩下)"参数在"Active(激活)"和"Inactive(未激活)"之间切换。如图 9-34 所示为数据流测试。

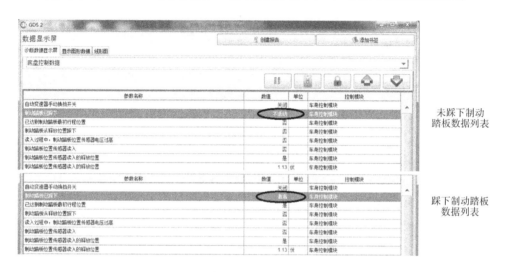

图 9-34 数据流测试

如果参数未变化,则制动踏板位置传感器故障。

如果参数改变,则进行下一步。

根据电路图分析可能是线路问题,如图 9-35 所示为制动踏板传感器电路。

(3)测量 K9 模块 X2 的 13 号脚到 B22 传感器 1 号脚间线束,测量 X2 的 7 号脚到 B22 传感器 3 号脚间线束,测量 X1 的 19 号脚到 B22 传感器 2 号脚间线束,检查线束间电阻。

测量后发现测量 X2 的 7 号脚到 B22 传感器 3 号脚间线束,阻值为无穷大(标准值:小于 1Ω)。

(4)维修 X2 的 7 号脚到 B22 传感器 3 号脚间线束,维修后测量 X2 的 7 号脚到 B22 传感器 3 号脚间线束,检修后再次检查,阻值为 0Ω(标准值:小于 1Ω),发现是线路正常。

(5)安装好后,选择车身控制模块,再次选择故障诊断 DTC 功能,清除故障代码,故障排除完成。

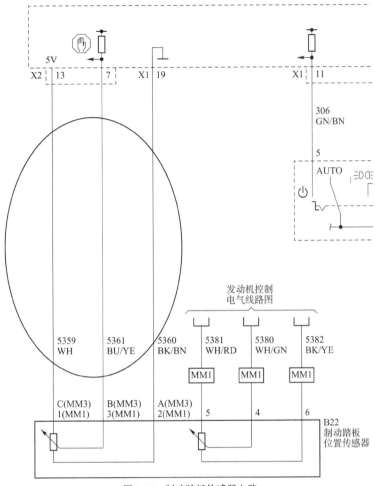

图 9-35 制动踏板传感器电路

(三)大众汽车电路故障分析

故障描述:

迈腾轿车,打开点火开关,当车灯开关转到示宽灯挡时,近光灯异常点亮,右前行车灯不亮,操作前后雾灯开关,前后雾灯均无法点亮;当车灯开关转到近光灯挡时,仅右前行车灯不亮,其他灯光工作正常。电路图如图 9-36 所示。

1. 准备工作

(1)将实训车辆停放在维修区域。

(2)检查实训室通风系统设备工作是否正常。

(3)准备车辆维修手册、电路图、车辆挡块、翼子板布、三件套等教学用具。

2. 技术要求与注意事项

(1)断开和恢复线路插接器,需关闭点火开关。

(2)如需拆卸控制单元,需关闭点火开关,断开蓄电池负极,装复时,先安装控制单元插接器,再装回蓄电池负极。

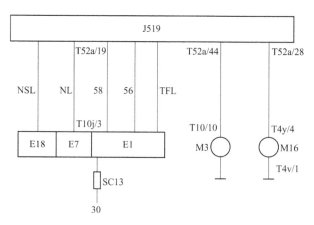

图 9-36 迈腾灯光系统简图

J519-车载电网控制单元;E18-后雾灯开关;E7-前雾灯开关;E1-车灯开关;M3-右侧停车灯灯泡;M16-左侧倒车灯灯泡

3. 操作步骤

(1)读取故障代码:"01800 灯开关 E1 不可信信号"。

根据故障代码定义,推断开关 E1 信号输入异常,加之当车灯开关转到示宽灯挡时,近光灯异常点亮,说明灯光系统进入应急模式。

(2)读取车灯开关输出信号(验证故障代码的真实性,基于方便测量的原则)。

打开点火开关,操作灯光开关从关闭→示宽灯挡→近光挡切换时,测量灯光开关的信号输出,有两种方法可以进行测试,一种是利用诊断仪数据流功能进行测量,一种是测量灯光开关 E1 三个端子的对搭铁电压(基于方便测量的原则)。

①利用诊断仪数据流功能进行测量。

09-49/1(灯开关) 接通→断开→断开。(正常)

09-49/2(示宽灯挡) 断开→断开→断开。(异常) 标准值:断开→接通→断开。

09-49/3(近光灯挡) 断开→断开→接通。(正常)

测试发现,J519 未收到车灯开关(示宽灯挡) 信号,可能原因:J519 自身故障、与 E1 之间的电路故障、E1 自身故障。

②测量灯光开关 E1 端子的对搭铁电压。

打开点火开关,操作灯光开关从关闭→示宽车灯挡→近光灯挡切换时,测量灯光开关的 T10j/3 对搭铁电压,正常情况下该端子对搭铁电压为 0→+B→0。实测始终未 0,说明开关没有输出信号,由于其他挡位灯光工作正常,说明开关存在断路故障。换配件后,当车灯开关转到行车灯挡时,近光灯不再点亮,操作前后雾灯开关,前后雾灯均正常点亮,但右前行车灯不亮,由于 M3 和其他灯光合用搭铁,因此暂时不考虑搭铁故障可能,那造成 M3 不工作的可能原因:

a. J519 自身故障。

b. J519 到 M3 之间的电路故障。

③M3 自身故障。

(3)检查 M3 的供电。

打开点火开关,操作灯光开关 E1 到示宽灯挡,用示波器测量右前行车灯插头(T10/10)

对搭铁波形,正常情况下,应可以检测到 0 到 +B 的方波信号(图 9-37),实测为 0V 直线(图 9-38),测试结果异常,说明 M3 没有得到电源。

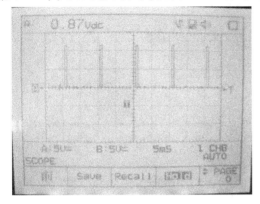

图 9-37　正常波形

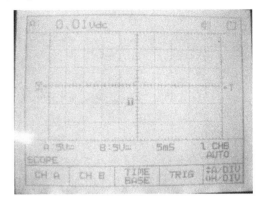

图 9-38　实测波形

可能原因为:

①J519 自身故障。

②J519 到 M3 之间的电路故障。

(4)检查 J519 的输出。

打开点火开关,操作灯光开关 E1 到示宽灯挡,用示波器测量 J519 插头(T52a/44)对搭铁波形,正常情况下,应可以检测到 0 到 +B 的方波信号(图 9-39),实测波形如图 9-40 所示,测试结果正常,说明 J519 到 M3 之间的电路故障。

故障点为:灯光开关的内部损坏、灯泡供电线路断路。

(5)检查、维修线束后,M3 恢复正常,故障排除。

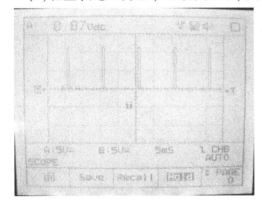

图 9-39　正常波形

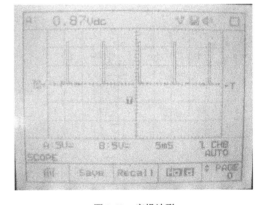

图 9-40　实操波形

三、评价与反馈

1. 自我评价

(1)完成本学习任务,回答以下问题:

①汽车电路的组成与特点有哪些?

②汽车电路分析的方法有哪些？

_____

（2）如何拆卸常见插接器？

_____

（3）实训过程完成情况如何？

_____

（4）你认为自己的知识和技能还有哪些欠缺？

_____

签名：_____   ____年____月____日

2．小组评价（表9-13）

小组评价表   表9-13

序 号	评价内容	优	良	中	差
1	任务中5S管理执行情况				
2	合理规范地使用仪器和设备				
3	按照安全和规范的流程操作				
4	遵守学习、实训场地的规章制度				
5	团结协作情况				

参与评价的同学签名：_____   ____年____月____日

3．教师评价

_____
_____

教师签名：_____   ____年____月____日

四、技能考核标准（表9-14）

技能考核标准表   表9-14

序 号	项 目	操作内容	规 定 分	评分标准	得 分
1	丰田威驰电路故障分析	车辆防护	3分	正确铺设翼子板布和前格栅布	
		车辆故障确认	3分	正确进行此操作	
		检查发动机熔断丝	4分	正确进行此操作	
		使用万用表检查EFI熔断丝	4分	正确进行此操作	
		更换熔断丝	4分	正确进行此操作	
		检查ECM供电线路	5分	正确进行此操作	
		检查ECM BATT常电	5分	正确进行此操作	
		检查EFI继电器电压	4分	正确进行此操作	
		故障排除	4分	正确进行此操作	

续上表

序号	项目	操作内容	规定分	评分标准	得分
2	通用科鲁兹电路故障分析	车辆防护	3分	正确铺设翼子板布和前格栅布	
		确认故障现象	3分	正确进行此操作	
		使用诊断仪读取故障代码	4分	正确进行此操作	
		使用诊断仪读取数据流	4分	正确进行此操作	
		测量K9模块X2的13号脚到B22传感器1号脚间线束	5分	正确进行此操作	
		维修X2的7号脚到B22传感器3号脚间线束	5分	正确进行此操作	
		清除故障代码,故障排除	4分	正确进行此操作	
3	大众汽车电路故障分析	车辆防护	3分	正确铺设翼子板布和前格栅布	
		确认故障现象	3分	正确进行此操作	
		使用诊断仪读取故障代码	4分	正确进行此操作	
		使用诊断仪读取数据流	4分	正确进行此操作	
		测量灯光开关E1端子的对搭铁电压	4分	正确进行此操作	
		检查M3的供电	5分	正确进行此操作	
		检查J519的输出	5分	正确进行此操作	
		维修线路,故障排除	4分	正确进行此操作	
		整理工具,收拾场地	4分	正确进行此操作	
	总分		100分		

思考与练习

(一)填空题

1. 电器装置搭铁线,一般采用_____颜色导线。
2. 在大众车系电路中,蓄电池常火线用_____号线来标识。
3. 易熔线的主要作用是保护_____。
4. 为保证导线有足够的机械强度,规定截面面积不能小于_____。
5. 汽车电源电路一般采用标称截面面积为(_____)mm^2的导线。
6. 插片式熔断器的塑料外壳为黄色,代表其允许通过最大电流为_____A。
7. 在大众车系电路图上的继电器标有2/30、3/87、4/86、6/85等数字,其中分子数2、3、4、6是指_____插孔代号。

8. 在大众车系电路图上的继电器标有 2/30、3/87、4/86、6/85 等数字,其中分母 30、85、86、87 是指_____的插脚代号。

9. 汽车电路常用的导线分为_____导线和电源线。

(二) 判断题

1. 熔断器为一次性元器件。   （   ）
2. 易熔线允许通过的电流比熔断器允许通过的电流小。   （   ）
3. 导线插接器在拆卸时,允许直接拔出。   （   ）
4. 淡蓝色插片式熔断器最大允许通过电流为 15A。   （   ）
5. 易熔线损坏后,可用相应粗细的导线代替。   （   ）
6. 大众车系点火开关有三个挡位。   （   ）
7. 大众车系电路图采用了断线代号法来处理线路交叉的问题。 （   ）
8. 汽车前后雾灯一般受变光开关控制。   （   ）
9. 一般仪表盘的指示灯多以红色和黄色为主。   （   ）
10. 接线柱标记为"50",在点火开关上用于起动控制。   （   ）

(三) 简答题

1. 简述大众车系电路图中"地址"码的含义。
2. 通用车系电路图通常分为哪四类?
3. 请画出丰田车系插座和插头连接器的针脚号码规律。
4. 汽车电路保护装置有哪些?
5. 汽车导线为什么采用不同的颜色?各国对导线的标记有何不同?
6. 检修汽车电路时应注意哪些事项?如何进行检修?

参 考 文 献

[1] 曾鑫.汽车电气设备检修[M].武汉:华中科技大学出版社,2011.
[2] 周乐山.汽车电气设备构造与维修[M].北京:北京师范大学出版社,2014.
[3] 毕胜强.汽车电气设备构造与维修[M].北京:国防工业出版社,2014.
[4] 宋广辉.汽车电路与电子系统检修[M].北京:清华大学出版社,2014.
[5] 董宏国.汽车电路分析[M].北京:北京理工大学出版社,2013.
[6] 周羽皓,张光磊.汽车电气故障诊断与修复[M].北京:人民交通出版社股份有限公司,2018.
[7] 弋国鹏.汽车舒适控制系统及检修[M].北京:机械工业出版社,2017.

人民交通出版社汽车类高职教材部分书目

书　号	书　名	作　者	定价（元）	出版时间	课件
一、全国交通运输职业教育高职汽车运用与维修技术专业规划教材					
978-7-114-15615-1	汽车专业英语	苏庆列	29.00	2019.08	有
978-7-114-15508-6	机械识图	侯涛	35.00	2019.08	有
978-7-114-15766-0	汽车机械基础	孙旭	30.00	2019.11	有
978-7-114-15700-4	汽车电工电子基础	刘美灵	29.00	2019.11	有
978-7-114-15601-4	发动机原理与汽车理论	姚文俊	32.00	2019.08	有
978-7-114-15562-8	汽车运行材料	蒋晓琴	24.00	2019.08	有
978-7-114-15497-3	汽车发动机构造与检修	王雷	49.00	2019.08	有
978-7-114-15688-5	汽车底盘构造与检修	马才伏	30.00	2019.11	有
CHI040892	汽车电气设备构造与检修	李建明	估30	2019.12	有
CHI040893	汽车性能与检测技术	杨柳青	估20	2019.12	有
978-7-114-15699-1	汽车维修业务接待	邢茜	30.00	2019.09	有
978-7-114-15794-3	汽车车载网络技术	黄鹏	30.00	2019.11	有
978-7-114-15759-2	新能源汽车概论	周志国	20.00	2019.11	有
978-7-114-15677-9	汽车营销技术	莫舒玥	30.00	2019.11	有
978-7-114-15567-3	汽车鉴定与评估	王俊喜	29.00	2019.09	有
978-7-114-15697-7	机动车辆保险与理赔	韩风	29.00	2019.09	有
978-7-114-15744-8	汽车美容与装饰	彭钊	34.00	2019.11	有
978-7-114-15737-0	汽车配件管理	夏志华	20.00	2019.11	有
978-7-114-15781-3	礼仪与沟通	孔春花	20.00	2019.11	有
二、全国交通运输职业教育教学指导委员会规划教材　新能源汽车运用与维修专业					
978-7-114-14405-9	新能源汽车储能装置与管理系统	钱锦武	23.00	2018.02	有
978-7-114-14402-8	新能源汽车高压安全及防护	官海兵	19.00	2018.02	有
978-7-114-14499-8	新能源汽车电子电力辅助系统	李丕毅	15.00	2018.03	有
978-7-114-14490-5	新能源汽车驱动电机与控制技术	张利、缑庆伟	28.00	2019.05	有
978-7-114-14465-3	新能源汽车维护与检测诊断	夏令伟	28.00	2018.03	有
978-7-114-14442-4	纯电动汽车结构与检修	侯涛	30.00	2018.03	有
978-7-114-14487-5	混合动力汽车结构与检修	朱学军	26.00	2018.03	有
三、高职汽车检测与维修技术专业立体化教材					
978-7-114-14826-2	汽车文化	贾东明、梅丽鸽	39.00	2019.07	有
978-7-114-15531-4	汽车电工电子技术	刘映霞、王强	32.00	2019.07	有
978-7-114-15542-0	汽车机械制图	陈秀华、易波	29.00	2019.07	有
978-7-114-15609-0	汽车机械基础	杜婉芳	29.00	2019.07	有
978-7-114-14765-4	汽车发动机故障诊断与修复	赵宏、刘新宇	45.00	2018.07	有
978-7-114-14792-0	汽车底盘故障诊断与修复	侯红宾、缑庆伟	43.00	2019.09	有
978-7-114-14731-9	汽车电气故障诊断与修复	张光磊、周羽皓	45.00	2018.07	有
978-7-114-13155-4	汽车维护技术	蔺宏良、黄晓鹏	33.00	2018.05	有
978-7-114-14808-8	汽车检测技术	李军、黄志永	29.00	2018.07	有
978-7-114-13154-7	汽车保险与理赔	吴冬梅	32.00	2019.07	有
978-7-114-14744-9	汽车维修服务实务	杨朝、李洪亮	22.00	2018.07	有
978-7-114-14777-7	旧机动车鉴定与评估	吴丹、吴飞	33.00	2018.07	有

咨询电话：010-85285253、85285977；咨询QQ：183503744、99735898。